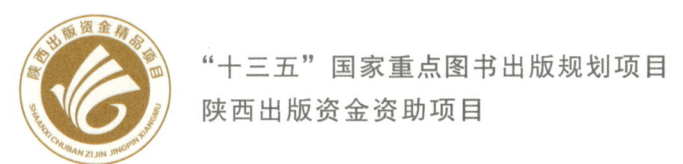
"十三五"国家重点图书出版规划项目
陕西出版资金资助项目

主编
王子今

秦直道
考察行纪

徐君峰 著

陕西师范大学出版总社

图书代号：SK18N0266

图书在版编目（CIP）数据

秦直道考察行纪 / 徐君峰著 . —西安：陕西师范大学出版总社有限公司，2018.6
（秦直道 / 王子今主编）
ISBN 978-7-5613-9844-9

Ⅰ. ①秦⋯　Ⅱ. ①徐⋯　Ⅲ. ①古道—研究—陕西—秦代　Ⅳ. ① K928.78

中国版本图书馆 CIP 数据核字（2017）第 035927 号

秦直道考察行纪
QIN ZHIDAO KAOCHA XINGJI

徐君峰　著

选题策划 /	刘东风　侯海英
责任编辑 /	周　利　赵荣芳
责任校对 /	王丽敏
出版发行 /	陕西师范大学出版总社
	（西安市长安南路 199 号　邮政编码 710062）
网　　址 /	http://www.snupg.com
印　　刷 /	重庆新金雅迪艺术印刷有限公司
开　　本 /	787mm×1092mm　1/16
印　　张 /	25
插　　页 /	2
字　　数 /	320 千
版　　次 /	2018 年 6 月第 1 版
印　　次 /	2018 年 6 月第 1 次印刷
书　　号 /	ISBN 978-7-5613-9844-9
定　　价 /	280.00 元

读者购书、书店添货或发现印刷装订问题，请与本公司营销部联系、调换。
电话：（029）85307864　85303629　　传真：（029）85303879

"秦直道"丛书编委会

编委会主任：王子今

编　　委：王子今　辛德勇　张廷皓　吴宏岐
　　　　　徐卫民　孙家洲　宋　超　焦南峰
　　　　　张在明　徐君峰　马　啸　孙闻博
　　　　　高彦平　刘东风　侯海英

总　序

司马迁撰著《史记》，完成了被翦伯赞称作"一部以社会为中心的历史""中国第一部大规模的社会史"①的史学经典。徐浩说，《史记》"纵贯上下数千年，横及各国各阶层，举凡人类全体之活动，靡不备载"，又"叙述社会中各种现象"，并且"反春秋时代内其国而外诸夏、内诸夏而外夷狄之狭小眼光，为匈奴等民族作列传"。②李长之也曾经肯定《史记》的文化贡献，他指出，司马迁"是要在人类的生活经验之中而寻出若干范畴来"。③朱希祖也说，《史记》避免了一般史书"不载民事""未睹社会之全体"的痼病，能够"大抵详察社会，精言民事"。④《史记》超越了中国传统史学专注于政治史的撰述范式，给予历史整体特别是物质生产史、物质生活史以及下层社会的生存境况与心理体验相当多的关切。我们还注意到，对于交通史的关心和记述，也是司马迁《史记》"高气绝识"⑤、"雄

---

① 翦伯赞：《中国史纲》第2卷，大孚出版公司1947年版，第656页。
② 徐浩：《廿五史论纲》，人民文学出版社1949年版，第42—43页。
③ 李长之：《司马迁之人格与风格》，开明书店1948年版，第238—240页。
④ 朱希祖：《中国史学通论》，独立出版社1943年版，第71—72页。
⑤ 吕祖谦：《大事记解题》卷一二"著书百二十篇"条，明刻本。

视千古"①、"卓识远见"、"立意深长"②的表现之一。秦人重视交通的史迹，在司马迁笔下成为可以使历史观察者聚焦的显著现象。秦始皇兼并天下之后，辛苦巡行，又大举启动交通建设，形成了以驰道联结全国，各个地区各能通达，重要地点皆得"毕至"③的规模宏大而交通效能亦达到很高水准的交通网。秦王朝统治时期，是中国交通事业取得显著进步的重要历史阶段，而秦始皇执政后期规划发起的直道工程，更在中国古代交通史册上书写了极辉煌的一页。

司马迁在自己的史学著述中保留了对秦始皇直道的珍贵的历史记忆。《史记》卷六《秦始皇本纪》写道："三十五年，除道，道九原抵云阳，堑山堙谷，直通之。"④又《史记》卷一五《六国年表》："（三十五年）为直道，道九原，通甘泉。"⑤秦始皇去世，秘不发丧，车队经直道返回咸阳，"行从直道至咸阳，发丧。太子胡亥袭位，为二世皇帝"⑥。"鲍鱼车返，龙祖仙游"⑦，直道的规划者最终以极其特殊的方式经行这条道路。直道于是也成为秦帝国最高权力由"始皇帝"向"二世皇帝"交递过程的象征性符号。《史记》卷一一○《匈奴列传》记载："始皇帝使蒙恬将十万之众北击胡，悉收河南地。因河为塞，筑四十四县城临河，徙适戍以充之。而通直道，自九原至云阳，因边山险堑溪谷可缮者治之，起临洮至辽东

---

① 黄震：《黄氏日抄》卷四七《读史二·汉书·司马迁》，1757 年（清乾隆二十二年）汪佩鄂刊本。
② 陈子龙：《史记测议·序》，聚锦堂刻本。
③ 汉文帝时，贾山言治乱之道，借秦为喻，称《至言》，其中写道："为驰道于天下，东穷燕齐，南极吴楚，江湖之上，濒海之观毕至。道广五十步，三丈而树，厚筑其外，隐以金椎，树以青松。为驰道之丽至于此，使其后世曾不得邪径而托足焉。"见《汉书》卷五一《贾山传》，中华书局 1962 年版，第 2328 页。
④ 《史记》，中华书局 2013 年版，第 322 页。
⑤ 《史记》，第 902 页。
⑥ 《史记》卷六《秦始皇本纪》，第 333 页。
⑦ 彭孙贻：《烛影摇红·汶上感怀》，见《茗斋集》卷一五《诗余附》，《四部丛刊续编》景写本。

万余里。又度河据阳山北假中。"①明确指出了直道对于"击胡"即抗击北方草原强势民族之军事战略的特殊意义。

在秦代服务于全国政治军事总格局的交通规划中,直道有非常重要的地位。从秦始皇三十五年(前212年)"为直道"到三十七年(前210年)载运秦始皇尸身的车队"行从直道至咸阳",直道修筑大致只有两年的时间。虽然有"道未就"的说法②,但是显然已经具备可以通行帝王乘舆的规格。直道工程量非常浩巨而工期短暂,体现了秦帝国超高等级的行政效率。秦直道,可以看作秦政的纪念。

司马迁是著名的重视实地考察、喜爱游历的史学家。王国维说:"是史公足迹,殆遍宇内。所未至者,朝鲜、河西、岭南诸初郡耳。"③在《史记》卷八八《蒙恬列传》篇末,司马迁记录了亲身行历直道的体验:"太史公曰:吾适北边,自直道归,行观蒙恬所为秦筑长城亭障,堑山堙谷,通直道,固轻百姓力矣!"④我们今天行走在秦直道遗存之宽广坚实的路面上,都会想到司马迁"吾适北边,自直道归"的经历以及"堑山堙谷,通直道,固轻百姓力矣"的深沉感叹。脚踏路草黄尘,感受太史公当年的步履,可以体会史家名言的亲切。而天风林籁,也响应着古今的共鸣。如果没有司马迁对于秦始皇直道的高度关注、亲身踏察与具体记述,也许后世人们对这条堪称伟大工程之卓越成品的古代道路会长期处于无知境界,心持冷漠态度。司马迁之后二千余年,我们基本没有看到对秦直道予以特别关注的文史论著。正史所谓"直道",含义往往已经大为不同。如《汉书》"直

---

① "通直道",司马贞《索隐》:"苏林云:'去长安八千里,正南北相直道也。'"《史记》,第3468—3469页。
② 《史记》卷八八《蒙恬列传》:"始皇欲游天下,道九原,直抵甘泉,乃使蒙恬通道,自九原抵甘泉,堑山堙谷,千八百里。道未就。"第3097页。
③ 王国维:《太史公行年考》,见《观堂集林》卷一一,上海古籍书店1983年9月据商务印书馆1940年版影印,第4页。
④ 《史记》,第3100页。

道行"①，"直道而行"②，"直道而不曲"③，"直道"已经是另外的含义。《汉书》卷九一《货殖传》："此三代之所以直道而行，不严而治之大略也。"颜师古解释说："直道而行，谓以德礼率下，不饰伪也。"④此所谓"直道"言政治道德、政治道理、政治道行、政治道义，其实已经与交通道路没有什么直接的关系了。后世虽然也有称作"直道"的交通工程，如《魏书》卷二《太祖纪》："车驾将北还，发卒万人治直道，自望都铁关凿恒岭至代五百余里。"⑤但是这样的"直道"，其工程规模、文化作用和历史影响，已经完全不能与秦始皇直道相比。

对秦始皇直道的科学研究自20世纪70年代始。内蒙古自治区的考古学者对秦始皇直道北段进行了实地调查。史念海先生的历史地理学名作《秦始皇直道遗迹的探索》，宣示秦直道研究的学术路径正式开启。此后，许多学者开始关心这一学术主题。历史地理学研究者和交通史志研究者结合文献研究与田野考察，相继发表了一系列值得重视的学术成果。陕西、甘肃、内蒙古的考古学家和许多珍视并致力于保护古代文化遗存的人文学者分别进行了多次秦直道遗迹的艰苦调查。靳之林、王开、徐君峰等先生坚持数年的秦直道考察，为秦直道研究提供了值得重视的第一手资料。陕西省考古研究院张在明教授主持的秦直道发掘，获得了重要成果。他在陕西富县进行的发掘，列名2009年度全国十大考古新发现。民间热爱中国历史文化、关注秦始皇直道的人们，也曾经发起多种形式的对于秦直道保护和考察极有意义的活动。如"善行天下"公益徒步活动组

---

① 《汉书》卷八一《孔光传》，第3356页。
② 《汉书》卷五《景帝纪》，第153页；《汉书》卷七七《盖宽饶传》，第3247页；《汉书》卷九九下《王莽传下》，第4194页。
③ 《汉书》卷三六《刘向传》，第1947页。《后汉书》卷五一《庞参传》："竭忠尽节，徒以直道不能曲心，孤立群邪之间，自处中伤之地。"中华书局1965年版，第1691页。
④ 《汉书》，第3680页。
⑤ 《魏书》，中华书局1974年版，第31页。

委会策划并实践的多次对秦始皇直道北段的徒步考察，以及史军、刘敬伟、于恬恬、荣浪2014年9月至10月自淳化至包头对秦始皇直道全程的徒步考察等。

陕西师范大学出版总社的朋友们，特别是刘东风社长、侯海英女士为推进秦始皇直道的研究精心策划，精心操作，推促学界朋友合力完成了这套"秦直道"丛书。对于有识见的出版家的这一功德事，秦史研究者、历史地理研究者、中国古代交通史研究者，以及所有关心中国历史文化的朋友都会由衷感激。陕西师范大学出版总社组织的秦直道遗迹考察（2013年8月7日至17日），集合了数十名历史学者和考古学者，行历陕西淳化、旬邑—甘肃正宁、宁县—陕西黄陵、富县、甘泉，取得了诸多收获。这样的工作，也成为"秦直道"丛书编撰的重要的学术基础之一。

"秦直道"丛书包括徐卫民、喻鹏涛著《直道与长城——秦的两大军事工程》，徐君峰著《秦直道道路走向与文化影响》，张在明、王有为、陈兰、喻鹏涛著《岭壑无语——秦直道考古纪实》，徐君峰著《秦直道考察行纪》，王子今著《秦始皇直道考察与研究》，宋超、孙家洲著《秦直道与汉匈战争》，马啸、雷兴鹤、吴宏岐编著《秦直道线路与沿线遗存》，孙闻博编《秦直道研究论集》。丛书编写的学术构想，不强求作者学术意见的简单一致。可以看到，不同的学术见解，例如对于所谓"东线说"和"西线说"的不同认识，分别呈示于作者们各自的论著中。我们愿意学习当年《古史辨》的编者以宏大胸怀同时发布相互对立的学术观点的做法，以方便读者一览学术全局，明了学术流变，自主学术分析，产生学术判断，形成学术新知。应当说明，尽管若干学术意见不一，但是对学术规范的信守，对科学真知的追求，对实证原则的遵循，是"秦直道"丛书作者们共同的理念。

相信随着今后秦直道研究工作的进展，特别是秦直道考古工作新收获的取得，一些学术疑问能够得以澄清，若干学术共识应当可以逐步达成。

"秦直道"丛书被列入"十三五"国家重点图书出版规划项目、2012年陕西出版资金资助项目。

史念海先生长年在陕西师范大学工作。"秦直道"丛书今天由陕西师范大学出版总社推出，也许符合史先生的心愿。

"秦直道"丛书郑重面世，可以看作对史念海先生的一种纪念。

在以"秦直道"丛书献呈史念海先生灵前的时候，作为学生、晚辈和学术追随者，我谨再次诚挚地向这位中国历史地理学的学术导师、秦始皇直道研究的先行者深心致敬！

王子今

2017年3月15日于北京大有北里

目 录
Contents

001 / **第一章　秦直道的前世今生**

002 /　　一、秦直道的修筑以及意义
021 /　　二、在全球视野下重新审视秦直道
037 /　　三、秦直道的走向以及实地考察的必要性

047 / **第二章　走向子午岭**

049 /　　一、三原县至淳化县梨园镇
063 /　　二、经汉云陵至甘泉宫
082 /　　三、登上好花疙瘩山至大草沟

097 / **第三章　从石门至秦直道分歧点兴隆关**

099 /　　一、石门山至刘家店林场椿树庄
117 /　　二、从调令关至艾蒿店
133 /　　三、经龙池口至秦直道分歧点的兴隆关

151 /	**第四章　兴隆关西北的路线考察**
153 /	一、经午亭子至东华池村
176 /	二、从鬼门关至打扮梁
203 /	三、自陕甘交界处至陕蒙交界处

227 /	**第五章　兴隆关东北的路线考察**
229 /	一、改走古道岭至桦沟口
256 /	二、从和尚塬至郑石湾村
284 /	三、自子长县经榆林市至陕蒙交界处

313 /	**第六章　内蒙古自治区的秦直道走向**
315 /	一、经乌审旗至伊金霍洛旗
331 /	二、汇集红庆河走向昭君坟
352 /	三、跨黄河行至麻池城

371 /	**后记**

Contents

001 / Chapter 1 The Past and Present of Qin Zhidao

002 /   1. The Construction of Qin Zhidao and Its Significance
021 /   2. Rethinking of Qin Zhidao in the Global Perspective
037 /   3. The Route of Qin Zhidao and the Necessity of Field Investigation

047 / Chapter 2 Toward Ziwu Ridge

049 /   1. From Sanyuan County to Liyuan Town in Chunhua County
063 /   2. Arriving at Ganquan Palace via Yunling Mausoleum of the Han Dynasty
082 /   3. From Haohuageda Peak to Dacao Valley

097 / Chapter 3 From Shimen to Xinglong Pass, the Diverging Point of Qin Zhidao

099 /   1. From Shimen Hill to Chunshu Village in Liujiadian Woodland

117 /   2. From Diaoling Fortress to Aihaodian Village
133 /   3. Arriving at Xinglong Pass, the Diverging Point of Qin Zhidao, via Longchikou

151 / **Chapter 4   The Northwest Route of Xinglong Pass**

153 /   1. From Wutingzi to Eastern Huachi Village
176 /   2. From Guimen Pass to Daban Ridge
203 /   3. From Shaanxi-Gansu Border to Shaanxi-Inner Mongolia Border

227 / **Chapter 5   The Northeast Route of Xinglong Pass**

229 /   1. Arriving at Huagoukou via Gudao Ridge
256 /   2. From Heshang Tableland to Zhengshiwan Village
284 /   3. From Zichang County to Shaanxi-Inner Mongolia Border via Yulin City

313 /   Chapter 6   The Route of Qin Zhidao in Inner Mongolia

315 /   1. From Uxin Qi to EjinHoro Qi
331 /   2. From Hongqinghe to Zhaojunfen
352 /   3. Across the Yellow River to Machicheng

371 /   **Afterword**

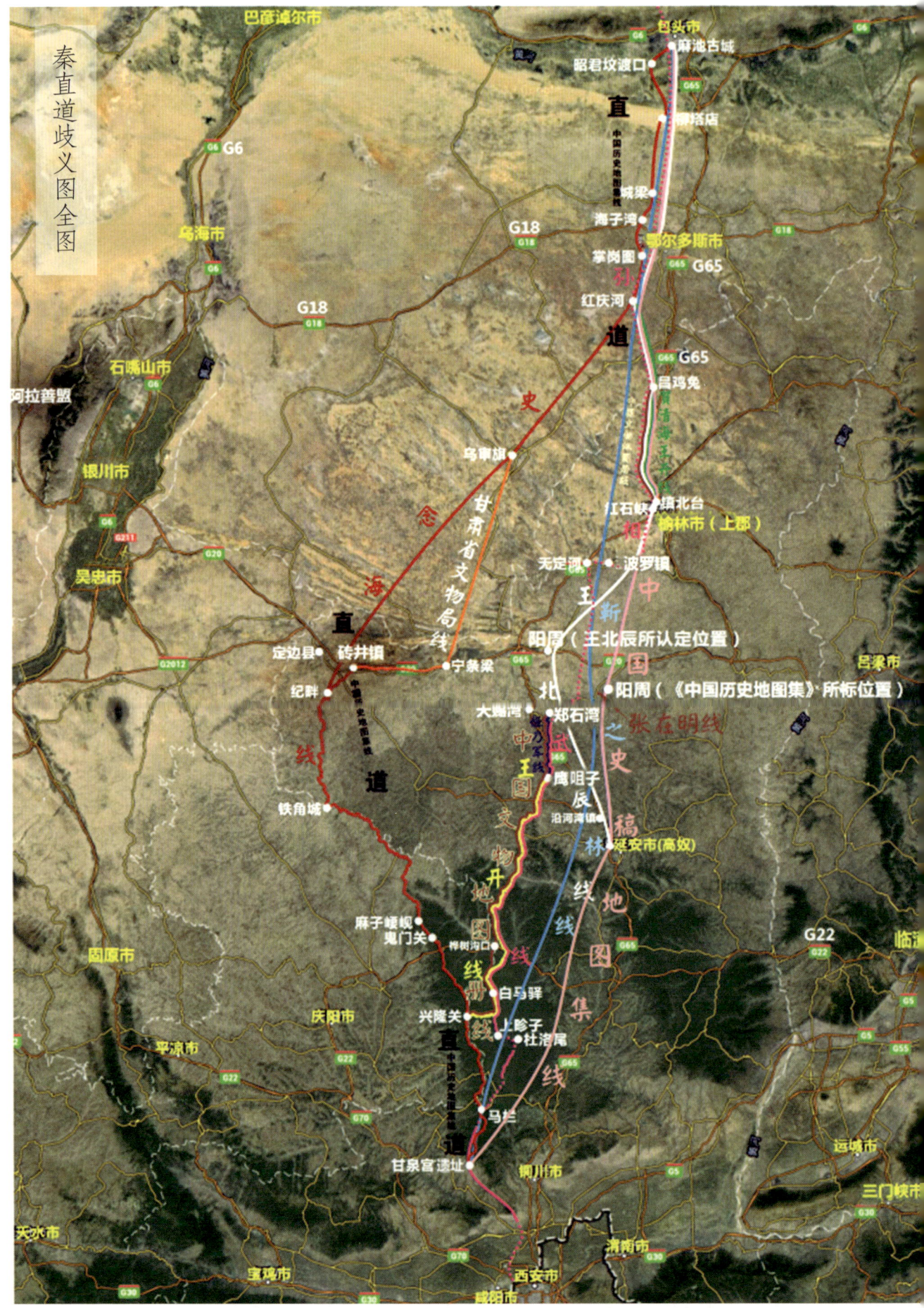

插图目录

001 / 第一章 秦直道的前世今生

005 / 　　图 1-1　北上道路图
008 / 　　图 1-2　子午岭地形图
024 / 　　图 1-3　北匈奴西迁路线图
030 / 　　图 1-4　匈奴王国示意图

047 / 第二章 走向子午岭

048 / 　　图 2-1　秦直道起点
051 / 　　图 2-2　三原县城隍庙
054 / 　　图 2-3　冶峪河谷口
056 / 　　图 2-4　金川湾石窟雕像
058 / 　　图 2-5　金川湾石窟刻字
058 / 　　图 2-6　金川湾石窟门楼
062 / 　　图 2-7　汉云陵
065 / 　　图 2-8　云陵邑遗址
066 / 　　图 2-9　暗庄子
068 / 　　图 2-10　甘泉宫朱雀纹瓦当
071 / 　　图 2-11　甘泉宫遗址
072 / 　　图 2-12　甘泉宫石鼓

073 /	图 2-13	甘泉宫石熊
074 /	图 2-14	秦直道起点标志碑
077 /	图 2-15	甘泉宫至石门卫星图
080 /	图 2-16	文冠果
081 /	图 2-17	鬼门口槐树林
087 /	图 2-18	山楂树
089 /	图 2-19	橡树林
092 /	图 2-20	枸子木
095 /	图 2-21	秦直道文化苑

097 / 第三章　从石门至秦直道分歧点兴隆关

098 /	图 3-1	原始秦直道
100 /	图 3-2	石门山扶苏庙
103 /	图 3-3	现代公路的堑山堙谷段
104 /	图 3-4	秦直道剖面图
105 /	图 3-5	黑牛窝村旁石窟
107 /	图 3-6	两女砦遗址
108 /	图 3-7	马栏至上畛子道路
110 /	图 3-8	刘家店秦直道碑
112 /	图 3-9	经马栏至黑马湾路段卫星图
114 /	图 3-10	黑马湾保护站
115 /	图 3-11	挺拔苍劲的油松
118 /	图 3-12	秦一号兵站遗址
119 /	图 3-13	黑马湾经调令关至亮马台段卫星路线图
120 /	图 3-14	调令关遗址
121 /	图 3-15	黄帝升天峰碑
125 /	图 3-16	仿明兵马巡检司大门
127 /	图 3-17	经艾蒿店至兴隆关段卫星路线图
130 /	图 3-18	艾蒿店南口洋槐林
131 /	图 3-19	秦直道上蒿草
133 /	图 3-20	艾蒿店北入口

133 / 　　　图 3-21　艾蒿店遗址
134 / 　　　图 3-22　妖娆的山杨
135 / 　　　图 3-23　白桦林
137 / 　　　图 3-24　五里墩南口
137 / 　　　图 3-25　五里墩北口
138 / 　　　图 3-26　起重机山顶挖树
139 / 　　　图 3-27　觅食的野猪
141 / 　　　图 3-28　芦邑庄遗址
142 / 　　　图 3-29　工程量最大的堑山堙谷路段
145 / 　　　图 3-30　兴隆关岔路口
146 / 　　　图 3-31　北京丁香

151 / 第四章　兴隆关西北的路线考察

152 / 　　　图 4-1　兴隆关西北秦直道
154 / 　　　图 4-2　兔儿嶂崄林业保护站
155 / 　　　图 4-3　七里店秦直道
156 / 　　　图 4-4　秦直道午亭子全景
158 / 　　　图 4-5　午亭子老董家
159 / 　　　图 4-6　马连崄岘秦直道
160 / 　　　图 4-7　兴隆关段至朱家老湾卫星路线图
162 / 　　　图 4-8　涧水坡岭秦直道碑
163 / 　　　图 4-9　塔儿湾塔残存基座
166 / 　　　图 4-10　莲花寺石窟
166 / 　　　图 4-11　莲花寺石窟造像
166 / 　　　图 4-12　莲花寺石窟造像
167 / 　　　图 4-13　张家沟门石窟
169 / 　　　图 4-14　张家沟门阴刻残留题记
170 / 　　　图 4-15　保全寺石窟
171 / 　　　图 4-16　保全寺石窟造像
172 / 　　　图 4-17　朱家老湾至鬼门关段卫星路线图
174 / 　　　图 4-18　隋唐华池县遗址

175 /	图 4-19	东华池塔
177 /	图 4-20	凤川镇遗址
178 /	图 4-21	正麻子湾宽敞山梁
179 /	图 4-22	跃进山窑洞
180 /	图 4-23	穆桂英点将台
182 /	图 4-24	丝棉木
183 /	图 4-25	花叶海棠
184 /	图 4-26	和林场工作人员一起分析路况
186 /	图 4-27	连接山梁的崾崄
188 /	图 4-28	小叶杨
189 /	图 4-29	张山秦直道边的人家
190 /	图 4-30	大路岭
191 /	图 4-31	二将城遗址
192 /	图 4-32	鬼门关至老爷岭段卫星路线图
194 /	图 4-33	老爷岭烽火台遗址
195 /	图 4-34	油井台地的岔路
196 /	图 4-35	黄蒿地畔烽火台遗址
197 /	图 4-36	人上崾崄
198 /	图 4-37	老爷岭至打扮梁段卫星路线图
202 /	图 4-38	白豹城
203 /	图 4-39	打扮梁
204 /	图 4-40	白圪坨新村
205 /	图 4-41	营崾岘附近被扩宽的秦直道
206 /	图 4-42	沙棘
207 /	图 4-43	东涧一带的秦长城遗址
208 /	图 4-44	钻井对秦直道与长城遗址破坏严重
208 /	图 4-45	甘肃把秦长城遗址用铁丝网围了起来
210 /	图 4-46	打扮梁至铁角城段卫星路线图
213 /	图 4-47	铁角城至纪畔段卫星路线图
214 /	图 4-48	定边县玉皇阁夜景
216 /	图 4-49	安边镇城垣残墙
217 /	图 4-50	安边镇依然不倒的明长城

221 /　　　图 4-51　沙柳

223 /　　　图 4-52　红柳河谷（2000 年拍摄）

225 /　　　图 4-53　统万城的残垣断壁

227 /　第五章　兴隆关东北的路线考察

228 /　　　图 5-1　县域内最高点的墩梁

233 /　　　图 5-2　古道岭东塌陷的人工探方

234 /　　　图 5-3　阅兵台附近的道路

235 /　　　图 5-4　惹眼的黄刺玫

236 /　　　图 5-5　防火门南的丁字口

237 /　　　图 5-6　马栏、兴隆关至白马驿卫星图

238 /　　　图 5-7　陕甘交界处的天王岭

239 /　　　图 5-8　无路可攀的白马驿北坡

241 /　　　图 5-9　灌木丛封死的杀人沟

241 /　　　图 5-10　沟底宽敞有路的桦树沟

242 /　　　图 5-11　石泓寺主窟门房

243 /　　　图 5-12　主窟释迦牟尼造像

245 /　　　图 5-13　直罗镇柏山塔

247 /　　　图 5-14　大麦秸珍稀的柴松林

248 /　　　图 5-15　山梁顶的行宫遗址

248 /　　　图 5-16　行宫遗址向北行道路

250 /　　　图 5-17　桦沟口比电子显示屏还高的绝壁

251 /　　　图 5-18　白马驿至桦沟口卫星图

259 /　　　图 5-19　桦沟口至鹰咀子卫星图

261 /　　　图 5-20　4.5 米宽的车路梁道路

262 /　　　图 5-21　水磨坪村下梁口

262 /　　　图 5-22　水磨坪村上梁处

263 /　　　图 5-23　直路岭道路遗迹

263 /　　　图 5-24　直路岭老龄橡树群

264 /　　　图 5-25　山梁有些宽度达到 50 多米但路基仍然只有四五米

264 /　　　图 5-26　高山窑子开始下坡到安家沟长达 3 公里

265 /	图 5-27	界湾附近被开垦成苞谷地
266 /	图 5-28	南看郁郁葱葱，北看黄土漫漫
267 /	图 5-29	渭河一级支流洛河
268 /	图 5-30	圣马桥北岸非自然地貌的土台
271 /	图 5-31	老窑湾道路遗迹
271 /	图 5-32	漫山遍野的柏树林
272 /	图 5-33	甘泉县道路为土路，志丹县道路铺上了柏油
272 /	图 5-34	柏树畔新村
273 /	图 5-35	任窑子附近的秦直道石碑
273 /	图 5-36	土门村南山梁很宽，但没有发现宽达50米的道路痕迹
274 /	图 5-37	何条古道路痕迹已被柏油路面全覆盖
278 /	图 5-38	鹰咀子至郑石湾卫星图
280 /	图 5-39	对面山梁上放声唱起了信天游
282 /	图 5-40	鸦行山巨大的风叶缓缓转动着
283 /	图 5-41	郑石湾全村剩下老郑一个人坚守家园
284 /	图 5-42	鸦行山道路随着陡峭的山形盘旋而上
284 /	图 5-43	郑石湾村道路遗迹
288 /	图 5-44	高柏山轩辕黄帝庙
289 /	图 5-45	曹家圪村阳周古城遗址
290 /	图 5-46	阳周及其支线卫星图
296 /	图 5-47	杨家滩村东瓦片梁遗址
298 /	图 5-48	依山傍水的红石峡
299 /	图 5-49	古朴巍峨的镇北台
301 /	图 5-50	全身都是宝的柠条
303 /	图 5-51	养羊不住蒙古包而住在用砖瓦盖起的房子里
305 /	图 5-52	贺清海、王开线毛乌素沙地卫星路线图

313 / 第六章 内蒙古自治区的秦直道走向

314 /	图 6-1	二倾半生产队北秦直道遗迹
319 /	图 6-2	仍有明沙，但绿色已成为主色调
320 /	图 6-3	陶利镇

321 /	图 6-4 巴图湾水库
322 /	图 6-5 纪畔乡至红庆河段卫星路线图
325 /	图 6-6 嘎鲁图镇道路两侧的砍头柳
327 /	图 6-7 成吉思汗陵牌坊
328 /	图 6-8 三座大殿组成的主体建筑
328 /	图 6-9 苏勒德祭坛
329 /	图 6-10 伊金霍洛波状草原
330 /	图 6-11 健壮俊美的白色马群
332 /	图 6-12 红庆河城址石碑
332 /	图 6-13 残留着一段夯层清晰的土墙
333 /	图 6-14 顶部散落着秦汉陶瓦碎片
334 /	图 6-15 公尼召喇嘛庙
335 /	图 6-16 掌岗图秦直道遗迹
336 /	图 6-17 乌兰木伦河
337 /	图 6-18 海子湾宽阔平坦的谷地
338 /	图 6-19 海子湾村二倾半生产队
340 /	图 6-20 二倾半生产队南秦直道遗迹
342 /	图 6-21 城梁古城遗址"天下第一路"
342 /	图 6-22 高头窑公路收费站
343 /	图 6-23 城梁古城秦直道遗迹
344 /	图 6-24 茫茫的库布齐沙漠
347 /	图 6-25 昭君坟
350 /	图 6-26 昭君坟渡口浮桥
353 /	图 6-27 红庆河至麻池古城卫星路线图
366 /	图 6-28 麻池古城三个呈"品"字形分布的夯土台基
369 /	图 6-29 一堵城墙竟分隔出古今两个时空

第一章  秦直道的前世今生

一、秦直道的修筑以及意义

匈奴发祥地位于中国北部的阴山和河套地区，早期历史记载不详。根据考古发掘，公元前3世纪，匈奴物质文化已进入铁器时代，社会内部分化日益加剧，形成了氏族贵族和世袭权力制度，一个符合草原特点的游牧民族政权便建立起来了。第一任单于头曼的王庭就位于今内蒙古自治区包头市境内的头曼城。

公元前312年，匈奴逐渐强大起来，活动范围到达战国七雄中秦、赵、燕三国的边境。面对游牧民族的铁骑践踏，处于劣势的秦、赵、燕三国为了集中力量逐鹿中原，避免内外作战，都采用了消极防御的策略，一方面在边关以兵拒胡，一方面修筑长城以防胡。这种战略格局的出现，与中国独特的地理环境不无关系。

游牧民族的分布从呼伦贝尔草原绵延到青藏高原，对中原农耕地区形成了一个弧形包围圈。地理环境的差异造成了农耕文化与游牧文化的长期对垒。农耕民族被束缚在土地上，在兵役制上往往采用兵农分工的形式，因此必须经过训练才能把一个追求在和平环境下耕作精细的农民变成粗犷善战的兵士。而草原生活中的游牧狩猎和战场上的格斗打仗基本相同，因此游牧部族的人只要拿起兵器就是一个兵士，一个游牧部族只要稍加编组，就能立即成为所向披靡的武装军队。草原地带的灾害性极端天气远比农耕地区频繁，一旦出现天灾，饥饿的游牧人就像狼看到篱笆墙内的猎物一样，条件反射式地南下掠夺，抢夺财物成了游牧人的一种生活方式。基于上述原因，战争优势往往被兵民合一的游牧民族占据，而经济文化先进的农耕民族则处于劣势。

秦始皇统一天下后，唯一的外患为匈奴。公元前215年，秦始皇视察北部边境，总结百年来消极防御造成被动挨打局面的经验教训，确定了对匈奴作战的新方针：主动出击，挟统一天下的威势，修建秦直道，把京城守卫与边境防御结合起来，形成南北军事大动脉，一有战事，就能让大军从咸阳快速抵达边塞进行反击。

秦直道可以说是世界上第一条高速战备路，但两千年来肆虐的流沙和水土流失，将其遗迹掩埋在荒草深处，并渐渐地从人们视线中消失。司马迁曾随汉武帝走过秦直道，虽然在《史记》中留下了修筑秦直道的最直接记载，但所有记载只谈及了秦直道以及南北的起讫点，并未提及具体路线，给后世留下了千古未解的悬念。

1975年，为了完成时任兰州军区司令员皮定均出于防修反修战备需要而交办的编写兵要地理志的任务，历史地理学家史念海教授在浩瀚的史海中，对有关秦直道的文献资料进行了搜集和梳理，并以花甲之年走出书斋，在军区参谋和几位专家的陪同下，野外考察一个多月，用五万分之一的地图进行勾勒，寻找已湮灭在历史长河中的秦直道。

尽管司马迁并未说出可供今人借鉴的途经之地的具体地名，但庆幸的是他论述了途经之地"堑山堙谷"的地理环境。史念海师以司马迁的论述为依据，在文献考证和实地考察相结合的基础上，发表了长达两万余字的《秦始皇直道遗迹的探索》一文，有史以来第一次绘出了秦直道的具体路线图：

以陕西省淳化县梁武帝村林光宫遗址为起点，上子午岭循主脉北行，经陕西省旬邑县、黄陵县，甘肃省正宁县、宁县、合水县、华池县，再过陕西省吴起县、定边县，进入鄂尔多斯草原，过内蒙古自治区乌审旗北，在昭君坟附近过黄河，到达包头市西南秦九原郡治所。一半路程修筑在山头岭上，一半路程修筑在平原草地。

史念海师的研究成果终于拨开了历史迷雾，让已从人们视线中消失了数千年的秦直道再现人间。谭其骧1975年出版的《中国历史地图集》内部发行本上，所绘秦直道走向，沿途几乎没有经过任何已经确定的秦朝县级以上行政设置。及至1982年，《中国历史地图集》正式出版发行时，秦直道依然沿承了原来的绘法。谭其骧的《中国历史地图集》所绘路线图与史念海复原的路线图基本相同，可以说代表了历史地理学界的主流看法。

对史念海师复原的路线图进行深入细致的研究分析后，不难得出这样一个结论：秦直道在军事交通发展历程方面，具有里程碑式的意义，是体现中国古代劳动人民智慧的伟大工程。秦始皇选择子午岭山脊修建直道，从自然地理角度审视，是科学的、合理的；从军事战略方面观察，是有效的、全面的，避免了南北通行翻山涉水的阻隔，对沉重打击匈奴提供了有力的支持。如果结合当时的道路状况等因素以及匈奴南下入侵的线路进行考察，对这一观点的认知就更加清晰明了了。

匈奴每次南下入侵，都由单于和左、右贤王在各自的领地内组织军队进行。匈奴发动入侵时也充分考虑了地理形势的条件，由于集结的部落不同，进攻的目的不同，故选择的进攻路线也不同。

关中当时为首善之区，是匈奴最主要的进攻地。上郡、北地郡建置从战国到秦一直没有改变，建置的目的就在于对付匈奴的进攻。上郡治所肤施（今陕西省榆林市榆阳区）位于今无定河畔，正说明无定河谷是匈奴向南进攻的一个主要方向，沿平坦易行的河谷可以绕过横山山脉的险阻，直趋向南。北地郡的治所，先后在义渠和马岭，都位于泥水旁，泥水即今马莲河，显然马莲河谷道也是匈奴的一个进攻方向。六盘山下的萧关关隘，在朝那、肤施一线西端控制着清水河谷道。以此推论匈奴偏向选择利于骑兵通行的河谷行进，这样从西到东，匈奴就有了三条可以选择的主

图 1-1 北上道路示意图

攻路线：西有清水河谷道一线，中有马莲河谷道一线，东有经过肤施一线的延州道。

延州道为秦始皇以前的旧道，在肤施由赵入秦以前，这条道只通行到上郡塞（今陕西省富县）之南，《水经注·河水》记载："秦昭王三年置上郡治"，道路随之向北延伸到肤施乃至黄河。公元前299年，赵武灵王传位于儿子赵惠文王，本人则自号主父，欲从云中、九原直向南方袭击秦国，于是乔装成使者入秦。秦昭王当时没有觉察，过后感觉此人身材魁伟，不像人臣，于是立即派人追赶，主父却早已飞马奔出了秦国关口。赵武灵王之所以要进入秦国，是因为他想亲自察看地形，并趁机观察秦王的为人。

赵国云中郡治所和九原郡治所分别位于今内蒙古自治区托克托县和包头市境内，肤施当时尚为赵国的领地，赵武灵王若从九原出发可南下肤施，若从云中启程则可向西南行榆溪河而南趋肤施。公元前287年，秦昭王前往汉中，又到上郡、北河。秦上郡治所在肤施，所谓的北河当在赵国九原郡以南，故其所走的道路，乃是遵循赵武灵王南下的旧辙。公元前215年，秦始皇巡行北方边境，从上郡回到咸阳，走的也是这条道路。

延州道所经地区大部分为黄土高原沟壑区，农耕民族进行大规模农业垦殖困难重重，同样游牧民族进行大规模的放牧也不容易。相比较而言，农耕民族稍占优势，因为在一些河谷中，还可以开发出呈点状分布的耕地，并形成具有自给能力进而维持一定人口数量的局部农业区域。

由于山梁高峻、崖涧深陡的地形对匈奴骑兵的前进起着阻碍作用，他们既掳掠不到许多东西，还易受到来自局部区域的汉军伏击甚至隔断退路的围困。加之陕北是关中的屏障，以关中为都城的王朝向来注意对陕北的防御，蒙恬曾亲率三十万大军长期驻扎于上郡。这些因素让匈奴往往采取避实就虚的迂回战略，大规模军事行动则会避开延州道。

清水河谷道和马莲河谷道的北端都起于贺兰山下，当地平原广漠，水草丰盛，匈奴南下时便在此补给粮秣。河曲之地因为水流迎面受阻，速度减慢，往往被当成渡口。宁夏回族自治区灵武市附近的河岸低缓，岸距不宽，成为匈奴选择的重要渡口。匈奴大军渡河后，就可以趋马莲河谷道或清水河谷道前进。这两条通道的地理条件并不完全相同。

马莲河古称湟涧，汉代称泥水，北魏后称马岭河。马莲河有两个源头：东川源于陕西省定边县白于山西麓，西川源出宁夏回族自治区盐池县麻黄山。两川至环县洪德相汇后称环江。唐代因马岭水和白马水两大支流在庆城南汇合，故而将庆城南以下河段称为马莲河。南流至宁县政平注入泾河，作为泾河最大的支流，全长375公里。马莲河谷道距关中较近，两岸是土山丘陵地，没有多少险阻，行至甘肃省环县和灵武之间，沙漠广布，俗称"瀚海"。明末清初沿革地理学家顾祖禹在《读史方舆纪要·陕西六》中，对这一带的地理环境曾如此评价："庆阳环县而北，无居民，亦无树木，水草皆绝少，至灵州始有之。中间地势荒瘠，屯戍者每患无所资以为固。此庆阳之患，比他郡为倍蓰也。"不仅行军宿营比较困难，加之匈奴多是掠夺性的进攻，荒芜的土地上难以抢到更多的物资，故舍近求远绕道清水河谷出击。

清水河古称西洛水、高平川水、蔚茹水，发源于六盘山东麓固原市原州区开城镇境内的黑刺沟脑，向北流经原州、海原、同心、中宁等区、县，在中卫泉眼山西侧注入黄河，全长320公里。清水河谷道由黄河南岸一直通到六盘山下，川道平坦，水草不缺，便于骑兵直入陇西、陇东两大高原的接合部，是游牧民族由西套平原侵入汉地的主要路径，虽然距离关中较远，但匈奴采取大迂回的战略战术，南下进攻一般都借助此道。翻开秦地图，情况就更清晰了，清水河谷道以西皆为游牧之地，匈奴遇到强力阻击，随时随地可以西撤安全返回。

设置萧关的用意就是为了防御从清水河谷南下的侵略。三关口扼居泾水南出弹筝峡之口，瓦亭处六盘山东麓边缘，为固原、兰州、西安三条通道的交会处，深谷险阻的独特地势，形成了天然的防御体系。萧关作为"关中四塞"中的西北门户，在历史上承受的压力和战火是最多的，函谷关、武关、散关的军事作用主要体现在中原政权的内战上，唯有萧关因为接近农牧分割线而成为农耕民族和游牧民族的外战对垒地。公元737年，唐朝诗人王维奉旨宣慰在河西打了胜仗的将士，写下了《使至塞上》："单车欲问边，属国过居延。征蓬出汉塞，归雁入胡天。大漠孤烟直，长河落日圆。萧关逢候骑，都护在燕然。"这脍炙人口的千古绝唱，不仅描写出大漠与黄河寂寥壮丽的风光，还为萧关是匈奴入侵关中的主要通道提供了间接佐证。

尽管已有三条路线可供使用，但秦始皇还是选择了在子午岭山脊上另外开路线修建秦直道，之所以做出这样的决定，和子午

图1-2 子午岭地形示意图

岭的地形地貌不无关系。

子午岭位于东经107°30′—109°40′、北纬33°50′—36°50′,是桥山山脉的支脉,处于黄土高原的腹地,北起陕西省的吴起和志丹两县,南至铜川、耀州、淳化、旬邑诸市、区、县,东有甘泉、富县、黄陵、宜君诸县的西半部,西有甘肃省的华池、宁县、合水、正宁诸县的一部分,南北长,东西窄,总面积为23000平方公里。东北部与白于山、崂山相望,南部与渭北高原相连,其北部从甘肃省华池县延展至陕西省黄陵县境内的蚰蜒岭以南分成东西两支,伸入洛河和泾河源地,并构成泾洛两大水系的分水岭。

子午岭约800里,可分为南北两段,以华池县东华池村附近为分界线。子午岭主脉在华池县境内改称老爷岭,一直趋向西,在黄蒿地畔附近又改称黑老虎岭,再向西北,到陕西省定边县张崾崄有一段又称钻天岭。除此以外,都是以梁相称。子午岭的名称尽管不再使用,但主脉依然存在,仍是洛河和泾河的分水岭,直到定边县境,始到平地。秦始皇之所以选择把秦直道建在子午岭上,战略上也是经过深思熟虑的,正是出于如下的军事考量:

一是甘泉山为有特殊位置和要塞作用的锁钥之地。远在战国时期，甘泉山与位于今陕西省泾阳县北的谷口就起着屏蔽咸阳的作用。谷口又称瓠口，即郑国渠泾水引水口所在地，控扼着泾水谷地通道，利用河川谷地开辟通道，是大多数地区的普遍做法。谷口成为关中北部的攻防要地，原因即在于此。但是，在陕北陇东黄土高原地区，由于其独特的黄土塬、梁地貌，使得当地在开辟交通道路时，除了利用河川谷地之外，还经常选择在黄土塬面或是梁面上修筑道路。

渭河北岸的泾水与洛水两大支流之间所间隔的子午岭，很适于开辟成为进出关中腹地的南北通道，而甘泉宫所在的甘泉山，又名云蒙山、石鼓原、磨石岭，今俗谓好花疙瘩山、黄花山，是子午岭南端的一个支岭，诸峰林立，沟壑交错，森林密布，素以险要著称。由于其位于陕北高原和陇东高原的地理分割线南端，是控制出入关中北部的战略要地，故秦直道肇始其地。这也是甘泉山或者甘泉宫成为关中北部要隘的地理原因。

《史记·范雎蔡泽列传》记载了著名谋略家魏国人范雎对秦昭王纵论的秦地形势："大王之国，四塞以为固，北有甘泉、谷口，南带泾、渭，右陇、蜀，左关、阪，奋击百万，战车千乘，利则出攻，不利则入守，此王者之地也。"若结合地理形势分析，范雎认为甘泉为出入关中北部门户的观点，极为精辟。由甘泉宫出发，向东利用洛河水系的河谷通道进入陕北高原，向南可直下京畿之地的关中平原，向西借助泾河水系的河谷通道进入陇东高原，向北沿子午岭秦直道可以远赴河套平原。地理条件四通八达，交通十分便利，发挥着地缘核心的作用。

尤其对关中平原的防守来说，甘泉是必须倚重的要塞之地，对手一旦越过甘泉和谷口，突入关中平原，通行就不再受地形限制，可以肆意畅行；对于征伐行动而言，军队主要驻扎在都城四郊的出入口，由于关中平原内部往来便利，关中各地的兵马和军需物资，都先集中到这里，再向北转运。甘泉作为咸阳北大门，本身就属京畿范围内的军事要塞,秦始皇又经常住在山上的林光宫,一方面是因山高气爽可以避暑,更重要的是兼有抗击匈奴而坐镇关口的政治意义,这也是修筑秦直道不以咸阳为起点而选择甘泉的主要原因。

二是交通修筑对维护天下的"治"具有重要意义。《史记·平准书》记载:"乃徙贫民于关以西,及充朔方以南新秦中。"《集解》引瓒曰:"秦逐匈奴,以收河南地,徙民以实之,谓之新秦。"在文中出现"河南地"和"新秦中"两个并言的历史称谓,似乎是同义语,实际上其间还有一定的差距。蒙恬夺取的河南地北起阴山黄河以南,南至朝那、肤施之间秦昭王所修的长城,东西两侧都达到了黄河。秦始皇在河南地建置郡县的同时,又派蒙恬渡河夺取高阙,据阳山北假中。这样秦国的北界已越过黄河达到阴山上,当时黄河分成南北两派,北假在南河之北,不属于河南地范围。而新秦中则涉及高阙以及北假等地区,故其范围就不以河南地为限了。

秦将农耕区域扩展到了阴山脚下,在这一地区设置了几十个县,司马迁在《史记·秦始皇本纪》中记载为三十四县,而在《史记·匈奴列传》中又记载为四十四县,从内地迁徙人民到这些新县从事种植。秦始皇没有利用已有的延州道、清水河谷道和马莲河谷道,而从甘泉山循子午岭修秦直道,至兴隆关后已明显趋向西北。

从地理形势上判断,秦直道理应沿泾、洛二水的分水岭继续向西北延伸,不可能忽然转向北或东。因为,东边延州道一直发挥着通衢要道的功能,要想选择东边道路前行,为何不从云阳或咸阳沿平川直接进入,而非要在子午岭上重新开辟道路,让出征大军上子午岭再下子午岭重回延州道,岂不违背常理?

其实,秦直道之所以一直沿着子午岭主脉前行,不仅是为减少河流沟壑等地形上的限制,更重要的是秦直道作为一条纵切线,将移民新开发的经济区——新秦中分成大致相等的东西两部,可以使官吏和军队以最短的时间到达新秦中的各个部位,从而使行政权力能得到有效的行使。

交通系统的有效控制及畅通，关系着政局的稳定，只有凭借便捷的交通系统，中央政府的政令才能够迅速下达各级地方政府。反之，各级地方政府的各种信息才能够及时被中央政府掌控。国家政令的畅通，增强了民族和国家统一的凝聚力和向心力，从而为高度集权国家机器的正常运转提供了有效支撑。

三是国防本身需要交通条件作为最基本的保障。中国地势西高东低，山脉多呈东西走向，或东北—西南走向，河流也多顺高山平行，故古时东西行较易，而南北行较难，既要涉河，又要翻山。《汉书·王莽传》颜师古注曰："子，北方也。午，南方也。言通南北道相当，故谓之子午耳。今京城直南山有谷通梁、汉道者名子午谷，又宜州西界，庆州东界有山名子午岭，计南北直相当，此则北山者是子，南山者是午，共为子午道。"古人用"子午"两字表示南北对直的方向，之所以称子午岭正说明在东西向山岭占绝对优势下，这是一条少有的南北向山岭。颜师古将直道所循子午岭和子午道所循子午谷联系在一起说，表明在古人的理念中，在咸阳—长安的正北正南有一条纵贯千里的轴线，从而更加突出了子午岭作为少有的南北向山岭的重要性。秦直道起点甘泉山为子午岭南端的一个支岭，顺子午岭主脉山脊蜿蜒而伸，具有科学合理性。

子午岭为黄土高原上的沙石山地，构造松软，易于开凿道路，筑路用料可就地取材，不仅路基坚实，还可避免泥泞之害，具有平川道路不具备的优点。加之，地势南高北低，自西朝东北倾斜，梁峁顶部浑圆平缓，结构形似牛脊，坡度起伏较小，便于木制战车以及辎重车通行，这使秦王朝能够快速调运部队到前线，甚至远达阴山山脉的附近。

子午岭主脊为泾洛两大水系的分水岭，两侧支梁组成次一级分水岭，近乎东西向，延伸三四十公里。主脊与支梁两侧都有许多河流汇入，仅从甘泉宫至老爷岭，接近分水岭顶部的河流源头，就有六十八条。行进在主脊上,不仅有淡水补给的有利条件,还可以避免被河流阻断。即使主脊在地质结构上出现断裂谷地,通过"堑山堙谷"技术也可使沟壑不再成为拦路虎。

表1-1 甘泉宫至老爷岭河流及其源头统计表

县域	河流名称及其源头
旬邑县	石门关附近的七里川
	上瓦房附近的西川
	碾子院附近的第家河源头
	卧牛石附近的第家河源头
	老庄子附近汇入马栏河的西玉子沟源头
	马栏村附近的马栏河
正宁县	黑马湾附近东侧马栏河源头;西侧支党河源头
	野狐崾岘附近东侧马栏河源头;西侧支党河源头
	南店梁子附近的支党河源头
	冯家山至调令关有三条支党河源头
	调令关至高庄有七条四郎河源头
宁县	正宁与宁县交接处至艾蒿店有五条沮河源头
	艾蒿店至烧锅梁东侧有两条沮河源头;西侧有一条嘉峪河源头,一条九龙河源头
	五里墩至南桂花园东侧有一条沮河源头;西侧有二条平道川源头
	南桂花园至兔儿崾岘有三条湘乐川源头
	兴隆关附近有一条沮河源头,两条小川子河源头
合水县	午亭子至马连崾岘有两条烟景川;西侧两条固城北川源头
	马连崾岘至华池县界东侧有五条曹家寺川源头;西侧有两条瓦岗川源头,三条合水川源头,两条北川源头
华池县	华池界至墩儿梁东侧有八条二将川源头;西侧有三条城濠川源头
	老爷岭附近有一条柔远河源头
合计	河流及其源头共计六十八条

清初学人王夫之在《船山遗书·书经稗疏》中论述导山时说:"然则导者,为之道也。洪水被野,草木畅茂,下者沮洳潴停,轨迹不通,禹乃循山之麓,因其高燥,刊木治道,以通行旅。"古人在长期的实践中,早已明白其中的道理,所以他们喜行山路。蒙恬承袭了前人经验,避免了架桥填沟,使总工程量大大降低,何况子午岭的南北两端都已接近平地。正因为如此,秦直道全程显示出循山脊线前行的特点,凡河沟中断"被迫"下山后,不在川谷间盘转,

而是遇岭即上。

但这一特点在兴隆关以东的线路上被颠覆。以富县段子午岭支脉为例,从白马驿过川子河,上山北行,在桦树沟下山过葫芦河,在五里铺复上山,至望火楼下山,过葫芦河支流埝沟水,经水磨坪村,复上山。秦始皇修筑直道,是出于军事目的,若行军于河谷之中上山下坡迂回曲折,不仅会加大总工程量,更为重要的是难免贻误军机。因此,从军事地理学的角度看,也不支持顺"丁"字形岔道转九十度直角东走蚰蜒岭的说法。

四是战争需要军队人员和战备物资的大规模跨空间运动。秦汉之际,木制战车和货车是农耕民族战争中使用的最基本工具。由于农耕民族的生活习惯,行军或戍边必须自备粮草,故每次军事行动都首先要解决好"兵马未动,粮草先行"的问题。

以戍边的三十万大军为例,年轻士兵在无丰盛副食又要干重体力活的情况下,按每人三百日口粮计算,则每人需口粮十八斛。古代常用容量单位由小到大有升、斗、石、钟,通常学者们认为斛和石相通,汉代一石等于二市斗,一市斗等于十三点五市斤,一石等于二十七市斤。三十万大军粮食消耗高达五百四十万斛,换算下来仅基本口粮即为一亿四千五百八十万斤,这还不包括其他军用物资。

辎重车辆的载重量,文献记载不一。《韩非子·外储说左上》说:"用咫尺之木,不费一朝之事,而引三十石之任。"《墨子·鲁问》说:"须臾刘三寸之木,而任五十石之重。"王子今在《秦汉名物丛考·流马方囊》中认为:"诸子书中语有时重论效能,不免夸张,未可以为实证。从《九章算术·均输》中关于'均输粟''均赋粟'的算题所提供的情况看,汉代运粮车的载重标准一般为25斛。"那么运粮需二十一万六千辆辎重车辆,而动用的人力在《汉书·王莽传》中可以窥出:"募天下囚徒、丁男、甲卒三十万人,转众郡委输五大夫衣裘、兵器、粮食,长吏送自负海江淮至北边。"从粮食供应地到部队驻地远达数千里进行转运,这是一个天文数字,尚未算每头牛所需的口粮二十斛。

牛车在物资运输中发挥着重要作用。日本吉田武纪在《耕牛的使役与饲养》中提出:挽牛日行70里,挽马不过日行81里。日行牛稍逊于马,但是牛比马的牵引力大,公牛瞬间最大牵引力为1000到1200公斤,而马瞬间最大牵引力仅为900到1000公斤。并且牛的食量远小于马,对饲料的要求甚低,行速虽慢,但力强耐久,因而逐渐成为应用最为普遍的运输动力,因此发动远征需要调用大量牛车从事转运。

西边清水河谷道和马莲河谷道水草丰美,适于骑兵运动,但对木制车辆而言,潮湿松软的地面易坑洼不平,从而导致车轴变形。走在河谷,冰冻冰消、遇雨或暴发山洪,行走通过有许多困难。延州道属于黄土梁峁沟壑区,有许多纵横交错的大小沟壑形成中断道路的天堑,加之流经陕北的河流皆呈西北—东南流向注入黄河,不可能都架设桥梁,这对木制车辆行进造成了地理上的限制。而选择在高亢且平坦的子午岭主脊上行进,受季节影响和地理阻碍少,不仅简便易行,较为捷近,且更利于承载兵士的战车和装满粮草的辎重牛车迅速通行,从而达到战争取胜的目的。

五是子午岭控制着西至六盘山、东至黄龙山之间的重要军事通道,对周围山岭和两侧的河谷大道起着遏制作用。子午岭是董志塬和洛川塬之间的抬升山地,大部分地区海拔在1400米至1600米之间。主要山岭有子午岭主峰,海拔1687米,位于沮水河左侧源头;陕西省旬邑县内的石门山为关中北部最高点,海拔1885米;陕西省志丹县、甘泉县与富县交界处的墩梁,海拔1625米;沮水河上游的五里墩,海拔1625米。相对高亢的地貌形成了高屋建瓴的形胜之势,对周围山岭而言,谁占据了所谓"搤其亢,拊其背"的军事战略咽喉地位,谁就掌握了战争的主动权。

子午岭呈条带状构成洛河和泾河的分水岭,清水河谷道、马莲河谷道和延州道分别处于子午岭的东西两侧。作为平行的三条河谷道,它们之间必须通过子午岭才能连接,形成互通的道路网络，因而在子午岭直道上的交会处设置了许多关卡，如调令关、兴隆关等。秦直道从调令关前台地穿过，与一条东通陕西省铜川方向、西连甘肃省正宁县的古道呈十字形交叉，扼守在交通要道上，无论东西行，还是南北行，除了都必须经调令关堡外，别无他途。秦直道与西通甘肃省宁县罗山府、东达陕西省富县的古道相交于兴隆关，从而自古就成为重要的军事关隘。

秦直道修在兵家必争之地的子午岭上，可兼顾西边清水河谷道、马莲河谷道和东边延州道三条通道的军事行动。一旦发现经由陇东、陕北高原的河谷通道南下之敌，即令从国都咸阳出发的军队以及辎重车辆沿子午岭上的秦直道快速向北推进，并通过东西的下岭通道形成居高临下之势予以打击，这对顺着川道南下的匈奴军队会产生巨大的军事压力。

六是避免了涉河翻山绕沟的险阻。如果仅从修路的技术层面看，出咸阳沿东北方向即通过延州道无疑是首选，行军途中有充足的淡水补充，又能得到沿途局部农业区域的支持。如果在地图上将起点、路过点、终点用线连接，画出的线相对较直，但当借道向河套行走时，秦军实际上根本无法走出一条直线。

由于一路多有沟壑，绕道很长，必会延长里程。穿越沟壑纵横的黄土高原的最大障碍就是要不断涉河翻山绕沟，当时架设桥梁也非易事，行军速度非常缓慢。在山谷相对较高的地方，且不说秦人有没有能力把深谷填满，就是处于汛期的大水也会让"堑山堙谷"毁于一旦。翻沟涉河且不说增大了通行难度，就实际通行距离来说也恐怕远超理论上计算出来的距离。即使现在在黄土高原沟壑区域的乡镇道路上行车，出现车载地图上标注直线距离10公里，往往行走二三十公里都到不了的情况也很常见。

选择子午岭修建秦直道，从感觉上来看，似乎是绕了点路，但依当时的技术条件来看，这是最合理的选择。当然，秦直道在绕过河流的同时，也绕过了河谷附近分布的局部农业区域，这给沿途的军队后勤补给带来了很大问题，因为在不可能开垦出成规模农业土地的地理条件下，即使朝廷采用强制移民的办法，也无法在秦直道沿线形成农业定居点。唯一能够做的，就是采用军事体制，在秦直道沿线以及两侧布设关隘、兵站和城障，平时进行战略储备，以便战时使用。

秦直道建成后真正用于战争的次数并不多，而其在军事上的作用主要体现在地理位置赋予的特殊而关键的战略地位上。在秦直道的实地考察中，发现平均约 20 公里就有一处这样的据点。关隘有石门关、调令关、芦堡、兴隆关、午亭子。兵站以及仓库等古遗址有刘家店、四十亩台、艾蒿店、芦邑庄、七里店。城障有涧水坡岭、打扮梁、营嵝岘、白涧、林沟梁、营盘梁。城障是某一段路线的守卫中心，秦直道城障多分布在涧水坡岭以北，其中营盘梁城障面积达 4200 平方米。

其实，在秦直道的整体设计中，从上郡治所肤施连接九原的道路并非不考虑，这从秦统领北边防务的战区司令部和汉军武器库的选址上不难看出。秦蒙恬率三十万大军长期居上郡。《汉书·成帝纪》载："立故河间王弟上郡库令良为王。"颜师古注引如淳曰："《汉官》北边郡库，官之兵器所藏，故置令。"从军事地理学角度来看，司令部和武器库之所以定在上郡，不仅是因为距离与前线适中相对安全，而且还因为沿途有许多条东西向道路和秦直道相连接，最终在鄂尔多斯草原上的红庆河镇合为一体，直至位于今包头市的秦九原郡治所麻池古城，形成近似于倒 Y 字形的结构，以便发生较大入侵时，能得到来自上郡一线的有力支援。

对于修建秦直道的动机，司马迁在《史记·蒙恬列传》中只留下"始皇欲游天下"这六个字。起关键作用的"游"字，虽然表面上看起来为"巡行""临察""游观"等意思，其动机似乎在于出巡的方便，甚至在一些研究者眼里就是一条旅游专线。但抛开现象看实质，若换一个角度从"始皇欲游天下"的本身目的进行细究的话，其政治军事的含义就清晰显现。

秦始皇建立起中央集权制的帝国后，为了"示疆威，服海内"，推进新的施政方略，在实现统一后的第二年就急不可待地开始了全国性巡游，出鸡头山，过回中。谭其骧的《中国历史地图集·秦、西汉、东汉时期》将鸡头山的位置标在今宁夏回族自治区泾源县西北，大致六盘山东南部。回中本秦宫名，故址在今陕西省陇县西北，后因南起汧水河谷北出萧关的交通要道途经回中而得名，故又成为古道路名。秦始皇首选祖先发祥地并对维系关中安危的陇西（今甘肃省天水、陇南北部及定西等地）、北地（今甘肃省平凉、庆阳一带）两郡进行视察，从第一次路线选择上不难窥出欲游天下的政治军事意味。

次年，秦始皇作琅邪台，立石刻，颂秦德，明得意："皇帝之德，存定四极。诛乱除害，兴利致福。节事以时，诸产繁殖。黔首安宁，不用兵革。六亲相保，终无寇贼。欢欣奉教，尽知法式。"从《史记·秦始皇本纪》记载的石刻行文中，其欲游天下的政治军事目的表达得很全面。秦始皇还认为："东南有天子气，于是因东游以厌之"，所以他采取更改地名、挖断地脉、修筑厌气台等手段进行破坏活动，借巡游之名行镇压抑制之实的政治军事意图昭然若揭。

司马迁曾亲身走过秦直道，沿途实地考察了蒙恬修筑长城的边塞堡垒和"堑山堙谷"贯通的秦直道。在《史记·匈奴列传》中直接将秦直道与长城并列记述："而通直道，自九原至云阳，因边山险堑溪谷可缮者治之，起临洮至辽东万余里。"从行文中不难看出，秦直道的开通与长城防务建设有关，也与"北击胡""度河"攻伐匈奴的作战行动有关，明确显现出秦直道与秦北方边防军事体系的建设有着密不可分的联系。

秦直道沿线设置有烽燧等严密完整的军事防御设施，如关隘、兵站，今甘肃省庆阳市境内的秦直道上，已发现秦时烽燧一百二十六处。汉朝许多重大政务都在甘泉宫处理，甘泉宫因此成为通往各地烽燧、驿道的枢纽。《史记·匈奴列传》记载：汉文帝时"胡骑入代句注边，烽火通于甘泉、长安"。初师宾在《居延烽火考述——兼论古代烽号的演变》中推算，汉代烽火传递速度每小时100里左右，每昼夜1800里左右。从边关传递到国都长安尚不需一昼夜时间，秦直道沿线的烽燧系统显然提供了当时最为迅捷的军事联络方式。李白《塞下曲》中"烽火动沙漠，连照甘泉云。汉皇按剑起，还召李将军"的诗句，正是对这一历史情景的文学描绘。

秦直道形成了南北大动脉，在军事上同时发挥着战术和战略作用。战时作为一条军事通道，解决了战车以及辎重车通行速度较慢的战术困局，使护卫都城的中央精锐部队能迅速到达前线对敌作战。平时作为一种军事存在，发挥着巨大的对敌震慑职能，其战略作用正如贾谊在《过秦论》中所言："却匈奴七百余里，胡人不敢南下而牧马，士不敢弯弓而报怨。"这对于保护边疆地区和首都关中的稳定和社会发展起到了很大的作用，同时还保证了农耕民族不受北方游牧民族的侵扰。

秦直道与秦长城形成T字相交，构成了一道完善的军事战略防线。秦直道通过秦长城可以直接将士兵、军需用品和生活用品等及时地运送到长城各个要塞以及设防之处，这就为秦长城的后勤保障提供了强力支撑。长城与秦直道形成的军事防御体系，在一旦发生战争的情况下，两者之间的相互作用、相互联系、相互影响、相互促进，不仅能增强对匈奴的抵御能力，还可大大提升秦王朝的军事交通效率。

从这一角度审视的话，仅单纯从防御功能去评价秦长城，就显得不那么客观完整，因为在秦始皇的设计方案中，已吸取了百年来消极防御的教训，只有攻才能防，攻是最好的防，重新修筑长城的前提是必须有主动进攻的秦直道相配套，二者缺一不可。如果做形象比喻的话，就像秦始皇手中两件可以攻防兼备的武器：左手的长城犹如一面厚重的盾牌，被动防御敌人于国门之外；右手的直道就像一支尖利的长矛，刺过边境进行主动反击破敌而退。而修筑具有主动反击功能的秦直道，更能体现出秦始皇一统天下的霸气性格和当时秦人奋进勇猛的上进精神。

秦直道本身是一条快速的军事通道，但随着匈奴式微等历史因素的演变，其军事功能逐渐淡化，文化意义和经济意义越来越重要，成为中原地区汉族和北方游牧民族相互融合的一条康庄大道，在促进经济文化交流融合方面发挥了巨大作用。

由于地理环境不同，草原地区和农耕地区产生了差异显著的文化，正因为差异形成的势差，才给交流带来了动能。秦直道的开通，打破了地域间的封闭，随着时代的发展和交流日益加深，草原游牧文化与中原农耕文化融合升华，为博大精深源远流长的中华文化的生成奠定了坚实的基础。

就宗教文化层面而言，中国古代的佛教遗存，往往因交通活动而繁盛，故其一般依交通干线设置。两千多年来，秦直道经过的子午岭地区留下了许多佛教遗存。陕西省和甘肃省子午岭地区诸县有众多北魏、唐、宋、金、明的石窟、佛塔、造像碑。刘治立对此进行了考察，在《秦直道与子午岭地区的佛教遗存》中认为：在漫长的历史中，佛教文化沿着这条大道传入关中，中原佛教又沿此道传回西部。这充分说明了秦直道在中西文化交流中的地位和作用。

就艺术文化层面而言，在汉代的石刻艺术上，可以发现许多受匈奴游牧生活题材和风格影响的石刻。中国科学院考古研究所曾在西安市长安区沣西乡客省庄发掘西汉初匈奴墓，死者可能是匈奴使臣或使臣的随员。墓内随葬物有两件长方形透雕铜饰，在小小的方寸之内，表现出二人披长发辫，穿绑腿裤，互搂着摔跤的情景，两侧各有一树，枝叶茂密，树下各系一匹备有鞯鞍的骡子。整个画面充满草原生活情趣，对中原地区的艺术文化创作产生了积极的影响。

就民族文化层面而言，西汉和亲政策不仅促进两个民族之间的血缘融合，更重要的是强化了两个民族之间的文化融合。汉高祖每年送给匈奴一定数量的棉絮、缯、酒和食物。汉文帝赠送的物品更为丰富，和亲公主还为匈奴带去了大量的丝绸、农作物种子、工匠和先进的生产技术、生产工具。在融合民族文化方面，王昭君贡献最大，她以一个弱女子之力换取了汉匈边塞烽烟熄灭五十年的和平局面，出塞后的昭君被封为宁胡阏氏，一方面把中原的文化传给匈奴，另一方面也慢慢地习惯了匈奴的生活，并且"从其俗"，接受匈奴"父死，妻其后母；兄弟死，皆取其妻妻之"的风俗。昭君把悲伤与思念撒在了秦直道上，完全融入草原上带有原始野性的爱与被爱的生活，生下了一男两女，走过了自己从容而完满的一生。

农业经济和牧业经济这两种经济形态既相对独立又相互联系。自古以来，以蒙古高原为中心的牧业经济区，由于受生产力发展水平和自然条件的制约，农业和手工业难以达到自给自足的水平，草原上盛产的牛、羊、马以及毛皮迫切需要和以黄河流域为中心的农业经济区进行互市贸易，以此来解决生产上和生活上的需求。

两大区域之间的经济物资流动，大体上分为和亲贡纳、奉遗回赠、互通关市、扶持援助以及民间交换等几种类型，其中互通关市为当时产品交流的主要形式。汉匈马邑之战后，匈奴与汉族断绝了和亲关系，但他们还是愿意继续与汉互通关市，这说明交易是互惠互利的。农牧业两大区域之间经济交流与传播的动力，就源于这种彼此生存的客观需求，即使处于交恶中，也避免放弃对双方都有好处的关市贸易。

正因为经济发展的客观规律是人的主观认识无法阻止的，秦直道的修筑无疑强化了关市进一步发展，实现了更大地域内农牧产品和其他生产生活用品的交换。农业经济区和牧业经济区物资通过秦直道，源源不断地往来于关中和边塞之间，直到清朝秦直道仍旧是一条通途。清乾隆《正宁县志·地理志》记载："此路一往康庄，修整之则可通车辙。明时以其直抵银、夏，故商贾经行。今则塘汛废弛，通衢化为榛莽。" 当年史念海师考察时听当地人见告，由旬邑县石门关至马栏河一段子午岭主脉的风子梁，正是关中棉花向北运输的道路。每当运棉花季节，梁上路旁的灌木枝上，粘花带絮，一路皆白。

　　这些现象说明，秦直道作为经济交流的一条纽带，历代断断续续加以使用，对长城内外两千余年的社会经济发展产生了积极的促进作用。它不仅一直强劲有力地维系着中华各族多元文化的完整体系，还因为这种互为补充的经济依赖关系，大大加快了游牧文化与农耕文化的相互交流，演绎着中华各族渐趋统一的历史规律。更重要的是，它使中华文明汲取融合了来自北部草原文明的元素，为中华民族大融合打下了重要基础，还使中华文明更具包容性并表现出前所未有的活力。

二、在全球视野下重新审视秦直道

　　崛起于大漠南北的匈奴政权，在长达数百年的岁月中，尽管也有过和亲等相安无事的时期，但出于其侵略的天性，总体上南下侵扰不断。一部汉匈关系史，实际上就是一部侵略与反侵略的战争史，经历了西汉王朝、新莽政权、东汉王朝三个时期，大体上出现了三种战争形态：西汉初期以和亲为主的消极防御形态，汉武帝时期组织大型战役主动出击的战略反击形态，东汉王朝持续打击迫使匈奴西迁的战略进攻形态。在汉匈对峙的各个时期中，秦直道作为一条军事通道始终发挥着重要作用，只是随着地缘格局的变化，功能有所调整而已。

东汉立国都于洛阳，统治中心东移，但由于匈奴西迁，东线无战事，战线大大向西延伸，东汉出塞作战次数大为减少。东汉王朝在洛阳集结的大军，不可能绕道山西高原，两次甚至三次渡过黄河才进入河套平原和河西走廊，秦直道依然是中原王朝控制北方地区必经的战略通道。

公元87年，鲜卑重创北匈奴，为东汉王朝大举征伐创造了有利的条件。《后汉书·南匈奴列传》记载：公元89年，遂派车骑将军窦宪、征西将军耿秉率北军五校、黎阳、雍营、缘边十二郡骑士及羌胡兵出朔方，大攻北匈奴，北单于逃走，斩获敌二十余万。窦宪登上远离边塞3000里的阗颜山（今杭爱山南面支脉），刻石记功。

从历史文献中得知，在东汉王朝彻底打垮北匈奴关键的这一仗中，有雍营兵参战。《后汉书·南匈奴列传》转《汉官仪》曰："凉州近羌，数犯三辅，京兆虎牙、扶风都尉将兵卫护园陵也，故俗称雍营。"这次战役的行走路线，合理的推测应当是，窦宪、耿秉率国都洛阳的北军五校，不可能从洛阳牛北渡再从山西西渡，二次过黄河与雍营兵会师，只能西行进入函谷关与雍营兵会师于秦直道南端云阳，再通过秦直道到达九原，会合缘边十二郡骑士及羌胡兵沿长城出朔方，取得对匈作战的最终胜利。秦直道具有的独特地理优势，成为迫使匈奴西迁的第一推动力。

公元91年，东汉王朝派右校尉耿夔出河西，击北匈奴于金微山（今阿尔泰山），北单于西遁。对北单于逃亡之地史书记载语焉不详，或记载"逃亡不知所在"，或说"北单于遁走乌孙"，最后的结果是东汉王朝迫使活跃于中国北部草原数百年的匈奴渐渐退出了中国历史舞台。

从《北史·西域传》的记载中，人们才追觅到北单于逃走后的一丝踪迹："悦般国，在乌孙西北，去代一万九百三十里，其先，匈奴北单于之部落也。为汉车骑将军窦宪所逐，北单于度金微山西走康居，其羸弱不能去者，住龟兹北。地方数千里，众可二十余万。

凉州人犹谓之'单于王'。"游牧生活的流动习性决定了匈奴遇到外力逼迫时,自然会选择迁徙的方式,由于南有南匈奴和东汉王朝,东边又被鲜卑攻伐,在大漠南北故土无法立足的北匈奴只能沿着新石器时代就已成为欧亚大陆通道的草原之路,向适宜其游牧生活的西边发展。

北单于率残部仓皇逃到最具备落脚条件的康居。当年康居王邀请郅支单于联兵进攻乌孙,使乌孙西部空无人烟。由于郅支单于称雄康居,早已移居乌孙东的匈奴人纷纷归附。公元前36年,汉西域副校尉陈汤深虑郅支单于势力继续坐大,私自假托汉元帝名义发兵征讨。当顶头上司西域都护甘延寿知道后打算阻止时,已经太晚,被迫和陈汤一起赌上一把。汉军攻入城后,郅支单于受伤而死。后来,甘延寿和陈汤向朝廷上奏这次行动时,留下了流传千古的豪言壮语:"犯强汉者,虽远必诛。"

甘延寿和陈汤当时停留时间很短,并未追杀北匈奴余众。经过百年休养生息,其部众繁衍起来,和生活在康居的族人相聚是北单于西逃时既定的目标。西迁的匈奴逐步进入锡尔河以北地区。锡尔河为亚洲中部的内陆河,源于帕米尔高原,流经今乌兹别克斯坦、塔吉克斯坦和哈萨克斯坦而注入咸海。匈奴占据这块原属康居国的领土后,使其上升为匈奴人失去故国家园后心目中的圣地、投奔的目标以及重新崛起的希望。

在漠北匈奴被迫西迁之后,鲜卑"转徙据其地"成为蒙古高原的新主人,"匈奴余种留者,尚有十余万落,皆自号鲜卑,鲜卑由此渐盛"。鲜卑占有匈奴全部故地后,势力扩张到西域与乌孙为邻。故地的丢失迫使匈奴人再也无法返回民族摇篮的大漠南北老家,不得不继续往西前行。留在故地以及西域的匈奴人,肯定有不少追随者摆脱了鲜卑人的控制,千里迢迢投奔西去,最终可能都逃到了康居国。

西迁的匈奴人没有在康居停下脚步,只是歇了歇脚,就沿着草原带继续西迁。法国历史学家勒内·格鲁塞在《草原帝国》中写道:

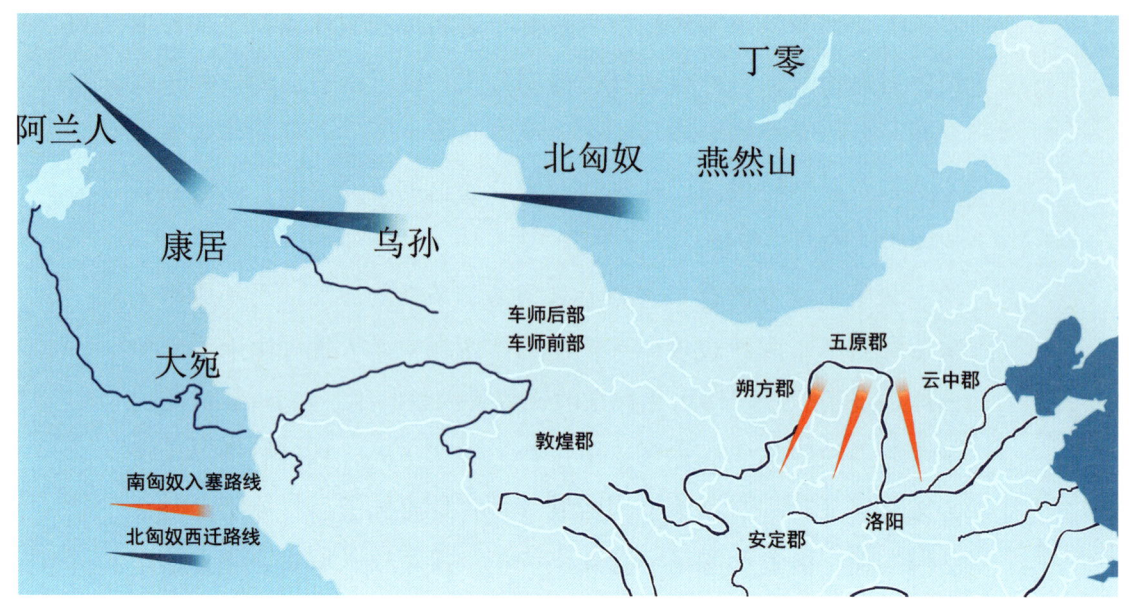

图 1-3 北匈奴西迁路线示意图

"我们不知道原因。公元 374 年左右，在一个被约南德斯称作'巴拉米尔'或'巴兰贝尔'的领袖的指挥下，他们渡过伏尔加河下游，在顿河击败并降服了特勒克河与库班河流域的阿兰人。"匈奴人和残余的阿兰人缔结同盟条约，组成联军一同西进。从此，中古欧洲史上持续了两百多年的民族大迁徙的序幕拉开了。

匈人向西迁徙中又占据了粟特国，此事见于《北史·西域传》的记载："粟特国，在葱岭之西，古之奄蔡，一名温那沙。居于大泽，在康居西北，去代一万六千里。先是，匈奴杀其王而有其国，至王忽倪已三世矣。其国商人先多诣凉土贩货，及魏克姑臧，悉见虏。文成初，粟特王遣使请赎之，诏听焉。自后无使朝献。"

从文献上来看，北匈奴征服了粟特国，杀其王，夺取了政权。匈奴人沮渠蒙逊将姑臧（今甘肃省武威市）定为北凉都城后，同文同种吸引了不少粟特匈奴商人前来贩货。北魏获粟特俘虏应发生在宋元嘉十六年（439 年），北凉降于北魏，魏收姑臧城内户口二十余万，改姑臧县为林中县，仍为武威郡治。又据《三国志·魏书·乌丸鲜卑东夷传》记载，"转西北则乌孙、康居……有奄蔡国一名阿兰，皆与康居同俗。西与大秦东与康居接"。粟特为古奄蔡地即阿兰。粟特王遣使请赎俘虏之事，应在北魏高宗太安时代，即公元455至459年。从公元374年匈人入侵粟特国已历经三世七十余年，中国史料上匈奴征服粟特国的时间跟西方史料中记载的匈人征服阿兰人的时间基本吻合。

　　对于粟特国的位置和粟特王忽倪的身份，学界有不同说法。德国汉学家夏德在《伏尔加河流域的匈人和匈奴》中说，粟特位于黑海沿岸的广大地区，同时还把占据粟特国的匈奴统治者忽倪当作阿提拉幼子艾尔纳克（Ernac）。日本汉学家白鸟库吉在《康居粟特考》中认为，粟特位于锡尔河以南，居民为伊兰族。陈序经在《匈奴史稿》中则认为，粟特地在咸海和黑海以北，势力范围直抵黑海北岸。忽倪若是阿提拉幼子艾尔纳克，上推到阿提拉与卢加在内的统治时间，也不过三十年，由此来看，夏德的解释是有问题的。齐思和在《匈奴西迁及其在欧洲的活动》中认为，忽倪是阿提拉儿子的说法不足信。康居在阿姆河流域的传统说法确实可信，因为国弱，"南羁月氏而东事匈奴"。粟特在它西北，居于大泽，这个大泽就是咸海。肖之兴在《关于匈奴西迁过程的探讨》中则别主一说，认为粟特位于泽拉夫善河（今乌兹别克斯坦撒马尔罕城附近）一带，它既不在咸海附近，也不可能是匈奴西迁中从中亚北部的康居前往里海和黑海北岸所经过的地方。可以说他们观点差异较大，尚待进一步研究考证。

　　中国文化圈的北方游牧民族匈奴人在公元91年从中国西遁，像一群游荡在荒野的苍狼，经历了一代又一代的接力，冲破了一道又一道的险阻，三百年的沧桑岁月磨掉了夹在中间的"奴"字，匈奴人变成了更具野性的"匈"人。

　　匈人在征服了阿兰人后，经过休养，恢复了元气。南俄罗斯草原在地理上可以看作是中亚草原的延伸，在这片已经不是草原的地带，除俄罗斯以外，乌克兰、摩尔多瓦、哈萨克斯坦也分得了一部分。相对温暖的气候以及充沛的降水，让这片原始草原地带上的牧草生长得更为茂盛。贪婪的本性让匈人对南俄罗斯草原垂涎不已，于是铁骑继续向西方踏去。

首先遭遇匈人掠夺的是熟悉海洋生活的哥特人，传说波罗的海上的歌德兰岛是哥特人最早的定居地，哥特之名即源于此。公元2世纪后半叶，哥特人从北欧斯堪的纳维亚半岛南部乘船抵达波罗的海南岸。哥特人是日耳曼（Germanic）诸族中最强大者，蓝眼黄发，高大强壮，文化落后，被称为蛮族。他们住在森林里，以打猎为生，衣兽皮，食兽肉，住草棚，无文字，无礼仪。由于长年打仗，所有男子都是战士，战斗力很强，将欧亚大草原最肥沃的南俄罗斯草原和多瑙河平原的广大地区占据。哥特人分为两大部分：流经今乌克兰和摩尔多瓦的德涅斯特河以西者称西哥特人，德涅斯特河以东者称东哥特人。统辖东哥特各部落的赫尔曼纳里克王据有的领土从波罗的海一直延伸到黑海。

匈人与敌人格斗时骁勇无比，骑兵一边奔跑而来，一边飞箭射敌，哥特人对这些陌生人感到恐惧，认为匈人是跑到荒野中与恶魔结合而产生的人种，这种传说愈发使哥特人畏惧，甚至认为匈人可能有一种超人的力量而无法抵抗。当匈人的铁骑如潮水般从天际涌来时，东哥特人从未见过这种阵势而军心大乱，最后导致失败，统辖东哥特各部落的赫尔曼纳里克王只得以自杀来摆脱这场巨大危机带来的恐惧。虽然匈人和日耳曼人都是强悍的侵略者，但命运的天平偏向了吃尽苦头的匈人，马背民族凭借着草原的地利条件，打败了海上民族。

一部分东哥特人逃至多瑙河北面的森林，一部分逃至西哥特人居地，匈人大军尾随其后。西哥特人以德涅斯特河为险，布兵防守，匈人则趁夜色从德涅斯特河上游偷渡，抄袭西哥特人的后路。失败的西哥特人不得不向罗马帝国边境逃窜，以寻求庇护。

罗马帝国提出了苛刻条件，先要解除武装，还要西哥特人把子女留下作为人质。西哥特人无奈之下满足了罗马帝国提出的条件，罗马帝国这才同意了西哥特人渡过多瑙河的请求，过河后西哥特人被安置在多瑙河南岸诸省。大量的西哥特人进入了罗马帝国。英国历史学家爱德华·吉本在《罗马帝国衰亡史》中认为:"士兵有二十万人,要是加上相当比例的妇女、儿童和奴隶,包括男女老幼在内总数将近一百万人。"这是历史上少见的种族大迁徙,导致欧洲民族分布格局发生了巨大变化。

由于渡河谈判历时既久,西哥特人有部分在未批准前自行渡河,被罗马士兵阻击,死伤甚多,双方结下了怨恨。渡河后,西哥特人最初停留在边境,后渐渐深入腹地,罗马人对西哥特人横加勒索,新仇旧恨迫使西哥特人起兵反叛,把战线推进到阿德里安堡(今土耳其埃迪尔内省省会),与以步兵为主的六万罗马军队展开了一场大战。

罗马军摆出传统的方阵,右翼骑兵领先,主力步兵居中,左翼骑兵殿后。哥特骑兵从山上冲下直捣罗马军右翼,使其乱作一团,相互践踏。哥特步兵乘机从正面发起冲击,罗马军溃不成军,罗马帝国皇帝瓦伦斯身负重伤,被抬到一个农家的茅屋。当晚,哥特人包围了茅屋并放了火,他们不知道烧死的竟是罗马帝国皇帝。罗马军队有超过三分之二的士兵阵亡,哥特方面伤亡人数不详,但应该相当轻微。

此次战争在军事学上出现了一个转折点,那就是古代传统步兵方阵战术的没落,骑兵开始成为战场上的主力。战争的失败,让罗马帝国元气大伤,从此丧失了对蛮族的军事优势。而罗马帝国允许西哥特人在今保加利亚定居,使其有了进一步扩张势力的基地。

匈人迫使哥特人西迁,但其自身仍留居肥沃的南俄罗斯草原。公元395年,罗马帝国分为东西二部。公元400年,休整后人口急剧增长的匈人开始第二期的大规模西侵,其连锁反应逼得原住民向西罗马帝国腹地转移。这一时期,匈人皆以东罗马帝国为攻击对象。公元408年,首领乌尔丁率军骚扰东罗马帝国,在抢得大量财物准备撤退时,遭到了罗马人的袭击。美国学者W.M.麦高文在《中亚古国史》中说:"乌尔丁自己也几乎不能保全生命。

此后，我们就不再听见乌尔丁及其事迹了，也许他不久即已逝世。乌尔丁之死，可说是结束了匈人第二期的征略。"

匈人在乌尔丁之后的首领奥克塔尔率领下，建立了以匈牙利平原为统治中心的匈奴帝国，单于王庭则定在今天匈牙利的布达佩斯附近。奥克塔尔死后，他的兄弟卢加继承了王位。卢加在公元422年和426年两次蹂躏东罗马帝国的色雷斯和马其顿，逼迫东罗马帝国皇帝向匈奴帝国年贡三百五十磅黄金，匈人进入其历史上的黄金时期。

公元434年，卢加去世，他的两个侄儿阿提拉和布列达共同继承王位，各掌管一部分领土，这种政体几乎就是匈奴帝国南北单于分治形式的翻版。布列达性情消沉，阿提拉主观性强，两个人共同执政达十年之久。公元445年，布列达神秘死去。据说为了使自己成为匈人帝国的唯一主宰，阿提拉无情地谋杀了自己的兄长。这种杀兄自立的现象几乎就是匈奴历史上屡次发生的父子兄弟相残争权斗争的重演，可见匈人和匈奴在制度上具有渊源关系。

阿提拉其貌不扬，"庞大的头颅、黝黑的肤色、深凹而又细小的眼睛、扁平的鼻子、长着几茎稀疏的胡须、宽厚的肩膀、短小的身材"。虽然体形长得极不匀称，但具有令人恐惧而无奈的强大力量，举手投足之间泰然自若，表现出高高在上君临万民的气势。为了提升自己的威望，还利用民间迷信造势。据说一位牧人看到母牛脚受伤，便顺着血迹去找，发现草丛中露出一个剑尖，牧人拔出剑后献给了阿提拉，此剑被誉为"战神之剑"，成为它的主人就意味着向世人宣告了统治尘世的神圣权力。

公元447年，东罗马帝国首都君士坦丁堡和色雷斯等省区发生了史上最强烈的地震，暴雨和洪灾随之而来，造成了严重损失。阿提拉趁机向东罗马帝国宣战，匈人骑兵势不可挡，洗劫了巴尔干半岛，所过之处几乎化为空无一人的废墟，有七十多个城市遭到灭顶之灾。遭受长期劫掠和沉重年贡负担的东罗马帝国，已满足不了阿提拉的胃口，他开始将贪婪的目光转移到新猎物西罗马帝国身上。此时，西罗马宫廷中的一次突发事件，给阿提拉提供了发动战争的绝好借口。

公元449年，西罗马皇帝的妹妹霍诺里娅与寝宫总管的私情被发现，那个不幸的情人被处死了。霍诺里娅不知是出于恶作剧还是报复心理，派人给阿提拉送信，称若能解救自己则将自己许配给阿拉提为妻。这对阿提拉来说无疑是天赐良机，指名要娶霍诺里娅公主为妻，并索要西罗马帝国一半领土做嫁妆。如此过分的要求遭到拒绝后，阿提拉便以此为借口，对虽日趋衰弱但仍占据霸主地位的西罗马帝国发动了战争。

阿提拉集结了由匈人和被征服民族合成的五十万大军，渡过莱茵河，向高卢进攻，围攻西罗马重镇奥尔良。面对共同的敌人，西罗马人和西哥特人放下争斗，组成联军赶来救援。阿提拉审时度势放弃了围攻，寻找适合骑兵迂回作战的有利地形，伺机与之决战。公元451年6月20日，双方在今法国东北部香槟平原上的马恩河畔沙隆镇展开了大决战。

阿提拉将最精锐的匈人军队放在正中，右翼是杂牌日耳曼人，左翼是东哥特人。联军中间用阿兰军队对付匈人的突袭，将西哥特人部署于右翼，最精锐的罗马军队则处于左翼。布阵的意图很明显，希望能够有效地打击匈人较弱的两侧，然后对匈人主力部队来个两面包抄。

当战斗打响后，匈人把阿兰人压退时，其右侧的罗马军队发动了突然进攻，同时，匈人向前的运动也把自己左侧暴露给了西哥特人。战况的残酷程度是空前的，双方的死伤极其惨重。开战当天双方就死伤十六万余人。最后西哥特国王狄奥多里克战死，余部主动撤离战场，而匈人也损失惨重，无力再进攻，返回莱茵河，重新积蓄力量。沙隆镇会战使欧洲摆脱了被匈人全部占领的命运。

公元452年，阿提拉再次对西罗马帝国发动战争，攻入了意大利。匈人的兵锋指向哪里，就意味着哪里血流成河，哪里的城市将化为废墟，接着，阿拉提将兵峰直指西罗马帝国的首都罗马

图 1-4 匈奴王国示意图

城。西罗马皇帝万分惊恐,不得不派罗马教皇利奥一世等人与匈人议和。之所以让教皇出面是为了增大谈判的成功率,一般来说,游牧民族会将各种神职人员看作受神灵庇护的人物,即使不信教也会比较尊敬他们。

此时,匈人军中突发瘟疫,而东罗马帝国的援军也将到达。面对不利的局面,阿提拉顺势答应了议和,但在撤军前仍扬言,如果西罗马皇帝不把他的妹妹霍诺里娅公主送来,他还会再来攻打。就这样,罗马人眼睁睁地看着匈人满载着抢夺来的财物扬长而去,只留下意大利北部的一片废墟。

公元 453 年,阿提拉在婚礼的当晚神秘地死在婚床上。爱德华·吉本在《罗马帝国衰亡史》中描述了婚礼以及葬礼的全过程:阿提拉本就有无数妻妾,又娶了一个名叫伊尔狄科(Ildico)的美丽少女,婚礼在多瑙河畔用木头建成的皇宫里举行,盛大的欢宴持续到午夜,阿提拉酒醉之余,又累又困回到新房。侍从在当天全都不管,让他去享受新婚之乐,直到婚房过于安静引起怀疑,侍从于是大声叫喊,仍旧毫无动静。侍从只有破门进入寝宫,他们看到发抖的新娘坐在床边，头巾还盖在脸上，为国王的死亡和自己的危险悲悼不已。阿提拉是在夜间过世的，起因是一根血管破裂，而他正好仰睡，喷出的血没有从鼻孔流出，反而流进胃部和肺脏，使得呼吸受堵窒息而亡。匈人在大平原的中央用丝绸搭了一个天幕，把遗体展示在里面，他们组成分队，排着队形踏着节拍围绕天幕转圈，唱着丧歌。按照民族习俗，剪下一绺头发，再在脸上刺几个伤口，为了哀悼值得效死的英勇首领，他们不用妇女的眼泪而是战士的鲜血祭奠。阿提拉的遗体分别装在用金、银和铁制作的三具棺材里，在夜间悄悄埋葬。从各国掠夺的战利品都被扔进坟墓，动工挖墓的俘虏全部被毫不留情地杀死。

由于阿提拉的东征西讨，匈人征服的疆土东起咸海，西至大西洋海岸，南起多瑙河，北至波罗的海，形成了一个空前广阔的帝国。附属者主要是日耳曼（哥特）人和凯尔特人的部族。他们平日向阿提拉称臣纳贡，战时出兵为匈奴作战。其实，匈人数量并不多，但长于骑射征战，有着极强的作战机动性，善于发挥利则进、不利则退的传统战术，往往佯作后退诱惑敌人，然后迂回包抄，甚至可以根据远方马匹奔跑掀起的灰尘，判知敌方人数的多少，再加上阿提拉个人出色的指挥才能，所以每战必胜，以至将帝国推向巅峰。阿提拉这个名字也成为可怕的象征，被后世的日耳曼人和罗马人称为"上帝之鞭"，看作是专门惩罚人类的煞星。

阿提拉时代是匈人帝国最辉煌的一章。阿提拉死后，他的几个儿子打起内战，庞大的匈人帝国瞬间四分五裂。公元454年，东哥特人和日耳曼人的另一支格比德人组成联军，在匈牙利涅塔德（Netad）河滨打败匈人，阿提拉的长子埃拉克被杀。战争中受到重创的匈人分为两部分，分散的小队匈人在各个部落首领的带领下，继续留在匈牙利境内，其主体被迫退到留居于南俄罗斯草原的同族之中，这部分人后来多数融入了斯拉夫族。

埃拉克的弟弟邓吉西齐率领一支部队，到处烧杀破坏，盘踞在多瑙河两岸达十五年之久。公元461年，邓吉西齐企图重建帝国，发动了对多瑙河流域东哥特人的战争，遭到失败。而留在中国的匈奴人的各个分支建立的前赵、北凉、大夏等政权，也均于公元460年以前先后倾覆。公元468年，邓吉西齐转而南下，进犯东罗马帝国，结果战死沙场。他的头颅被陈列在君士坦丁堡的椭圆形竞技场里，这是西方史籍对匈人活动的最后一次记载。邓吉西齐复国的失败，标志着匈奴人在世界范围内退出了历史舞台。

此后，在黑海北岸残留下来的匈人分成两个部落，即顿河以东的兀都果尔匈人和库特里果尔人，两个部落在东罗马帝国的暗中挑拨下成为仇敌，一直处于内斗状态。直到另一支在蒙古高原兴起的柔然人即欧洲人所称的阿瓦尔人，沿着匈奴人走过的老路，从亚洲到来的时候，这场战争还在进行着。法国勒内·格鲁塞在《草原帝国》中指出："阿瓦尔人把他们都击败后，全部占领了俄罗斯草原帝国。"从此，匈人渐渐沉寂下去，以至完全淡出人们的视野。现在知道的匈人最后一点踪影是，兀都果尔匈人和库特里果尔人与当地土著融合通婚形成了保尔加人，百年后迁入多瑙河南岸，与当地斯拉夫人部落联合，建立了保加利亚第一王国。

匈人虽然结束了自己在欧洲的统治，但是它改写了历史。匈人帝国崩溃不久，深受匈人摧残以及匈人引发的蛮族西迁影响的西罗马帝国也彻底走向了绝路。公元476年，日耳曼雇佣军攻占了罗马城，六岁的末代皇帝罗慕路斯·奥古斯都被俘，西罗马帝国自此灭亡。正是匈人把丛林里的日耳曼"蛮子"推上了历史舞台，并与后者一起摧枯拉朽般地结束了罗马人的时代，也给后世来自蒙古高原的游牧民族征战欧洲、建立旷古霸业开辟了先河。

匈人的故事极富戏剧性，在生命最辉煌的当口戛然而止，留下了令人难以忘怀的传说和无法说清的谜团。在奥匈帝国成立前，匈牙利史学界普遍认为自己是匈奴人的后裔。奥匈帝国成立后，由奥地利哈布斯堡王朝支持的"芬兰－乌格尔"历史学派，依据语言学研究成果认定匈牙利语属芬兰－乌格尔语系，祖先最早来自乌拉尔山麓的马扎尔族，他们不是匈奴人。公元896年，这支游牧民族重演了匈人击败哥特人的故事，攻入匈牙利，以匈人旧地巴诺尼亚为根据地，四处攻城略地，欧洲人以为昔日的匈人又杀回来了，故将巴诺尼亚称为匈人之地，匈牙利的国名就此得来。

匈牙利人天生与中国有缘，朱学渊近年来在马扎尔族源研究上取得了重要突破，在《新版中国北方诸族的源流》的《Magyar人的远东祖源》篇中，将匈牙利语（马扎尔语）与东西方各种语言做比较，发现匈牙利语从音韵到用法跟古满族（女真）语极其相似。如"客人"，女真语叫"按答海"，匈牙利语叫"vendeg"；"穷人"，女真语叫"什古乃"，匈牙利语叫"szegeny"，此类例子俯拾皆是。朱学渊还将金朝女真姓氏系统与现代匈牙利人的姓氏系统进行对比，发现了许多前所未知的关联现象，并由此做出了一个惊人的推论：女真姓氏"马佳"，蒙古部落名"马扎尔"，通古斯族名"勿吉"和"靺鞨"就是Magyar（马扎尔）的源音。据此，朱学渊认为：马扎尔人是从中国东北出走的靺鞨部落后裔。其西迁源于唐朝与高句丽的惨烈战争。公元645年唐太宗率大军征讨高句丽，由于靺鞨派出十五万军队救援高句丽而未果，唐朝统治者从此与靺鞨结了仇。公元668年，唐朝攻打高丽国和靺鞨，唐将薛仁贵率军攻克靺鞨领地的扶余城（今吉林省四平市），在西线失利的危机态势下，高丽倾巢而出，十五万大军屯辽水。薛仁贵率军回救，消灭了敌军大批有生力量。高丽军急于回撤平壤，扶余和嫩江一带的靺鞨部队成为孤军，被唐军聚歼于萨贺水（今松花江）。由于害怕遭唐军屠杀，靺鞨部落开始了大逃亡，告别了东方后，在欧亚草原上融入了许多不同血缘的部落。9世纪中叶蒙古高原发生动乱，后续而来的逃亡者又抢去他们的牧场，将他们推入欧洲民族的熔炉。

尽管匈牙利正史不承认匈人是自己的祖先，但现代匈牙利人中还有一些人自称是匈人的后裔，并曾上书政府要求恢复其匈奴族身份。据《北京青年报》2005年4月14日报道，匈牙利国会人权、民族和宗教事务委员会12日决定，建议议员们驳回自称属于匈奴族后裔组织提出的承认"匈奴族"少数民族地位的请求。因此前两千三百多人联名上书匈牙利政府，要求确定他们"匈奴族"的身份，并享受少数民族待遇。又据凤凰网2012年4月30日报道，在中国国务院副总理李克强访问匈牙利前夕，匈牙利总理欧尔班表示："匈牙利民族来自东方，毫无疑问我们的祖先来自亚洲。欧洲人认为我们是匈奴的后代，虽然还没有确凿的史料证据，但我们相信这是真的。比如我们的家庭观念也非常浓重，我们姓氏也是姓在前名在后。"

国内外学者对匈奴西迁的观点产生了很大的分歧。有的学者认为，从北匈奴最后见于记载的公元91年至匈人最早见于记载的公元374年之间，有近三百年的空白，而且从种族特点、语言、匈人对祖先的传说方面都无法论证匈人就是匈奴人的后裔。余太山先从史料、人种和语言学等多方面对匈人是匈奴人后裔的说法提出了质疑，其后更在《关于Huns族源的臆测》中，提出了匈人的祖先之一可能非匈奴而是史籍失载的鲜卑人之说。

但国内外研究匈奴史的许多著名专家在其专著中对匈奴西迁都持赞同的观点。法国勒内·格鲁塞在《草原帝国》中认为：郅支单于被灭后"部落中的幸存者就在那里生活了几百年。但因为他们并没有邻近某个大的文明民族，所以他们的行为没有被记载下来，我们也就无法更多地了解他们的历史。直到公元4世纪，他们才重新来到欧洲，与罗马世界相接触"。美国W.M.麦高文在《中亚古国史》中认为："郅支多妻（据中国记载郅支之妻至少有十人），当然子女甚多，有若干学者，如夏德氏等，竟主张后世侵入欧洲的匈奴人领袖阿提拉，便是郅支的直系苗裔，此虽犹未证实，但也不是不可能的事。"周一良、吴于廑在主编的《世界通史》中直接说，哥特人的西迁是因为受到匈奴人西移的推动。2013年出版的"世界民族"丛书，是中国社会科学院民族学与人类学研究所和中国世界民族学会众多专家学者多年耕耘的成果，在第一卷《历史与现实》中专门有一节是论述匈奴西迁的，应当说代表了中国学术界的主流看法。

W.M. 麦高文指出：长城"防阻古匈奴人之价值为尤重。后来匈奴人企图征服中国之举失败后，卒转而向西，逐去当前的哥德人，促成了罗马帝国的先期崩溃。因此之故，有些学者竟认为中国的建筑大长城，是造成罗马帝国覆灭的重要原因之一"。林樾在《帝国的崛起与没落》中认为，这种说法，似乎有些道理。万里长城修建之前，匈奴人与南方的华夏族之间，似乎没有什么难以逾越的屏障，所以匈奴人曾经多次离开北方的草原和大漠，深入周王朝的腹地大肆劫掠。到了战国七雄的年代，赵、秦两国修筑了长城，才稍稍缓解了匈奴南下的侵扰，直到秦始皇修筑万里长城之后，匈奴人南进的铁蹄才放慢了脚步。匈奴人既然不能随意南下，他们劫掠的本性又无法遏制，终于有一天，开始把目光投向西方的广阔地带。英国赫伯特·乔治·韦尔斯在《世界史纲》中也持同样观点：匈奴人"发现了有道长城挡住他们，一个坚强牢固的政府和有纪律的军队把他们隔离在草原上。长城虽然挡住了他们，但没有挡住中国内地的人。这些中国人正在这几世纪的和平岁月里生长繁殖，随着生长繁殖，他们带着房屋和犁逐步扩向凡是土质允许他们居住和耕种的地方。……尽管匈奴人对他们进行袭击和屠杀，他们简直还是那样不可战胜，因为他们有数量上的压力，并且背后有个强大的报复性的政府。……匈奴人部分地被中国内地的人所开化和同化了。较北部的匈奴人被挡住了，他们的极充沛的精力转向西方"。

其实，这是一种误解，其原因就在于缺乏对秦直道的了解。秦万里长城是防御工事，主要作用是御敌于国门之外，而秦直道是世界上第一条高速战备路，最大功能是将中央精锐部队快速运往草原前线，让士兵免除征途的疲惫而出塞有力地打击敌人。秦万里长城犹如一面厚重的盾牌、满弦的弓，防御敌人于国门之外；秦直道就像一支尖利的长矛、飞驰的箭，刺过边境进行反击破敌而退。正是尖矛与飞箭才迫使匈奴远遁他乡。

正因为匈奴西迁是否到达欧洲无法统一意见，学术界不同的研究观点才有了更大的发挥空间。但匈奴击败月氏逐渐融进西域，导致了中亚民族连锁大迁徙的历史，却得到了学术界的一致认同。秦直道的修建导致了匈奴西迁，这并非是秦始皇修建时的本意，但秦直道作为世界上第一条高速战备路确实在迫使匈奴西迁上发挥了第一推动力的作用。这就为在世界视野下重新审视秦直道与匈奴史、中国史、中亚史、欧洲史的关系，开辟了新的探索求知领域。

一个浅显而有趣的话题是：如果北匈奴不西迁会对世界历史发展产生什么影响？对此，出现了两种截然对立的答案。持肯定、积极意义的专家认为，北匈奴不西迁，罗马帝国不会亡国，欧洲不可能迅速进入多元化的封建社会；而持否定、消极意义的学者认为，北匈奴不西迁，罗马帝国就不会灭亡，欧洲会更早发生工业革命。

W.M.麦高文在《中亚古国史》中，对北匈奴不西迁的命题进行了详细研究，却从另一个角度进行了解读："各种日耳曼部落，本居波罗的海海滨，其后渐向南方及东南方推进，至公元200年左右，以前原属萨尔马希安人的欧洲土地，遂几乎全被日耳曼人所夺。……假如后来没有匈奴人由中央亚细亚西侵，因而迫令日耳曼诸族放弃其自萨尔马希安人手中夺得的土地，那么，其后日耳曼人民也许将无定期地向东南方继续前进，而不改向西南方去另图发展。这对于后来的世界历史，当然关系极大。"历史的发展不存在假定的可能，人们无法使时光倒流，让历史重回起点另行演变，但W.M.麦高文的假设已经给关注这一话题的人，提供了可以想象并且演绎的无尽空间。

的确，难以捉摸的历史发展进程，往往是出乎意料的结果。而意义更为重大的是，秦直道迫使匈奴西迁形成的一系列连锁反应，不仅强化了亚欧大陆地区之间的经济文化交流和民族融合，成为欧洲从古代向中世纪过渡的转折点，而且还奠定了现代亚欧大陆主要民族和国家的基础，从而影响了世界历史发展的进程，改变了世界民族分布的格局。这就是人们常说的"蝴蝶效应"现象，一只蝴蝶在热带轻轻地扇动翅膀，遥远的国度就会发生一场飓风。该效应说明，初始条件的极小偏差，会引起事物发展结果的极大差异。

秦直道最终导致世界历史发展趋势发生的变化，是秦始皇大帝躺在睡榻上做梦也想象不到的，甚至到了今日许多研究者也没有想到从这一视野下重新审视秦直道的作用，正因为如此，从世界视野这一新的高度下重新认识秦直道才具有新的意义和价值。这也正是我们对这段历史怀有极大兴趣且如此着迷研究探求的所在。

三、秦直道的走向以及实地考察的必要性

史念海师首开秦直道现代历史地理学研究之先河，其文章发表后引起各方面普遍关注，为后续研究者打下了一个坚实的基础，一些不同领域的人士，开始进一步深入考察研究秦直道。十年之后，《光明日报》以《为摸清秦代另一巨大国防工程古迹，画家靳之林徒步三千里考察秦始皇直道》为题，对靳之林做了新闻报道。

未见靳之林发表的考证性论文，但从报道上得知，靳之林认定的秦直道路线从淳化县梁武帝村起，经旬邑石门关，至陕西黄陵县西境后，沿子午岭东侧的富县、甘泉、志丹、安塞而去，大体沿子

长北境、榆林西境至内蒙古包头市西。靳之林发现甘肃境内的古道上分布的都是宋代遗留下来的古窑、古城、古墓，而没有秦汉时期建筑物的遗址。但李仲立、刘得祯在《甘肃庆阳地区秦直道调查记》中认定，在甘肃一侧"近直道处发现了多处汉墓群，出土了大量的汉代灰陶罐、盆及釉陶壶、灶、奁等器物"。据《秦直道考察》记载，甘肃省文物局组织人员徒步调查秦直道，在甘肃省庆阳地区秦直道沿线上，发现烽燧至今尚留有一百二十六处。由此而言，甘肃境内的古道上没有秦汉时期建筑物遗址的说法属于主观臆断，其判定的理由显然不成立。

1986年陕西省交通史、志编写办公室王开发表了《"秦直道"新探》，所提出的路线图与史念海线和靳之林线都有分歧。王开线从淳化县梁武帝村至兴隆关与史念海线相同，过了兴隆关后离开子午岭主脉，东北走古道岭穿越富县、甘泉、志丹，经"吕川入安塞县境。据说安塞县镰刀湾一带也有古道遗迹。……出志丹县东北境后，是沿安塞、子长县北境，子洲县南境，米脂及榆林县西境，进入鄂尔多斯草原，复经内蒙古东胜县西侧、昭君墓东侧至包头市西"。尽管《"秦直道"新探》以及所附《秦直道示意图》，都涉及鄂尔多斯和包头境内的秦直道遗迹问题，但从字里行间透露出的信息判断，对安塞县以北约占秦直道全线四分之一的路段并没有进行实地考察，故无法写出考察记录而仍处于空白状态。

1988年北京大学城市与环境学系教授王北辰发表了《古桥门与秦直道考》，他在文中明确指出："直道并非蒙恬凿空开辟，它不过是历史古路的修治，上引诸记中的黄帝巡行与崩葬桥山、周军北伐'大原'、赵主父的南下探察等等，都是通过此路。"而这条"秦'直道'乃自云阳北行，出桥门，过新'秦中'，抵达九原"。其复原的秦直道路线比史念海复原的秦直道路线偏东很多。王北辰所说的这条古道的确是在赵武灵王、秦昭王、秦始皇走过的老路基础上维修而成，属于全国的驰道系统，并非秦始皇由上郡归三年后修筑的直道。郭沫若主编的《中国史稿地图集·秦统一图》所标绘秦直道走向，即从云阳出发，经高奴上郡至九原郡。应当说王北辰延续了《中国史稿地图集》观点。

由于上述考察者所走的路线和史念海师不同且位于史念海所走路线以东，这就在学术上产生了经地相异的走向问题。秦直道从淳化县甘泉山沿子午岭主脊北行到兴隆关的路线，大多数专家和考察者没有异议，但对兴隆关以北的路线分歧很大，其中代表性的为靳之林和王开的观点。读完这些论文和消息后，史念海师又相继撰写了《直道和甘泉宫遗迹质疑》《与王北辰先生论古桥门与秦直道书》和《再与王北辰先生论古桥门与秦直道书》等一组文章，依据文献记载和实地考察的成果，从专业的历史地理学角度，进行了质疑并分析了产生问题的原因，进一步阐释了自己的见解。史念海师的论述，对阐明秦直道的历史状况起到了重大作用，已经比较清楚地复原出了这条道路的行经地点。

但是，这些选择了不同路线进行考察的多非历史地理学专业的人士，对史念海师的质疑并未做出专业性的回应。此后，陆续有人关注秦直道，据说写文章的大约千人，实际考察的约数十人，其中绝大部分也都不是历史地理学专业的人士，可能因为考察目的和重点不一样，研究范围仅局限于自己所感兴趣的那部分路线，对和自己意见不相符的路线不仅不做合理解释甚至不涉及，因此，至今没有见到像史念海师那样全面系统论述秦直道的专业性论文。

不同考察者提出的不同路线图，在学术争鸣中渐渐演变成了东西线之说。这种简单归类法掩盖了经地相异走向问题的真实面貌，似乎只有史念海和王开两条线，如果没有将靳之林线和王北辰线包含在内，那既不全面更不符合客观实际。如果将靳之林线和王北辰线包含在内，那么史念海线以东就有三条所谓的东线，更容易发生误读。若从示意图上观察，这三条线之间的差异更大。靳之林线相对于王北辰线是西线。靳之林线从起点梁武帝村至靖边县郑石湾以南，相对于王开线可以称为东线，郑石湾以北则可以称为西线。为了避免上述混淆的乱象，还是以史念海线、靳之林线、王开线、王北辰线称之才更准确、更全面、更符合实际，同时也更利于学术争鸣。

张在明是继史念海之后秦直道研究者中最重要的一位,从2006年起主持了富县秦直道遗址的考古发掘,在使秦直道成为社会关注的热点话题上功不可没。2009年初,陕西考古研究院秦直道考古队在富县张家湾附近,对《中国文物地图集·陕西分册》绘出的秦直道进行了有史以来第一次大规模的考古发掘,取得了重大发现,并被评为全国十大考古发现之一。

全国十大考古发现是国家文物局委托中国文物报社和中国考古学会每个年度在全中国范围内举行的考古评选活动,主要是为考古学科提供新的信息及新的认识。全国重点文物保护单位是国家对不可移动文物核定的最高保护级别。尽管所谓的东线获得"2009年全国十大考古新发现"的荣誉,但2014年秦直道遗址庆阳段(正宁县、宁县、华池县、合水县)即所谓的西线仍然被国务院核定公布为全国重点文物保护单位,这就充分说明了全国十大考古新发现评选活动和国务院权威的学术核定并无直接关联。

从目前秦直道的研究状况来看,内蒙古自治区段在秦直道走向上争议不突出,所谓东西线的交会点都指向伊金霍洛旗红庆河镇,加之其位于风沙地带,两千余年的岁月侵蚀,已使秦直道遗迹难以探寻,学者关注的焦点多集中于九原郡治所在上。

2010年,陕西省考古研究院秦直道考古队在兴隆关一带进行了考古发掘,得出的结论是:在进一步确认东线的同时,彻底否定了西线。但在陕西段和甘肃段秦直道走向尚存在较大歧义的情况下,现有的发掘和研究成果尚难以形成颠覆性的说法。关注者及其文章虽然颇多,但争议的内容大多没有突破史念海20世纪80年代和诸考察者探讨的范围,仍然存在许多疑问,需要得到更专业的科学解释。

靳之林线、王开线、王北辰线与史念海线产生歧义的主要焦点,集中体现在史念海线比所谓东线"弯"的误区中。《"秦直道"新探》认为史念海线呈大弯弓形,自己所提路线"大体南北相直,符合直道一名含义"。如果从示意图上相比较,客观地说,靳之林线南北大体相直。秦时陕北诸县可考者只有今甘泉县南的雕阴、今延安市的高奴、今子洲县西南的阳周、今榆阳区南的肤施。这四个区、县在靳之林的《秦始皇直道路线图》中皆被标出,但距所说的直道皆甚远。如果直道要经过上郡,却和上郡治所肤施以及县城都没有联系,这从政治方面是说不过去的。王开线和王北辰线相对于靳之林线不仅弯度不小,更呈 S 形。王开线过了兴隆关,沿古道岭进入富县一段几乎都成了九十度直角。如果以是否南北相直而对史念海线提出质疑的话,那么相对于靳之林线,王开线本身也陷入自己设定的泥坑中。

秦直道的地形选择应具有必要的条件。当时的上郡绝大部分属现在的陕北地区,那时不仅有河流,也有沟壑,若要军事行动迅速,就不能不考虑到避免地形方面的阻遏。仅从这一点来说,这条道路虽以直道为名,却不一定就是南北笔直的。司马迁所谓"直通之",应是直达之意,当今人们还延续使用,如西安至北京直达火车,线路并非是南北相直,其先东行至郑州再转九十度直角向北行。在南北两地画一条直线是轻而易举的事情,但受自然地形和历史、经济、社会等因素的制约,道路的走向不可能是笔直的。

如果换一种思维方式,可能会得到更为明晰的认识。道路实际里程和两点之间的直线距离是制约道路"弯"度或"直"度的两个必要条件,两者之间的比例关系决定了一条道路的"弯"或"直"。自九原至云阳的直线距离在谷歌地图上可以轻易获取,而实际里程司马迁在《史记》中记载为全长 1800 里,这是司马迁亲自走过的路,即使不是十分精准,但也绝不会相差太远。如果对这两个亘古未变的已知数据进行对比分析的话,一切疑虑都会迎刃而解。

司马迁虽然给出了"里",但在古代度量衡制度史上"里"并非是一个法定的长度单位。"里"在中国度量衡制度史上首次见于班固的《汉书·律历志》,其确立的长度单位只有"分、寸、尺、丈、引"五种。梁方仲教授在《中国历代户口、田地、田赋统计·中国历代度量衡之变迁及其时代特征》中指出:"自汉代以后,历代计算长度,都是自尺以上,到丈为止。至清光绪三十四年(1908

年）重定度量衡制时，始规定于丈之上加'引''里'这两个单位。本来引、里两个名称，古代早已存在，但多半是用来计量面积。虽亦用来表达长度，但仍从面积这个概念引申而来的，并不是正规的用法。到了光绪末年，才明文规定于尺制之外，另立里制"。

要想用现在的里数标出秦直道的实际长度，必须先与秦汉时法定的长度单位尺进行换算。《汉书·食货志》载："六尺为步，步百为亩，亩百为夫，夫三为屋，屋三为井，井方一里，是为九夫。"从这一记载可知，井方一里，为九夫耕种的九百亩耕地，每一边的边长为一里三百步。一步六尺，则一里三百步合一千八百尺。秦尺的标准尺量值目前有两种说法，吴承洛先生在《中国度量衡史·中国度量衡单量之变迁》中，考证的一尺相当于今27.65厘米，罗福颐在《传世古尺录》中，考证的一尺相当于今23.1厘米。

若标准尺量值按吴制和罗制换算下来，秦汉时的"里"分别合今497.7米和415.8米，则秦直道全长分别合今1791.72里和1496.88里。从百度地图上测量，淳化县梁武帝村至麻池古城直线距离630公里，即1260里。用换算成里的秦直道全长里数减去直线距离的里数，就是两者之间的弯道差。那么可以清晰地看出，司马迁所说的1800里显然就不是一条直线，本身就带有531.72里或236.88里的弯道。

通过换算，我们已经掌握了司马迁亲自走过的秦直道长度，接下来再对史念海线和王开线进行对比分析。甘肃省文物局编著的《秦直道考察》记载的史念海线长度850公里即1700里，比吴制的长度少了91.72里，比罗制的长度多了203.12里。《"秦直道"新探》中说秦直道"折合今尺约七百公里"，富县秦直道遗址发掘工作者给出的数据"道路全程直线距离约七百公里，已发现遗迹的道路全长约七百五十公里"。但同一执笔人在《旬邑县秦直道遗址考察报告》中提供的数据为："从陕西淳化至内蒙古包头全长700多公里。"由于给出的数据前后均有差异，又未展开说明，正误难以判断，姑且以记载次数较多的700公里为准，换算下来即1400里。比吴制的长度少了391.72里，比罗制的长度少了

96.88 里。

相对于司马迁亲自测量过的道路长度,显然王开线比史念海线误差更大。照此来看,简单认为谁"直"谁就是秦直道的观点,显然是一种不符合实际的说法。应当说只能有一个判断标准最接近于司马迁亲自测量过道路的长度数据,才是符合历史本来面目的真正的秦直道。

古代从关中经黄土高原通往鄂尔多斯高原的南北向道路,绝不可能只有一条,但秦直道却只有一条。秦直道经过的以峁梁沟壑地形为主的黄土高原腹地和以沙地草滩地形为主的鄂尔多斯盆地经过两千多年历史的洗礼早已面目全非,大量被开垦成农田,导致植被破坏,水土流失严重,古道遗迹难辨。大多数考察者都缺乏历史地理变迁的专业知识和田野考古的调查经验,面对漫长岁月中形成的众多古道路以及各个道路之间的复杂关系无法做出正确判断,更难以提出科学合理的依据和意见,误把古道当作秦直道,是导致意见分歧的症结所在。所以至今还停留在众说纷纭各说各话阶段,没有形成较为一致的认识。相比较而言,史念海师和《中国历史地图集·关中诸郡》所提出的观点更专业,更符合历史的本来面貌。

从史念海师第一次绘出路线图到现在已时隔四十多个春秋,秦直道走向问题仍然是重点难点问题,甚至是具体路段考察的前提问题,否则就会出现南辕北辙的情况。秦直道长达1800里,本身就是一个巨大的系统工程,在道路形制、测绘技术、建造方法、使用维护、附属设施等方面有着内在的规范性,囿于20世纪科技发展水平与参与者主体的限制,当时调查所采取的主要手段是观察道路遗迹及文物遗存并结合历史文献进行研究,考察的完善性必然大打折扣。目前,秦直道研究成果基本都是20世纪取得的,但并不是完全没有错误和遗漏的,四十多年的风雨侵蚀,前人观察过的环境未必丝毫未改,没有调查就没有发言权,这样,实地考察就具有必要性。

秦直道沿线城镇及关隘遗址遗物,自然环境变化状态,文化圈发展的文献资料，秦直道与邻近诸道路所形成的军事立体防御体系，是全面了解秦直道最直接的珍贵资料，涉及历史学、历史地理学、考古学、生物学、环境学、建筑学、美术学、民俗学、军事学等多个学科。只有扎扎实实地从不同学科的不同角度做好相关路段的实地考察工作，努力把握住考察对象的特点，并借助GPS导航定位、谷歌卫星地图和新的制图方法等科学技术手段，进行直观的详细的调查分析，且与相关的历史文献相印证，才有助于秦直道走向问题的最终解决。

我自己在这方面也进行了有益的尝试，在秦直道实地考察中主动采用了GPS导航定位以及新的制图方法等科学技术手段，尤其是利用谷歌卫星地图寻找秦直道遗迹，解决了许多疑难问题。例如，将谷歌卫星地图放置最大的比例，探寻秦直道具体路段的走向，再将数百幅具体路段的走向图拼接在一起，绘制出清晰的全程路线图，获得了尽可能翔实的第一手资料。最后将实地考察中的记录进行梳理分析、对比研究，集结发表从而形成考察报告。

由于考察报告是一种说明性的文体，其本身就具有文学和科学双重属性，叙述色彩体现了考察报告的美学价值，作者审美倾向的不同，会导致对景观语境营造的差异。孔子说："仁者乐山，智者乐水"，山水本无情，在作者的笔下经过情感的浸染则成为有生命、有品格的自然。地理要素决定了考察报告的科学价值，在躬身亲历中看到了大量的山水道里、地貌地形、植物动物、城镇聚落、名胜古迹、民风世情、方物地产、气象生物等实证性现象，在落笔行文时，以北魏郦道元和明代徐霞客等先贤为标杆，以观察山河、研究地理、探究源流、考证变迁为目的，进行理性的踏勘、考据、思考和辨析，并借助现代手段进行记录和描绘。例如用镜头进行拍摄，以直观图片的形式，实证秦直道两千余年来的巨大变化，从而使考察报告能升华到更高的研究层面，以期获取新的线索和新的发现以及新的成果。

秦直道是秦始皇遗留下来的宝贵财富，它使今人能够探索古人的踪迹，还原历史面貌，从而增强民族认同感。目前，文献记载的稀缺、踏查本身的局限、考古佐证的缺乏、古道遗址可分辨性的不足，都对秦直道的认识造成障碍，还需要专业工作者摒弃门户之见，保护好现存遗址，进一步反复实地考察，携起手来早日破解秦直道中隐藏的历史之谜。

近几年来，在对现有资料的学习分析中，我发现许多专家对秦直道不同走向的道路并没有进行全程的实地考察，对不同路线之间在长度、宽度、位置、规模、道路形制、历史沿革、测绘技术、建造方法、使用维护、附属关隘等方面，缺乏相互对比的鉴别与深入研究，甚至有的专家对自己认同的路线，也只停留在地图上画线的纸上谈兵阶段。

如《"秦直道"新探》，得出的结论也仅仅只是"看到子午岭东侧的古道路基，其规模远比子午岭西侧的古道路基宽一至三倍，因此，我们认为'秦直道'至沮源关后，是折由'古道岭'东北行，经富县槐树庄西侧北去"。从目前能看到的资料得知，陕西考古研究院秦直道考古队也仅进行了富县桦沟口遗址的发掘和兴隆关一带面积约250平方米的发掘。但似乎并未对东行路线进行更深入的考古发掘，故也只是方向性的说法："经富县、甘泉、志丹、安塞、榆林等地，再经内蒙古伊金霍洛旗、东胜、达拉特旗至包头。"由于没有进行实地考察，难免会受道听途说的影响，这样在认识上就容易产生偏颇。

为了能全面了解秦直道，从而避免一些专家以偏概全的缺陷，我对兴隆关以东和以西两条路线都进行了全程考察。在几十次的实地行走中，许多感性的观察逐渐趋于理性的辨析，使走向争议的问题变得更为明晰。如果以没有争议的兴隆关以南路线作为样板，通过对比、归纳，总结出异同的话，我认为兴隆关以南路线和以西路线基本一样，而和以东路线确实存在着很大的差异。

从长度和弯度上看，以南路线加以西路线比以南路线加以东路线更接近于司马迁所提的1800里的道路。从宽度上看，以南路线和以西路线基本上都是四米半宽左右，而以东路线《"秦直道"新探》认为"宽一至三倍"，如果采用其"一般都在三十米至四十五米之间"的说法，那就是五至七倍。从特点上看，以南路线和以西路线为了避免渡河以及穿过沟壑，显示出偏执循山脊线前行的特点，但这一特点在以东路线被颠覆，不仅穿行于沟壑之间，还不得不穿过洛河、葫芦河和无定河等小河大川。从文献上看，唐《括地志》和《元和郡县图志》明确记载秦直道位于以西路线上，宋《太平寰宇记》明确记载以东路线为赫连勃勃所开的圣人道。从考古上看，以南路线的南桂花探沟二和兔儿崾崄探沟均位于子午岭主脉上，这说明与以西路线不仅有对应关系，而且也符合整条道路不下到支脉或川道的设置原则。以东路线蚰蜒岭探沟二则位于子午岭支脉上，和以南线路既不匹配对应，也不符合秦直道的设置原则。相反，在路土、车辙的质地、结构及遗物方面，与富县、甘泉揭示的"秦直道"惊人地相似。仅从以上几点就不难看出，以东路线与以南路线、以西路线不属于同一条道路。

对秦直道的全程考察，给自己的论点提供了更坚实的依据和支撑，我分六个章节写成了报告，尽管已剥去了现代人附加的层层外衣，更接近对历史真貌的还原，但分歧依然存在。只有抱着坦诚的态度，坚守科学的精神，敢于正视分歧，通过学术的争鸣交流，最终才能达成共识。

如今，秦文化热开始兴起，秦直道自然成为人们关注并热议的话题。人们试图拨开历史的迷雾，去认识秦直道的本来面目，但是"此情可待成追忆，只是当时已惘然"，遥远的岁月已抹去了历史存留下来的许多痕迹，用数十万字的文章根本无法详尽地完全地再现数千年前腥风血雨的年代，只能粗略地勾勒出原有的基本轮廓。历史的本相复杂而难辨，正如意大利学者克罗奇所说："一切历史都是当代史"，没有人能够真正还原历史，写史的人都免不了受所处时代人文情怀的审视目光和认知水准的局限。因此，肯定还有许多值得商榷之处，可能无法停止人们的争论和怀疑，但值得期待的是，用现有的可供借鉴的资料串接起来的历史细节和不同观点，能够为人们提供一条在浩渺的史海中到达秦直道彼岸的小船。

第二章 走向子午岭

图 2-1 秦直道遗址

一、三原县至淳化县梨园镇

　　陕西省淳化县距西安大约 100 公里，县城北 20 余公里处为甘泉山，是秦直道的起点。为了更深入地考察秦直道，我约了几个兴趣相投的朋友"再次"去登山，之所以说再次，是因为近几年已进行了几十次考察。由于秦直道长达 1800 里，横跨黄土高原、半荒漠草原和沙漠三大地理景观，加之春、夏、秋、冬四季差异颇大的山川景色，既使我们大饱眼福心情欢愉，又能使我产生新的感悟写出更有见地的笔记，故只要有机会，脑海里就会萌发再来的冲动。

　　每来秦直道考察一次，都有收获，几年下来，积累了不少资料。整理出的考察报告在空间上从起点开始依次排列，由于是多次重复分段考察，这样会出现一种情况，靠近起点的地段可能采用的是今年春天的笔记，而远离起点的地段可能采用的是去年秋季的笔记，因而考察报告在时间上是无序跳跃的。在形式上凡能行车的路段则乘车，条件不许可则徒步。

　　一大早，我们就兴致勃勃地从西安出发了，路经西铜高速公路北上。因为要进山，对蜗居于现代都市中的人来说，会激发出"久在樊笼里，复得返自然"的感受，心情像鸟儿飞出笼子去天空自由自在翱翔一样。人类社会发展到今天，城镇化的扩张步伐，达到了前所未有的速度，城市规模越来越大，人口聚集越来越多，生活环境越来越拥挤，从早到晚陪伴左右的都是水泥建筑、拥堵的道路、电脑手机等工业产物。

美国拉尔夫·沃尔多·爱默生是率先从自然中寻求精神财富的领军人物，他在《论自然》中说："自然是精神之象征"，这无疑是对生活真谛的精辟认识。人类是从充满绿色的荒野中走出来的，荒野是人类的根基和精神家园，从某种意义上讲，荒野是人类身心健康的源泉，如果远离绿色生活时间一长，亘古遗传下来的基因就会发出强烈的脉冲，促使人们回归到充满神秘色彩的大自然怀抱，在绿意盎然的荒野中让自己心灵得到滋润，从而使喧嚣社会挤压下疲惫的精神获得振奋力量，这也正是当下旅游业方兴未艾的深层原因。

我们在途中聊着共同关注的话题，不知不觉间就抵达了陕西省三原县城，县名始于前秦置三原护军，以其地南有丰原，西有孟侯原，北有白鹿原而命名。北魏太平真君七年改置县，元朝至元二十四年县治迁徙至龙桥镇，即今三原县城，已历时八百余年。三原县位于关中平原腹地，地理条件优越，素有八百里秦川"白菜心"之美誉。

三原县小吃风味独特，品种繁多，尤其蓼花糖、泡油糕、金线油塔被人们喜食。蓼花糖明代已有生产，清代被定为贡品。由江米、芝麻、白糖等经膨化制成，呈圆槌形，内为蜂窝状，金黄皮色上沾满芝麻，咬一口酥脆香甜。泡油糕因表面呈乳白色松泡而得名，明代已有制作，以皮酥馅软，芳香油甜为特色。金线油塔问世于清末，丝细多层，松绵不腻。食用时，佐以泡菜和杏仁豆浆，则更具风味。只要路过三原县，我每次都不在西安吃早餐，把肚子空着到三原县，以解解嘴馋。

三原县是一块物华天宝的风水宝地，自古人才辈出。近代著名政治家、教育家、书法家于右任，原名伯循，字诱人，后以"诱人"谐音"右任"为名，别署"骚心""髯翁"，晚年自号"太

图 2-2 三原县城隍庙

平老人",其故居就位于三原县城西关斗口巷,原占地 2008 平方米,修复后面积只有 700 多平方米,主要包括于右任回忆中提及的"三间老屋一株槐"院落及其伯母房太夫人居住过的院落。

于右任创立"标准草书",堪称"千古草圣"。其书法擅长章草结合的行草,笔笔中锋,精气内蓄,墨酣力足,饱满浑厚,处处透出西北人特有的大道雄强、雍容大雅、磅礴无极的风格。于右任亦诗词大家,对作诗提出"韵不可废,体不可拘"的八字方针。晚年写下了感情真挚的诗作:"葬我于高山之上兮,望我故乡。故乡不可见兮,永不能忘。"因原作无题,历来流行《望故乡》《望大陆》或《国殇》等几种诗目,诗中怀乡思国之情溢于言表,是一首触动中华儿女灵魂深处隐痛的绝唱。

改革开放以来,三原县城旧貌换新颜,原来的建筑物基本上难觅踪迹,但城隍庙却一直保留完好。"城"原指挖土筑的高墙,"隍"原指没有水的护城壕。古人认为与人们的生活、生产安全密切相关的事物,都有神佑,于是城隍被神化为主管当地水旱疾疫及阴司冥籍的神灵。道教至迟在唐代即奉祀城隍,明太祖朱元璋曾是土地庙里的小和尚,做了皇帝后,他对土地公公及其上级城隍爷极为推崇爱戴。他下旨京城和几个大城市城隍爷的神职为王，职位为正一品。各府、州、县城隍爷的神职分别为公、侯、伯，从而与当地的官署衙门同等级别，城隍庙因而兴旺起来。

三原城隍庙位于县城东大街，正门前为广场，两侧全是卖地方特产的商铺。广场北端面朝南，建造了一座12米高的歇山牌坊，穿过后迎面是高达15米的山门，无梁檩，由十根明柱支撑，山门内东西两边是牌廊，镶嵌有岳飞书写的《前后出师表》石刻，其汪洋恣肆、豪放酣畅的行笔，使一代名帅的形象跃然于眼前。

第二道石牌坊北面是戏楼，为九脊歇山式建筑。穿过戏楼，来到殿庑周环的中院，两边的钟鼓二楼，为三重檐十字歇山式建筑。最后是由拜殿和献殿组成的大殿，镶有一副对联："在高处立着平处坐向阔处行；存上等心结中等缘享下等福。"细细品味，充满了人生哲理，不由得令人浮想联翩，感悟反思。献殿中有城隍爷和四大天王塑像，拜殿内陈列着十殿阎君、十八层地狱庙藏画。后院是厚墙密封的寝殿，两个形态憨掬可爱的小狮子把守门前，两侧的砖雕非常精美。

三原城隍庙始建于明洪武八年，六百多年来曾多次翻修，是我国目前保存最完整的明清古建筑群之一，其结构严谨工整，把楼、殿、廊、亭等四十多个单座建筑，按主次左右对称布局在中轴线，巧妙地运用大屋顶高台基形式，把观者视线聚集到最北端的建筑群中心大殿上，平添了庄重神秘感，让人一看三叹，流连忘返。

作为汉民族宗教文化中普遍崇祀的重要神祇之一，城隍爷大多由当地老百姓心目中的名臣英雄充当，例如北京的城隍爷是南宋忠臣文天祥，西安城隍庙供奉的是汉代刘邦麾下大将纪信，三原城隍庙供奉的则是当地人唐将李靖。其故居位于三原县鲁桥镇东里堡村，原建筑物因战火化成一片废墟，只能从唐人张籍"园中有草堂，池引泾水泉。开户西北望，远见嵯峨山"的诗句中窥视到一些景致。

清康熙年间，李靖后人黄州知府李彦瑂出资重修，清末又烧毁过半，复修后占地48亩，定名为"半耕园"，因面积接近半顷，也称"半顷园"。1918年，于右任将靖国军司令部设在园内，因此改名"靖国公园"。杨虎城任靖国军三路军司令后，在园中断断续续住了约二十年，所以又被称为"杨虎城花园"。故居大门两侧是于右任手书的对联"天地有正气，园林无俗情"，观之不由得拍掌叫绝。园内读书堂、妙香亭、观稼楼、挂云楼、溢清阁、八角亭等建筑均呈清代风格，被紫藤抱杨、怪柳、红豆杉、线柏等名木环绕遮掩，氤氲出一种曲径通幽的园林氛围。

历史上李靖是一个传奇人物，唐传奇《虬髯客传》中写李靖与杨素家妓红拂出奔，途中结识大侠张虬髯，同至太原会见李世民的故事。红拂和张虬髯虽为虚构，但人物描写颇为精彩，红拂的勇敢机智，虬髯侠的豪爽慷慨，刻画尤为鲜明突出，以至虬髯侠、红拂与李靖被后人合称"风尘三侠"。李靖善于用兵，依据治军经验写出《六军镜》等兵书，现大都已经失传，从散见于杜佑《通典·兵典》等文献的《李卫公兵法》中，其治军、行军作战、扎营斥候等兵法犹能管中窥豹。李靖一生北灭东突厥，西破吐谷浑，立下赫赫战功，去世后陪葬昭陵。民间传说死后经常显灵，为百姓救危解厄，到晚唐时，李靖就渐渐被神化了。

出三原县城沿211国道西北行，不到5公里就抵达与泾阳县交界处。孙相武为陕西省宜君县文化馆工作人员，1986年陪靳之林对秦直道进行考察，后又组成宜君秦直道考察队，根据从咸阳市北出发至内蒙古包头市西考察中的发现，在1988年发表了《秦直道调查记》，认为他所经历之地，即由咸阳经泾阳县东、三原县西，由东里村、东井村、鲁桥镇上原，再经冯村、洪水、夕阳村，到独冢村，又经寺坡、照金、老城湾、安子哇、好花疙瘩山，始到林光宫，与《史记》记载的直道走向相符。

史念海师认为孙相武的考察结论是难以成立的。《元和郡县图志》记载：池阳故城在泾阳县西北二里，汉池阳宫在县西北八里。车箱阪"即趋甘泉宫道也"。由此可知，咸阳和长安至甘泉宫的道路是要经过车箱阪的。由今云阳镇西北行上原就是车箱阪，但孙相武却将汉池阳宫置于现在耀州区小丘镇西独冢村西 1 公里处，这是根本不能成立的。孙相武所谓道路既算不上直道，也不是由咸阳和长安经过池阳宫至甘泉宫的道路。

沿 211 国道继续向西北行，不到一小时就到达泾阳县口镇。传说轩辕黄帝曾在镇北峡谷中冶铜铸鼎，因此峡谷得名冶峪，其后冶峪口形成集镇，起名冶峪口镇，后简称口镇。车从镇旁 211 国道驶过大桥进入峡谷，新修筑的几座具有汉代风格的门楼高高耸立在公路两旁，宛如把守天险的重兵，大有"一夫当关，万夫莫开"之势。

桥下为冶峪河，覆满青草的河道中间，一条不到 3 米宽的弯弯曲曲的小水沟，流淌着浅浅的混浊水。这里因位于冶峪河出山口而称谷口，又因谷底幽深，盛夏凛然，而称寒门。《史记·封禅书》司马贞《索隐》引东汉经学家服虔云："寒门，黄帝升仙之处。"秦孝公十二年设立谷口县，楚汉之际废，汉文帝后元三年复设，东汉并入云阳县。关于谷口县故址，历来有冶峪河出山口和其西南 10 余公里处的泾河出山口两说。

图 2-3　冶峪河谷口

冶峪河出口说见于《汉书·郊祀志》的记载："所谓寒门者，谷口也。"唐初经学家颜师古注曰："谷口，仲山之谷口也。汉时为县，今呼冶谷。以仲山之北寒凉，故谓此谷为寒门也。"又《太平寰宇记》云阳县条："冶谷去云阳宫八十里，《封禅书》所谓谷口是也。其山出铁，冶铸之所，因以为名。"泾河出山口说见于《元和郡县图志·关内道一》云："汉谷口县地，在九嵕山东仲山西，当泾水出山之处，故谓之谷口。"泾河出山口之说得到了大多数学者的认可，谭其骧的《中国历史地图集》中《秦关中诸郡图》和《西汉司隶部图》也将谷口县标在了泾河西岸。

但从目前考古调查情况来看，泾河出山口即郑国渠引泾水口附近迄今并未发现秦汉遗址。而泾阳县口镇附近发现的宫殿遗址面积达 90 万平方米，其中一件遗物谷口宫鼎现藏于淳化县博物馆，鼎外壁有"谷口宫元康二年（前 64 年）造"八字铭文。若据此推测，谷口县应该就设在谷口宫附近即冶峪河出山口附近。

民间传说宋元时期，口镇至淳化县城约 40 里覆盖着茂密的黑松，史称"四十里黑松林"。黑松别名白芽松，主干可高达 30 米，树冠如伞盖，形姿古雅，针叶浓绿，四季常青，幼树树皮呈暗灰色，老则呈灰黑色，粗厚，裂成块片脱落，透着一股苍劲古雅的气韵。

前几年，淳化县启动四十里黑松林文化生态长廊项目，总投资 10 多亿元，规划面积 20 平方公里，计划用十年时间打造一个集生态观光、休闲度假、文化体验于一体的国内一流旅游景区。现已栽植侧柏、塔柏、垂柳、油桃、山杏、石榴等苗木数十万株，公路两侧缀满了绿色，恢复历史景观指日可待。

据历史记载，"四十里黑松林"沿途还有古城堡等七十二景，古城堡在口镇北峰上，为入黑松林关隘。罗汉庙在石桥镇东，庙内塑释迦牟尼的十六个弟子和达摩多罗、布袋和尚，合称十八罗汉。梳妆台在石桥镇西河滩，旧时上面有庙宇，传说杨家将八姐九妹在此梳妆打扮。湘子庙在孙家咀村北塬畔，其地旧有八仙之一韩湘子的庙宇。泰山庙在今龙屋塬上，其地旧时柏树蔽天盖地，

图 2-4 金川湾石窟雕像

淳化八景之一"天门古柏"即指此。传说淳化县城旧地原是一条神鱼，后来筑了县城，神鱼成为县城的保护神，故称之为鲤鱼城。金川湾位于石桥金川湾村西侧，得名于这一带流沙中有金粒，古人曾在此沙里澄金。1981年文物普查时，发现了金川湾石窟，这里自此名声大振。

上一次经过时看到路旁有一块标牌，上写"金川湾石窟"，但没有参观。回家查资料，才发现原来石窟保存着世界上唯一最完整的三阶教刻经，是中国文明史上一宗珍贵遗产。故这次特别留意，生怕错过。离县城还有15公里时，标牌又映入眼帘，停车后顺着路旁一条蜿蜒曲折的水泥路，沿着冶峪河行约1公里直达石窟之下。

石窟南依仲山崖壁开凿而成，北临冶峪河，呈长方体，口小内大，顶部为平顶。墙壁上所刻《金刚经》首题下有"左戎卫兵曹参军……施手书"字样，从《新唐书·百官志》中得知，"左戎卫"系由"左领军卫"所改，而"左戎卫兵曹参军"一职只存在于公元662年至公元670年之间，从刻经时间和经文内容推测，在隋朝对三阶教发布禁令之后，三阶教徒利用唐王朝初创之隙，开凿了石窟并刻经。

经过一千余年的岁月侵蚀，青灰色致密状砂岩石的窟面风化严重。1966年"文革"时，"红卫兵"破"四旧"，又用土炮击毁石窟内石造像。1986年和2000年文物部门先后对已严重损坏的石窟进行了加固，并整理了经文，2002年又在德国专家的帮助之下修复了石像。

修复后对外开放的石窟为两层仿古门楼，窟内正中有释迦牟尼雕像一尊，右手施大无畏印，结跏趺坐，莲座台高近6米，座台前有信众供奉的法物。雕像体形庄重，仪态安详，比例匀称，富于韵律，充分体现了唐代的雕刻艺术风格。

佛像背光顶有浮雕小佛像七尊，可惜现已残缺不全。东西墙壁上刻满经文，全部为正楷，阴刻手法。笔画刚劲有力，字形端严，

2-5 金川湾石窟刻字

2-6 金川湾石窟门楼

为典型的初唐楷书。内容为佛教史上已湮灭的三阶宗创始人信行所撰之数种经典，有九万五千余字，堪称弥足珍贵的存世孤本。

隋人信行俗家姓王，十七岁在今河南安阳法藏寺出家，广涉经论创立了三阶教。所谓三阶就是分佛教为约时、约处、约人三阶。所谓第一阶为大乘根机，属于正法时代；第二阶为三乘根机，属于像法时代；第三阶为世间普通的根机，属于末法时代。三阶教还将佛法分类为别法和普法。所谓别法，是第一、二阶教中有大小乘法和圣贤凡夫之差别。所谓普法，即于法不分大小，于人不辨圣凡，普信普敬，这也是世人称之为"普法宗"的缘由。

信行传教的方法是在寺院中设"无尽藏"，具体说就是建立有收支性能的物资财富仓库，既收布施，又放布施，经常是收大于支，取之不尽，故名"无尽藏"。三阶教以苦行忍辱为宗旨，每天只吃一顿乞来的饭，见任何男女均当佛礼拜，竭力提倡布施，死后置尸体于森林，供鸟兽食，叫作以身布施。主张不念阿弥陀佛，只念地藏菩萨，认为一切佛像是泥龛，无须尊敬，一切众生是真佛，所以要尊敬。

三阶教在隋代和初唐曾风行一时，信行死后六年，三阶教就遭遇厄运。公元600年，隋文帝下了不准该教传播的诏令。这是因为三阶教宣传的宗旨与佛教界的理论和行持很不协调，所以被视为异端邪说大受批判。武周证圣元年（695年）认为三阶教籍违背佛意，命尽数送礼部集中，作伪经符录处理。四年后限制三阶教徒，除乞食、长斋、持戒、坐禅以外，其他行为都视为违法。唐开元十三年，命诸寺三阶院除去隔障，和大院相通，使三阶教僧与一般僧侣同居，不得别住。所有三阶教籍，全部除毁。

由于三阶教有相当深厚的群众基础，虽然连遭打击却仍能长期保有信众，直至唐武宗会昌毁佛之后才湮没不传。信行的著作也因而散佚殆尽。20世纪初敦煌遗书被发现后，其中幸存的三阶教部分典籍，让人们又有机会重新认识这个消失了千余年的佛教宗派。金川湾刻经窟中发现的直接署名"信行禅师撰"的三阶教经典，较之敦煌遗书则更显宝贵，对于研究三阶教扑朔迷离的全貌提供了非常有价值的第一手材料。

快到淳化县城时，结婚的车队特别多，以致道路堵塞，直到十一点半才驶入县城。最近几年，随着全国城镇化建设的快速推进，淳化县城也大兴土木，面积不断扩大，面貌日新月异，开始出现二三十层的摩天大楼，欲与身旁高高的土塬相比肩。

县城中心建有梨园广场，这实际上是一座街心花园，植被绿化得不错，为县城居民营造了一个良好的休闲场所。汉武大帝持剑勒缰骑在昂首扬蹄骏马上的石雕塑像，耸立在广场南部的县博物馆门前，镌刻于塑像底座的文字简介上提到，汉武大帝一生曾到过淳化县高达五十五次。

梨园广场东侧隔一条马路为冶峪河，发源于淳化县和耀州区交界处的英烈山，系渭河二级支流，从口镇出谷至三原县鲁桥镇双河口注入清峪河。口镇以上由于河床刷深，地台上升，谷深岸窄为主要形态。县城附近有河漫滩，现用橡皮坝形成人工湖称甘泉湖。水是万物之源，干涸的黄土地缺的就是水，甘泉湖虽然不大，但泛着涟漪的水面为这一方土地平添了灵动之气。

湖对岸顺着一道笔直石质阶梯可上土塬，顶上耸立着一柱九级宝塔，称兴淳塔。塔本为古印度存放舍利的一种佛教建筑，汉代时传入中国，随着佛教的传播广泛扩散，并与本土元素相结合形成极具东方特色的建筑形式,一般选择在城镇高处修建。眼前的这座阁楼式砖塔,呈正六角形,高约30米,分九层,每层有拱型门洞,古色古香,颇得传统建筑之韵味。

跟喧嚣嘈杂的大城市相比,县城里古朴的建筑和步履缓慢的生活节奏以及较少的行人,尤其是周边恢复良好的植被,整体营造出一种轻松温馨的环境氛围,让久居大城市的躁动心灵瞬间回归到安静状态。

淳化县是一个历史悠久的古县,夏、商、周时,曾为汉族与戎狄杂居的多民族聚居区。戎狄是古代对少数民族的称呼。《礼记·王制》载:"西方曰戎,被发衣皮,有不粒食者矣;北方曰狄,衣羽毛穴居,有不粒食者矣。"戎狄有北戎、山戎、骊戎、白狄、赤狄、长狄等。春秋至战国中叶以前往往混称,有些部落还兼有戎与狄两种称号。

《史记·秦本纪》记载:"昔我先骊山之女,为戎胥轩妻,生中潏,以亲故归周,保西垂。西垂以其故和睦。"历史学家蒙文通在《秦为戎族考》中根据这段申侯言于周孝王之语推测,胥轩为戎,当非华族,此秦之父系应为戎;申侯之先为骊山之女,亦当为戎,则秦之母系亦为戎,父母系皆为戎,则秦人为戎族可确定无疑。

公元895年,在当时并非县城的梨园镇发生了激烈的战事。《陕西通志》卷十二记载:"王褒《云阳宫记》曰:车箱坂下有梨园,汉武筑之,地大一顷,树数百株,青翠繁密,望之如车盖。"唐朝廷侍中兼中书令王行瑜要求担任尚书令未遂,联合凤翔节度使李茂贞攻入长安。行营都统李克用率军南下擒王,王行瑜逃往梨园镇,交战数次,王行瑜兵败弃城而逃,后退守庆阳,被部下杀害,史称"唐梨园镇之战"。

公元993年,北宋于梨园镇即今淳化县城筑城置县,以宋太宗的年号淳化为县名,一直延续至今。置县的缘故,据《元一统志》卷四记载,是当地"山林深僻,多聚盗贼"。后城墙屡圮屡修。

民国《淳化县志·土地记》记载："康熙三十九年冬十月，知县张如锦捐俸补筑垣城一百三十余丈。《县册》：城皆山围，东西一百七十步，南北一里二百六十步，周四里一百七十步，高二丈五尺，池深一丈阔五尺，东、南、北三门：东曰'迎和'，南曰'阜民'，北曰'拱极'。"保留至今的遗址呈长方形，东城墙濒冶峪河畔，西城墙盘山而筑。

对于"淳化"一词的释义有三种：一是"纯正平和"，出自《素问·五常政大论》："阳和布化，阴气乃随，生气淳化，万物以荣。"二是"敦厚教化"，来源于张衡《文选·东京赋》："清风协于玄德，淳化通于自然。"三国时期吴国名臣薛综注："淳厚之化，通于神明也。"三为"犹驯化"，见于《史记·五帝本纪》："时播百谷草木，淳化鸟兽虫蛾。"

关于县名的来历，民间流传着一个有意思的说法：宋太宗赵匡义微服私访来到淳化，扮成路人向村妇讨碗水喝，喝完水又乞吃碗面，端上来汤面却非要吃干面，吃完饭临走又求揣上馍。村妇不厌其烦，热情接待，宋太宗感叹此地民风淳厚，可教化天下，遂将淳化年号赐予。

县城以西土塬上新开了不少农家乐，知道我们喜食地方小吃，当地朋友带我们驱车上土塬。春末夏初，在略带寒意的煦风中，绽放的桃花、油菜花以及叫不上名字的野花，在青草绿树间弥漫开来，把原野装扮得绚丽多姿，美不胜收。雨后的空气特别湿润，忍不住猛吸一口，沁人心脾，留在鼻子里还有夹杂的泥土味和花草香味。

淳化县北部高海拔地区种植的无棱荞麦，颗粒饱满浑圆，具有特殊香味。当地早在元代就形成非常考究的饸饹制作工艺。用荞麦制作的热饸饹是当地风味小吃，成为家家户户一年四季必食之品，其制作工艺目前已被列入咸阳市第一批非物质文化遗产名录。

时至中午，已饥肠辘辘，看见路边一户较为干净的农家乐就

图 2-7 汉云陵

停车入内。农家乐也紧跟时尚，在墙上挂着宣传展板，对饸饹的文化内涵做了介绍："元代农学家工祯《农书·荞麦》：北方山后，诸郡多种，治去皮壳，磨而为面……或作汤饼，谓之河漏。"由于语言的变异，今天多写作饸饹。

　　这段文字引起了我们的兴趣，我们不仅点了热饸饹，还观看了制作过程。只见厨师把和好的荞面塞入架在锅台上用木头做的床子里，人坐在床子的木柄上使劲压木槌，把面通过圆眼挤入烧沸的锅内，滚过两次，捞在碗里，浇上用肉丁、豆腐、土豆、红白萝卜等做成的臊子，端上来热气腾腾，汤面飘着诱人口水的红油，吃入嘴里，香辣宜人，筋道可口。

二、经汉云陵至甘泉宫

  饭后,返回县城从东北边上土塬。淳化县境地处鄂尔多斯地台南缘褶皱带上,以塬梁沟壑地貌为主。塬为高亢且广大平坦的地形,由于风雨长期的侵蚀,塬面上被分割成许多并不很宽的长条地形称之梁,梁上再经侵蚀就出现了宽窄互异的沟。淳化县境塬面侵蚀较弱,从车窗外看上去和平原基本相同,视线开阔,看上去不像陕北那样沟峁相连,会让行人陡然激发起一种沧桑感。

  今年雨水多,平展展的塬面上小麦已冒出地面一拃多长,绿油油的,长势喜人。与麦田交错而植的是苹果树,于20世纪70年代中期开始培育,种植苹果现已成为重要的产业。苹果是一种老百姓喜食的水果，它似乎天生注定与爱情有关，因为表皮上的红晕，常被用来形容少女羞涩的脸颊。

关中淳化苹果和陕北洛川苹果都是从日本引进的红富士品种，以前果木都以品种相称，如秦冠、国光、黄元帅等，但现在都改为以地名相称。虽然为同一品种，但由于地理环境的不同，会出现一定的差异。我觉得淳化县出产的苹果肉脆味淳，甜中带酸且水分多，更适合我的口感。

行驶六七公里出现丁字路口，往左拐西北行，驶入路牌上标示有"秦直道"三个字的稍窄道路。不久，到达位于县城北9公里处大疙瘩村，村西为汉云陵，陵因地而名，今淳化县古为云阳县之地，故陵称云陵。由于墓堆很大，人们遂将该地俗称为大疙瘩，后迁居成村沿用成名。

陵前为仿汉门阙，其后为夯土筑成覆斗形封土，底边南北长143米，东西宽135米，覆满了萋萋青草。高25米的冢顶上，稀稀疏疏的小树在野风中颤动，似乎在诉说着永难消散的爱与哀怨。墓主人是汉武帝爱妃赵婕妤，生前曾演绎了至今还被人们津津乐道的传奇故事。

汉武帝巡狩时路过河间（今河北省沧州市下辖县级市），占卜吉凶的侍从说此地有奇女，遂下诏寻找，果然找到一位漂亮女子。据说此女天生双手握成拳状不能伸开，汉武帝将女子的手轻轻一掰，旋即分开，手心上还有一只小玉钩。汉武帝将此女带回皇宫后，号为"拳夫人"。有人认为握拳藏钩是当地官员和随行人员为取悦皇帝特意安排的一出好戏，目的是通过这种颇具神秘色彩的形式将美女献给皇帝。

拳夫人后晋升为婕妤，居住于甘泉宫中，她的宫殿被命名为钩弋宫，所以也称钩弋夫人。公元前94年，生子刘弗陵，据说和尧帝一样是怀胎十四月而生，于是称其所生之门为尧母门。《汉书·外戚传》记载："钩弋婕妤从幸甘泉，有过见谴，以忧死，因葬云阳。"传说汉武帝准备立刘弗陵为太子，为防止"子幼母壮"

图 2-8 云陵邑遗址

外戚专权的事情发生，借故处死了钩弋夫人。通常都是母凭子贵，偏偏钩弋夫人的遭遇与此相反。尽管曾经集三千宠爱在一身，但为了千秋基业，汉武帝在行将就木之时还是痛下杀手，真可谓哀哉悲哉！岁月悠悠，人世无常也。

继续前行不到 1 公里，紧靠公路边立了一块石碑，上写"云陵邑遗址"，顾名思义，这个邑是专门为云陵而设的。许多古代君主皇室，为了死后能续生前的荣华富贵，在墓地设陵祀奉，并依陵置县，移民守墓。汉昭帝刘弗陵即位后，"追尊钩弋婕妤为皇太后，发卒二万人起云陵，邑三千户"。据咸阳市文物考古研究所调查，该邑城东墙长 708 米，西墙长 718 米，北墙和南墙长 366 米。城的四面辟门，其中南城墙辟门两个，俱在南城墙中段以西。东、西、北三墙各辟门一个，均居城墙正中，尤以北门最宽，为 13 米。

弹丸之地的云陵邑当时竟有三千户居民，人口密度如此之高，反映出城邑的繁华，可惜好景不长，昙花一现便淡出了人们的视野。清人朱廷铉面对遗墟衰草，感怀而作《云陵故城》："井邑曾营高墓旁，废兴回首两茫茫。只余衰草埋香土，无复啼鸟认女墙。

图 2-9 暗庄子

野火入林愁鼠雀,断云辞谷送牛羊。茂陵更有参天阙,一样遗墟冷夕阳。"如今,城邑的痕迹已被庄稼和苹果树覆盖,只有散落在遗址内的残砖碎瓦,折射出这里昔日有过的繁华。

离开云陵后再西北行约10公里就到了原为自然村的程家堡,现已并入梁武帝村,土路两旁保留的地坑院式窑洞,让初来乍到的人感到好奇。这里由于土层厚,自古以来,百姓都以居住窑洞为主。当地盛行的是在平地上挖一个长宽各数十米,深6米以上的方形大坑,然后在坑的四周开凿窑洞,中间种果树,院落结构和四合院相似,进院要通过一条巷道,斜坡而下直抵院门。由于深陷地下,站在远处根本看不见,故百姓又称暗庄子。

随着经济发展和居住条件的变化,当地居民从地下搬到了地面砖房,大多数暗庄子由于无人居住而坍塌了,古老窑洞正在从我们的视线中一点一点地消失。每来一次感受就加重一些,照此下去用不了几年,这种具有鲜明地域特点的传统居住文化就会化为影子,变成人们对历史的一种记忆。

梁武帝村村名让人颇为费解，历史上的梁武帝是常州人萧衍，为南北朝时期梁朝开国者，提倡节俭，不衣锦绮。信佛后，不近女色，不吃荤，还做了三天的住持和尚，潜心佛经，创立了三教同源说，认为孔子、老子是佛的学生；佛教是日，儒、道是众星。萧衍在中国皇帝中也称得上是一枝奇葩，但文献上从未记载他曾来过淳化县。

有一种流行的说法是，这里是汉武帝乘凉之地，后人借意取名"凉武帝村"，在漫长的岁月中"凉"演变成"梁"。史念海师认为，村里曾建过一座汉武帝庙，现已荡然无存，后人讹传为梁武帝。我在四百多年前编撰的明隆庆《淳化县志·地理志》中看到一条记载："汉武帝庙在县西北五十里甘泉宫中。"应当说史念海师的判断有充分的文献依据。

梁武帝村不大，农舍比较分散，房前屋后种植苹果树，房屋大部分是新盖的，但大门多数紧闭着，缺少人气，整个村落显得很幽静。好不容易碰上一位上了年纪的人，一打听，凡能干活的劳力都出去打工了，留守的多是老弱病残，外出的人逢年过节才回来，那时才能看到村子里的热闹景象。

父母常年离家，给多数留守儿童带来心理问题，性格孤僻、脆弱，渴望亲情。农村的空心化，归根结底还是农村经济发展问题，并非一朝一夕能解决。虽然这是目前农村普遍存在却难以解决的现实问题，但整个社会应当给予高度关注。

《三辅黄图》引《关辅记》曰："林光宫，一曰甘泉宫。秦所造，在今池阳县西。故甘泉山，宫以山为名。"梁武帝村以及附近的城前头村和董家村，在20世纪70年代后期发现了甘泉宫城墙遗迹。遗址总面积约6平方公里，实测周长5668米。城墙最高5米，宽8米，夯土筑成。《中国文物地图集·陕西分册》记载：南城墙长1948米，现存长816米；西城墙长890米，现存长610米；北城墙长1950米，现存长600米；东城墙长880米，现存长120米。西城墙南段中部存城门遗迹，城墙西南角、西北角各有角楼台迹一座。西、南、北三面墙中部各辟一门。

遗址内出土文物丰富，有兵器、常用器具、建筑材料等，秦汉瓦当尤多，图案、文字、图像三大类五十余种。据说掘地数尺可见秦砖汉瓦，其中"蟾蜍玉兔纹"和"龟蛇雁纹"瓦当，

图 2-10　甘泉宫朱雀纹瓦当

为旷世奇珍。我收藏了一块甘泉宫遗址出土的瓦当，上有精美的朱雀纹饰。1996年国务院公布甘泉宫遗址为全国重点文物保护单位。此遗址所蕴含的文化信息，是中华文明史的重要组成部分，是秦汉帝国兴盛强大的缩影，更是研究秦汉文明史的宝贵佐证。

1988年6月17日的《中国文物报》在头版头条发表了《乾县发现秦始皇甘泉宫、梁山宫遗址》的消息，认为秦甘泉宫位于乾县五凤山麓的注泔乡南孔头村。在遗址北部中央发现一巨大夯土台基，台基南部为两座东西对峙的阙状高台，残高9米。遗址出土了大批精美的建筑构件，以前仅见于秦咸阳宫遗址。这条消息引起了学术界的关注和争论。

史念海师认为：以发现的建筑构件和秦咸阳宫遗址的遗物相同，就断定这是甘泉宫遗址，理由是不充分的。关中各处秦汉王朝的皇宫别馆，见于《三辅黄图》记载的就有数十处，何能仅凭若干相同的遗物就断定宫殿的名称？所谓乾县的五凤山，应为五峰山之讹，本名温宿岭，始见于《隋书·地理志》。山以温宿为名，盖由于汉时温宿人内附，居于山下而得名。温宿为西域国名，在今新疆维吾尔自治区乌什县。温宿国人内附未见记载，当是汉武帝以后事。至少在汉武帝以前，此山尚无名，更难说得有甘泉。《汉

书·宣帝纪》载："上自甘泉宿池阳宫。上登长平阪，诏单于毋谒。"曾任曹魏陈郡丞如淳注曰："在池阳南，上原之坂有长平观，去长安五十里。"今由泾阳县西南行，过泾水，由修石渡村登上咸阳原就是长平阪。由长安去甘泉宫，不过渭桥北行，而是过今咸阳市西南的便桥循现在西兰公路西北行。这条现代公路乃是参照前代路线筑成，如果甘泉宫遗址在南孔头村，则汉宣帝接见单于就不可能远在长平阪了，否则，非篡改史籍不可。

从唐初颜师古注《汉书》和李泰撰《括地志》开始，出现林光宫为秦朝宫名，汉代始建或改称甘泉宫的说法。颜师古曰："林光，秦离宫名也。汉又于其旁起甘泉宫，非一名也。"李泰曰："秦之林光宫，汉之甘泉宫。"唐人李吉甫、宋人程大昌，乃至现代学者史念海都沿袭了这一说法。辛德勇在《秦汉直道研究与直道遗迹的历史价值》一文中，则提出了颠覆性的观点：不仅甘泉宫不是林光宫之更名，或是汉代在林光宫旁所始建，而且林光宫的兴建，还要晚于秦始皇所建造的甘泉宫。《汉宫阙疏》有记载曰："甘泉林光宫，秦二世造。"可见，甘泉宫和林光宫这两座宫殿兴建的时间次序，与唐代以来的通行说法，恰好相反，是甘泉宫在先，林光宫居后。

《史记·秦始皇本纪》记载："作信宫渭南，已更命信宫为极庙，象天极。自极庙道通郦山，作甘泉前殿。筑甬道，自咸阳属之。"辛德勇认为：文中"甘泉前殿"的位置，似乎是在郦山。假若甘泉前殿果真是在郦山上面，极庙与郦山之间的通道，已经将其与咸阳城连接在一起，又何必再"筑甬道，自咸阳属之"呢？如果做如下标点改动："作信宫渭南。已更命信宫为极庙，象天极，自极庙道通郦山。作甘泉前殿，筑甬道，自咸阳属之。"依此可以理解为，秦始皇二十七年，在渭河南岸，与咸阳城隔河相望之地兴建了象征天极的极庙，以极庙为起点，修筑道路，通往郦山；在渭河北岸，在云阳甘泉山上，兴建了甘泉前殿，修筑甬道，连接咸阳城与甘泉宫。极庙是秦始皇为他自己预先安排的用于死后祭奠的宗庙，而郦山则是他自登基之始开建的陵园。因此，"自极庙道通郦山"是秦始皇为其死后灵魂由郦山陵园中出游到宗庙里去接受祭奠的典礼而预先设置的通道。《括地志》记载："秦之甘泉宫……黄帝以来祭圜丘处也。"这说明在秦汉人看来，甘泉确实是一个可以与黄帝等天神沟通并追随其升仙的地方。秦始皇在建造极庙并铺设道路连同郦山陵园的同时，兴建甘泉前殿并修筑连通甘泉宫与都城咸阳的道路，乃是出自为他的灵魂寻求归宿的心理需要，这样也就弄清了尽管咸阳至甘泉宫之间已建成一条高质量的通道，但直道还是以甘泉宫为其南端起点的地理原因。

甘泉宫本为秦始皇经常巡幸的处所。迄至西汉王朝，又成为六大宫殿之一，长乐、未央、建章、桂、北五宫全位于国都长安，只有甘泉宫孤独于长安二三百里以外。唐《括地志》记载："宫周十九里，宫殿台观略与建章相比，百宫皆有邸舍。"不仅楼观相属，金碧辉煌，离宫内外还树种繁多，大树参天。刘歆《甘泉宫赋》描述道："豫章杂木，梗松柞械。女贞乌勃，桃李枣檍。"甘泉宫除宫殿、帝庙建筑外，还有文武大臣、从官属吏的住屋和军队的营房，并置甘泉仓，积存巨量谷米，供皇帝、后妃、官员、驻军享用，从规模上来看，甘泉宫仅次于未央宫，毫无悬念地成为仅次于长安政治中心之外的行宫。

汉武帝登基后，多次选择来甘泉宫避暑狩猎，接受朝觐，处理政务。初夏是草木丰茂的季节，也是人思维活跃的时候，汉武帝以超人的气魄在这里谋划出许多治国良策，征战西域的重要策略大多也是在这里形成的，一道道令箭驱使卫青、李广、霍去病等威名远扬的将领奔向前线，他们所向披靡，功垂史册。

汉武帝以后，汉宣帝曾六次来甘泉宫，并在此祭祀。汉元帝即位后，也五次前往甘泉宫处政。从汉平帝开始，由于国力转衰，皇帝往甘泉宫次数逐渐减少，其后王朝虽迭有改易，遗址似未全毁。

北周武帝宇文邕曾经行幸过云阳宫。北魏时县治已移徙，却未闻在新县附近另建新宫，所谓云阳宫即甘泉宫。据说，唐太宗

图 2-11　甘泉宫遗址

于贞观年间也曾经行幸过汉故甘泉宫。此后，甘泉宫逐渐淡出人们的视线，湮没在沧桑的岁月中。

信步走在甘泉宫遗址里，如今已经看不到裸露在地表上的任何建筑物了，无论是秦二世造的林光宫，还是钩弋夫人香消玉殒的甘泉宫，昔日的恢宏都化为满目疮痍。目前，遗址中最引人注目的莫过于东西对峙的两个圆锥形夯土台基。东台称为"望母台"，传说因汉昭帝居甘泉宫每当思母时都要登土台遥望云陵而得名。望母台东北边还有一个稍低的土台，称为"亮马台"。西台称为"承水台"，距东台70米，高低大小差不多，当为旧时通天台。《汉书·武帝纪》："（元封）二年冬十月……作甘泉通天台。"颜师古注："通天台者，言此台高，上通于天也。"《汉武帝内传》曰："钩弋夫人既殡，香闻十余里，帝哀悼，疑其非常人，乃起通灵台于甘泉"。虽说此书为后人假班固之名所作，但也能看出书者对钩弋夫人的同情。西侧有两处小型夯土台基，可能是通天台的附属建筑。

两台前的空地，铺满了去年秋收后留下的玉米秆，还竖着几块石碑，其中一块石碑两面刻着简介。正面为甘泉宫遗址简介：

子午岭南端,渭水之北原,山川接壤处,丽麓曰甘泉。逶迤多姿的甘泉山,风光泉流,草木气韵,地理位置,均得古代帝王青睐。据《史记》载,建元元年(前140年),汉武帝始于"秦林光宫"基础之上,兴建甘泉宫,规模宏大,历时数年,附属建筑有高光宫、长定宫、通天台、迎风馆、竹宫等,形成的汉"甘泉宫"群,亦名"甘泉上林苑",其恢弘之象,仅次于汉都长安。汉甘泉宫因山而名,得象而筑,荟萃而就。因此,既有巡固北塞的重要军事作用,也是汉廷王室休闲疗养之所。另《历代宅京记》载:"至于甘泉,虽在长安东北三百里外,为夫方士辈多云古帝王之常都,故武帝立朝邸其上,而藩侯、夷酋有来朝者,亦皆受之于此。若其常制,则类以五月往,八月还,盖避暑耳。"不仅如此,郡国上计在兹,朝诸侯王在兹,宴飨藩夷在兹,议理诸务在兹,募民徙居在兹,另如郊祀泰畤,每出则车马仪仗长数十里,甘泉宫实为长安之外另一陪都。

在两台之中新修的道路尽头,建有四间仿古青砖瓦房做展室,可惜室内空空如也没有布展。展室前安置石鼓、石熊两件西汉石刻作品,中间道路边上安置的是现代仿品,两侧地里安置的是西

图 2-12 甘泉宫石鼓

汉原装石刻作品，已采取用铁围栏隔离的保护措施。

石鼓高约 1.5 米，如腰鼓状，传说汉武帝曾经手舞足蹈地擂响过这尊石鼓。遗憾的是鼓上有好事游客用楷书刻写"政和丙申岁"等字，有些字因剥蚀而难以辨认。看来附庸风雅胡乱涂鸦的风气自古有之，但瑕不掩瑜，石鼓的雕刻技法颇得汉代粗朴雄浑之神韵。

石熊形态比石鼓略小，做蹲卧状，一爪挠耳，一爪抱肚，圆目前视，依石拟形，稍加雕凿而成。因岩石风化，头部略残，但憨态可掬，富有灵气。刻工古拙遒劲，单纯洗练，采用了"因势象形"的抽象主义手法，简括而又传神地表现出具有原始生命张力的艺术形象。

两处高台只剩下近 20 米高的残垣，台基底周长 200 米左右。不少人猜测高台功能是登台祀招神仙或西征祭天的地方。我踏着荒草一步一步地登临台顶，细观眼前，在曾经承载了雄伟建筑的土地上，郁郁葱葱的苹果树和小麦已成为主角，庞大的甘泉宫在风雨的侵蚀下，被粉碎成瓦砾散落在田间地头，试图暗示着逝去的繁华和辉煌。极目远眺，一座梁背后又耸立着一座梁，远远近近绿荫重叠而美不胜收，目前，县域森林覆盖率和林草覆盖率分别已达 46.5% 和 56.8%，绿色版图的持续扩张，使昔日的荒山变成

图 2-13 甘泉宫石熊

图 2-14　秦直道起点标志碑

了一个天然氧气制造机。

　　飘动的浮云不时遮住午后的阳光,投射到大地的阴影快速地游动着变幻着,渲染出气象万千的景象,让浸透了古意的思绪缓缓地从我心头掠过。遥想当年的出征仪式,汉武大帝举手一挥,千军涌动,万马奔腾,旌旗在望,鼓角相闻,是何等的气势,何等的豪情!伴随着吹拂而至的微风,耳边似乎响起了"向天再借五百年"的歌词,使我不由自主地陷入对历史的体验和人生的感悟之中。

　　承水台和通天台的北边,新修了一条宽敞的大道,也就 1 公里长,路尽头广场中间竖立着一座形体为四面的碑,高 10 余米,碑上刻有秦直道路线示意图，标志着秦直道的起点。标志碑表面贴的板材质量差，有的地方已经翘起来，画图也不精美，让游人产生一种做工太粗糙的感觉。

广场东侧立着两座石碑，分别介绍了"张骞出使西域""蔡文姬归汉""汉武帝北征""昭君出塞"的历史故事。可能是石质不好，刻了没几年，碑面已经泛白，一些字已看不清楚。其中，最完好的是"张骞出使西域"石碑简介：

> 公元前139年，汉使张骞，奉武帝诏，行自长安甘泉帝苑，经子午秦直道，前往西域，谋与大月氏修好，合力夹击匈奴。骞及随从百人，皆被匈奴俘获，囚役牧马一十三年，骞娶胡女为妻，佯作诚服，待机于元朔三年（前126年）潜归于汉，元狩四年（前119年）汉廷再谋结盟，图与乌孙，断其匈奴"右臂"，张骞不畏艰险，再出西域，终抵乌孙，并遣副使，访问康居、大宛、月氏、大夏、安息（伊朗）、身毒（印度）等国。此行军事盟愿未果，却与漠北胡人，乃至河西四郡，以及西域诸国，开启往来先河，拓辟丝绸之路，亚欧内陆商贾，日臻繁荣，诸国友好往来，华夏农耕文明文化，广泛传播西域，中原经济与游牧民族广泛交流。张骞两番出使西域，促使民族融合发展，尤以开拓丝绸之路，最为闻名于世，汉疆礼仪彰显异邦，得益张骞功垂千古，斯者可谓"中华外交"第一人。

标志碑正好处在甘泉宫北门，也有是云阳县城北门的说法。公元前350年，秦孝公迁都咸阳，置三十一县，云阳县为其中之一，这是淳化历史上最早的设县记载。县名源自县北有云蒙山，后改称甘泉山，县在山南，自古以山南为阳，因有云阳之称。秦始皇曾大规模移民，《史记·秦本纪》记载：因徙三万家丽邑，五万家云阳。《汉书·武帝纪》中也有徙郡国吏民豪杰的记载，移民的主要原因，正是云阳位于秦直道的起点，地理位置十分重要。

三国魏明帝时，罢去云阳县，这和水土流失严重不无关系。黄土结构疏松，在雨水的侵蚀下会形成沟壑，梁武帝村西的沟有三条分支，皆向北延伸，而且坡度愈来愈大，由于沟的底部比较大，促使沟头向上加快侵蚀，致使县城圮毁，人口减少。之所以废省，说明人口已少到不能设县的程度。北魏孝文帝太和十一年，在距汉时旧县80里的今泾阳县云阳镇另立云阳县，元代至元初废。

据说历史上著名的法家代表人物韩非就死于云阳。统一六国前十二年，秦始皇发动对韩国的进攻。韩非临危受命出使秦国求和，未料想深得素来崇尚法家的秦始皇的器重，准备将韩非留用身边。才华横溢的韩非因在韩国遭人妒忌得不到重用，也有意投奔秦始皇。但李斯认为，韩非不会真心助秦灭韩，力主杀死以除后患。秦始皇认为有道理，下令将韩非关押在云阳狱中。李斯为根除潜在的对手，"使人遗非药，使自杀"。

不过具有讽刺意味的是李斯后来也遭赵高陷害死在同一地方，《史记·李斯列传》载其被"腰斩咸阳市"。但《盐铁论·毁学》中却云："其囚于囹圄，车裂于云阳之市。"盐铁会议举行于汉昭帝时，距李斯之死为时不远，当有一定的依据。直到唐代，诗人曹邺的《读李斯传》诗中，尚有"不见三尺坟，云阳草空绿"的说法。

司马迁记载秦直道北端为九原，但南端则有甘泉和云阳两种说法，如《史记·秦始皇本纪》记述为"道九原，抵云阳"。而在《史记·六国年表》中则记述为"道九原，通甘泉"。《三辅黄图》载："武帝作迎风馆于甘泉山，后加露寒、储胥二馆，皆在云阳"，因此可以确定甘泉山应在云阳县境内。

辛德勇在《秦汉直道研究与直道遗迹的历史价值》一文中给出了清晰合理的解释：九原是秦朝的县名，为九原郡治所，这在《汉书·地理志》当中，有清楚的记载。与此相应，云阳也是秦朝县名，这一点可以由出土的多方秦"云阳丞印"封泥得到确证。至于甘泉，则本是云阳县境内一座山的名称。司马迁创立的纪传体史书，在纪、传、书、表四种形式当中，本纪叙事，最为庄重谨饬，所以，《秦始皇本纪》叙述直道起讫地点，采用"道九原，抵云阳"的说法，

图 2-15 甘泉宫至石门卫星图

南北两端，都同样用所在县的名称来表述；而《六国年表》和《蒙恬列传》将云阳记作甘泉，则是不计云阳与九原的对等地位，从实记述其具体地点。按照上文所做考述，从秦朝的整个交通地理格局上看，甘泉宫实际上只是咸阳至九原间以直道为主体的这一整条战略通道上的一处中继站。不过，尽管如此，却依然不能降低甘泉宫在这条通道上的枢纽地位。这是因为甘泉宫所在的甘泉山，也是一处屏蔽关中腹地的战略要地。

甘泉山除是黄帝祭圜丘的处所之外，对匈奴而言，也是一处人神沟通的信仰圣地。公元前121年春，汉武帝派骠骑将军霍去病率万骑出陇西，越过焉支山千余里，缴获休屠王祭天金人像。祭天金人像是什么，历来有分歧。《资治通鉴·汉纪十一》注引三国曹魏人孟康曰："匈奴祭天处，本在云阳甘泉山下，秦击夺其地，后徙之休屠王右地，故休屠王有祭天金人像也。"如淳曰："祭天以金人为主也。"张晏曰："佛徒祠金人也。"颜师古曰："作金人以为天神之像而祭之，今之佛像，是其遗法。"但历史学家陈序经在《匈奴史稿》中认为：印度的佛像雕刻与采用迟于霍去病缴获休屠王祭天金人的时代，祭天金人只是匈奴休屠王用以祭天的偶像，与佛教没有什么关系。

标志碑北面就是秦直道的起点，一条深20多米、宽10多米的鸿沟蜿蜒向不远处的甘泉山顶部伸展着，在沟的断面上可以清晰地看到非自然形成的板结状土层。这难道就是鼎鼎大名的秦直道？我瞅着在大地上裂开的绵长沟壑不由得产生疑惑，但仔细想一想也就明白了其中的道理。

秦直道是就地用碎石沙土夯筑而成的，标志碑到甘泉山顶的距离近10里，两点海拔相差492.9米，雨后重车驶过会留下车辙印。水往低处流的自然规律驱使从高处流下的雨水沿着较低的车辙夺路而行，如果无人养护，肆无忌惮的雨水在路面上形成激流，会将车辙印越冲越大，历经两千余年的风雨侵蚀，就变成如今又深又宽的大沟。

我沿着沟棱的土道慢慢上行，望着杂草丛生的沟壑唏嘘不已，弹指一挥间，沧海桑田，但中国有句成语"塞翁失马，焉知祸福"，正因为冲成大沟，才使今人更容易辨认出秦直道，只要顺着大沟走，就不会迷路。更为重要的是，绵长沟壑记录了秦直道沿途两千多年来水土流失的真实地貌情况，为深入研究秦代以来地理变迁提供了第一手的资料。

从标志碑出发至北庄子村，沟逐渐变浅，沟的两边全被开发成了农田。过北庄子，就出了甘泉宫遗址的范围，继续北行来到甘泉山分支的英烈山。原名阴凉山，以汉武帝在此山阴面乘凉得名，中华人民共和国成立后因此地为工农红军战斗之地而更名为英烈山。

经英烈山村之西，到达"马槽梁"，顾名思义就是像马槽一样的斜梁，横亘在前方。绕了一个大弯穿过梁脊，这一带已属于林区，林业部门人工种植了大量的洋槐、油松、侧柏等树种，还在县域退耕还林区域新建文冠果示范基地13000亩。

文冠果可是一个好东西，别名文冠木、文官果、土木瓜、木瓜、温旦革子，属落叶灌木或小乔木植物，不仅是我国特有的木本食用油料树种，还是子午岭国家级自然保护区仅有的三种地方保护植物之一，原产于黄土高原地区，生长在草沙地、撂荒地、黄土沟壑地区，可谓之土生土长，寿命可达数百年。其小枝粗壮，树皮呈灰褐色，叶面暗绿，花瓣白色，是难得的观花小乔木和蜜源植物。成熟的果实可当作鲜果食，味道似板栗。其种子含油量达50%至70%，油黄色透明，所含亚油酸可预防高血压、高血脂、血管硬化等病症，还可用于制作高级润滑油、油漆、化妆品等。由于籽油烃脂类成分含量高，作为生物柴油原料的发展潜力极大。对退耕还林区域来说，无论是绿化上还是经济上，都具有十分重要的意义。

迎面为一个小山包，直道穿槽而过，两边形成夹壁，人称"鬼门口"，可能嫌名字太凶，现改称"归门口"。乍看不甚险要，

图 2-16　文冠果

却是道路必经之地，故为甘泉山的关卡要冲。这一带现在长满了刺槐树，高 20 余米，由于其生长在坡道上，树干从两侧向中间倾斜，遮住了从天空射下来的大部分光线，形成了斑驳陆离的廊道，加之，树皮浅裂至深纵裂，呈灰褐色至黑褐色，让路过行人颇能产生一种幽深不安的感觉。

刺槐属落叶乔木，原生于北美洲，因其适应性强、生长快、繁殖易、用途广而受到欢迎，现被广泛引种到欧洲、亚洲等地。由于其属于舶来品，故又称"洋槐"。和原产于中国的国槐表面上最明显的差异是，洋槐枝条带刺，花为白色，国槐枝条无刺，花为浅黄色。洋槐树冠高大，苍劲挺拔，每当开花季节，千枝万朵的素雅小白花，随山风起舞，飘逸出袭人的芳香，似乎是向蜜蜂发出快来采蜜的盛情邀请，产出的槐花蜜很香且产量高，而花本身也可食用，当地人一般做成麦饭。洋槐叶含粗蛋白，是许多家畜的好饲料，种子可榨油，做肥皂及油漆原料。洋槐木质坚硬，是非常优良的建筑林木，尤其是木纹粗犷古拙，做成家具有历史沉淀感，深得原生态爱好者喜欢。

《"秦直道"新探》记载："鬼门口槽道被车轮辗压很深，

槽底现在只有五六米宽。但一出鬼门口槽道，直道遗迹的西侧路堑依然存在，可看出当时路基很高，在鬼门口两山壁半腰间，鬼门口两山壁半腰宽30米左右。"从实地地貌来看，鬼门口不具备30米的条件。鬼门口秦直道遗址尽管已经过今人拓宽，按《淳化县志·文物》记载，"直

图 2-17 鬼门口槐树林

道在鬼门口的遗迹宽20米"，也仅是《"秦直道"新探》记载长度的三分之二，《"秦直道"新探》的记载显然有误。若从关卡要冲角度来说，30米宽的山路，在平原上都算得上很宽的路，如此平坦之处何以显现鬼门口的险要与幽深？

鬼门口以北为艾蒿湾，沿着这段山脊而上，可到达好花疙瘩山，山顶海拔高度1808.9米，为这一带的最高点，主要树种的组成也发生了变化，油松多了起来，形成了混交林。从远处望山顶，有一处巨大的白色球体建筑，可能是一个气象站，在阳光的照耀下熠熠发着银亮，和满山的绿色植被形成强烈的反差。

三、登上好花疙瘩山至大草沟

好花疙瘩山是甘泉山的主峰,和终南山相比,甘泉山景色更为优美。这是因为进入峰高岭峻的终南山里,犹如井底之蛙观天,只能仰视头顶的局部风光,但站在子午岭上可以远眺,绿色植被覆满了一条又一条山岭并逶迤而去,甚是壮观。这和子午岭主脉结构形似牛脊有关,由于各个山岭顶部平缓,相互都难以遮挡住放眼的视线。当年史念海师探寻秦直道遗迹登临时有感而发:"登上子午岭主脉路旁的制高点,极目远望,但见群峰起伏,如条条游龙分趋各方,苍翠松柏与云霞相映。"这一极具文学色彩的描绘,正是子午岭风光的真实写照。

甘泉山又名黄花山,因生长野黄花而得名,是子午岭南端的一个支岭。子午岭形成于第三纪晚期,随着青藏高原的继续隆起,六盘山两侧地区均被大面积抬升,这种地质变化导致了子午岭的横空出世。到了第四纪初期,全球气候变冷,内陆性的季风气候给子午岭又铺上了厚厚的黄土。进入全新纪后,气温回升,冰川消退,雨量增加,气候湿润,非常适宜乔木和灌木的生长,子午岭上各种植物群落混交杂生,蔓延到各个角落,形成了原始森林,犹如绿色的海洋。

秦汉时子午岭上植被茂密,扬雄《甘泉赋》就曾提到这里的许多草木种类，甚至要经过一片蕙林，才能到达甘泉宫前。唐宋时期，子午岭仍有大片原始森林存在，《方舆胜览》记载："子午岭南连耀州，北抵葭县，东连延安，松木槎牙，兽群潜没，绵亘八百余里。"明清以来，子午岭的原生植被破坏殆尽，仅在一些深险沟谷有小片灌丛和杂木林存在。

原生植被的破坏和消失，无非两种原因：一是自然原因，气候进入干旱期或寒冷期，一些喜热或耐冷的植被不能适应环境的变化而被淘汰，土壤的盐碱化也会使许多树木不能生长，过于干燥的空气或闪电易导致森林火灾，有害的昆虫和鼠类也能形成极大的破坏；二是人为原因，农牧业的扩张使森林分布区域不断缩小，人们用木材做燃料所形成的消耗对森林危害严重，修筑宫室房屋也处处都需要木材。由于子午岭山势较低，地形平坦，又四周被黄土高原农耕区包围着，不仅自然环境具有脆弱性，还长期处在农业耕垦和乱砍滥伐以及战火焚烧的人为恶劣环境中，两相比较，人为的破坏其实更为严重。

清同治年间，陕西、甘肃两省大规模兵乱后，人口逃亡，田地荒芜，长期被破坏的植被得到喘息而开始了缓慢的自然恢复。战乱对人类来说是不幸的，但让子午岭的植被出现了转机，这不能不说是一种充满悲剧色彩的现实。从20世纪40年代起，陆续又有迁入者砍伐森林开荒种地，不过，这只是小巫见大巫。自20世纪60年代后，电锯取代了手斧，汽车替换了骡子，恢复过程出现了逆转。

历史的车轮驶入20世纪80年代后，环境的快速恶化，让人们终于明白了人与自然必须和谐相处这个简单而又深奥的道理，人们开始实施退耕还林。子午岭的植被重新进入恢复期，为动物的回归和生存提供了地理条件。这和清同治年间兵乱使人们被动性逃亡在本质上是不同的，这次人们是主动性的，从人与自然关系史角度来看，这是人类文明发展的极大进步。

眼前这片远离喧嚣的山体，虽然历经雷电野火的击打吞噬、暴雨山洪的侵蚀摧残、铁斧利锯的胡砍乱伐，但始终不屈地坚守着自己的阵地，依然保持了盎然的绿意。生态良好的明显标志就是雉鸡群落大量出现。

雉鸡就是野鸡，老百姓也称山鸡，栖息在海拔 3000 米以下的各种陆地生态环境中。雄鸡羽色华丽，尾羽长而有横斑。雌鸡的羽色暗淡，大都为棕黄色并杂以黑斑，尾羽也较短。行走中野鸡的身影不时横穿道路，它们似乎整天都忙着觅食，一群七八只，非常胆怯，时常抬起头机警地向四周观望，远远看到人就迅速奔走逃窜，有时也扇起翅膀飞行，但飞不高也飞不远就落在地上。

自然界的植物群落分布是植物与环境相互作用的产物，任何一个植物群落都要经历一个从先锋阶段到相对稳定的顶极阶段的演替过程，植物对环境因子响应程度的差异，导致不同层次不同生态适应型植物群落的分异格局。目前子午岭仍保存有空间上完整的植被正向演替序列，即弃地—草本群落和灌丛群落—先锋乔木群落。

一种植物的膨胀必然会阻遏周边其他植物的蔓延，植物之间在演替过程中经常发生领地争夺战，造物主似乎"嫌弱爱强"，制定出偏向强者的规矩，那就是人们常说的"物竞天择、适者生存、优胜劣汰、弱肉强食"，即所谓的丛林法则。演替初期的大多数物种为喜阳植物，随着演替不断进展，灌木层出现，群落的郁闭度逐渐增大，透光率减小，不耐阴物种逐渐被淘汰。

目前，子午岭的森林结构已基本形成，乔、灌、草层次分明。小乔木多为茶条槭，枝下一般不超过 1 米，有一定的灌丛特征。杠柳为藤本植物，是群落恢复演替过程中出现最早的植物，分布广泛，具有较宽的生态位。沙棘灌丛、樱草蔷薇灌丛、狼牙刺灌丛、虎榛子灌丛、二色胡枝子灌丛是森林遭受严重破坏后形成的相对稳定的次生类型。子午岭气候性演替的顶极植被为辽东栎林，不论阴坡、半阴坡、阳坡、半阳坡或梁顶，演替到后期的森林群落都是辽东栎林。

在刘家店、西坡、桂花塬、罗山府、大凤川等子午岭核心区的生态系统中，辽东栎林已占到该区总面积的30.86%，山杨林占到该区总面积的15.67%，白桦林占到该区总面积的4.22%，油松林占到该区总面积的3.34%，落叶松林占到该区总面积的0.31%，侧柏林占到该区总面积的0.25%。虽然是屡经破坏后形成的天然次生梢林植被，但是乔木层覆盖度在演替后期的顶级群落达75%，基本接近郁闭，说明顶级群落已趋稳定。

子午岭保存有黄土高原中部面积最大、最完整、最具代表性的一片次生林，在西北地区生态环境中，处于一个关键的位置，对维持当地生态平衡、保持水土、涵养水源、增加雨量、调节气候，促进经济健康发展发挥着极其巨大的作用。可以说是"稳定黄土高原中部地区生态环境的重要因素"，是支撑黄土高原中心地区脆弱生态系统的主要森林群落之一。对于这片大自然赐予的风水宝地，只有按照国际通行办法成立自然保护区，才能进行有效的保护。

世界保护联盟1994年公布的《保护区管理类型指南》把保护区定义为："保护区主要致力于生物多样性和有关自然和文化资源的管护，并通过法律和其他有效手段进行管理的陆地或海域。"自然保护区占国土面积的百分比已成为衡量一个国家自然保护事业发展水平和科学文化发展水平的重要标志。美国这一比值为10.5%，英国为18.9%，德国则高达24.6%。自然保护区可以说是科学研究的天然实验室、科普教育的天然博物馆、生态旅游的天然大乐园。

甘肃省政府于2005年2月批准建立了甘肃子午岭省级自然保护区，位于庆阳市境内，含子午岭林区的华池、合水、湘乐、正宁四个林业总场所辖林区的核心地段。北以分水梁为界与陕西志丹县接壤，东以华池豹子川林场与合水平定川林场分水岭—葫芦河—陕甘边界一线为界，南部达正宁县与陕西省相邻，西线沿华池县老南梁、九只窑口，经合水县的田家坪、木瓜岭、小沟、西拉沟、拓儿塬、太白庙、安子塬、宁县川庄子、宋家庄、九曲、姜家台、桃树庄、榆田，再经正宁县韩浕、南桥、苇庄子、五顷塬、红土窑、梁子塬、薛家沟，至前马原以南省界为止。2009年对自然保护区范围及功能区进行了调整，总面积达242106.1公顷，森林覆盖率为65.99%。

国务院于2006年2月批建了陕西子午岭国家级自然保护区，东以太白山西北海拔1567米山峰为起点，往东南经蒿地沟沿蒿巴寺梁向西南经防火门到海拔1577米山峰为界线；南以海拔1577米山峰为起点，沿古道岭向西经点将台、阅兵台至海拔1687米山峰兴隆关，以陕西省黄陵县与富县交界线为界线；西以兴隆关为起点，沿子午岭向北经碾子梁、午亭子至海拔1672.2米山峰，以陕西省与甘肃省交界线为界线；北以海拔1672.2米山峰为起点，沿陕甘两省交界线经海拔1602.2米山峰、长柏山至海拔1567米山峰为界线。这是黄土高原上第一个国家级自然保护区，总面积达40621公顷，森林覆盖率为88.3%。

子午岭上天高云淡，尽管骄阳恣意地洒在身上，但野风习习仍有寒意。沿气象站东侧10余米处爬坡进入柏油路旁的树林中，寻找秦直道。2013年8月全国秦汉史专家考察时，荒草弥漫挡住了视线，居然没有找到。这次由于时值5月，山中气候尚冷，荒草还没有长起来，相对好找。

很快就看到了一条宽四五米的小路，横断树丛向东北方向延伸而去，这就是当年车辚辚马萧萧的秦直道。秦始皇生前是否到过秦直道，文献没有记载。我想如此重大的工程，离都城咸阳又如此之近，这位一扫六合的大秦君王不会不留下自己印记的。秦始皇企图长生不老，但神话无法变成现实，唯有这条古道虽经两千余年的风雨侵蚀依然保持了基本轮廓，不知躺在距此100余公里外骊山脚下的王者做何感想？

拨开萋萋芳草，走了一二十米，路两边出现了七八棵高达6米的山楂树，品种为无毛山楂，树皮比较粗糙，叶片呈宽卵形或

图 2-18 山楂树

三角状卵形。现在正值果子生长期,果实近球形或梨形,深红色,有浅色斑点,摘一颗放进嘴里,又酸又涩。山楂树是中国特有的药果兼用树种,果实具有降血脂、降血压、强心、抗心律不齐等作用,同时也是健脾开胃、消食化滞、活血化痰的良药。满树的红山楂在风中微微摇曳,像在欢迎远道而来的客人,颇有趣味。

路基上稀稀疏疏长着杂草,里面夹杂着一些野葱,拔一撮放在鼻前闻一闻,味道很刺激,如果用清油炒熟,调面条吃肯定很香。绕过一个大土包后,路基呈慢坡一直向东北方向延伸,坡虽不陡,却非常长,因拉车的牛会出现气喘吁吁的疲乏状态,故称之为"乏牛坡"。

子午岭主脉形似牛脊,顶部坡度起伏平缓,在直道上行走如履平地。路面四五米宽,一直沿主脊伸展,时常看到路基有砾石翻起,开始以为是人工铺路,后仔细观察路边植被没有覆盖的土层,才发现这一段本身就是土石混杂的地质结构。路面的构筑形制,一般呈两边较高中心低的凹槽形或两边较低中心高的脊梁状。遇到靠沟的一侧,还会修建夯土护坡,剖面为倒梯形,这为道路的畅通提供了保障。

布线于山脊和高地的秦直道修筑艰难，工程量极大，但一旦修成，较少受到河流冲毁和水土流失的侵蚀。子午岭上的秦直道正因为地处僻远，人迹罕至，多被林木掩盖，且绝少与现代道路重叠，恰恰成为人类文明干扰最少、原始遗迹保存最多、最接近两千多年前风貌的古道路标本。

秦直道两侧的植被虽然区系复杂，但由于沟梁上下相对高差小，分布只有阴阳坡之别，而垂直带谱不显著。山杨、白桦林分布于子午岭山脊的中下部，大面积的辽东栎纯林或混交林分布在山脊中上部，这便构成了海拔较高处占优势的地带性植被类型。在沟谷气温湿度波动不大的环境条件下，植被多呈带状分布，林下灌木、草本植物生长旺盛，覆盖度大。立体生长的树、灌、草给子午岭披上了一件绿色的外衣，浓浓淡淡，苍苍翠翠，似乎连空气都染上了绿。这风情万种的绿色世界，铺陈在眼前，无疑是一种记忆深刻的奢侈享受。

从表面上看，山上的每一棵树每一棵草，都是随心所欲独自伸展的，但若换一个角度审视，它们绝不是杂陈无章的相凑，都是按照规律错落有致分布的，这就是大自然让人着迷的独特魅力。更有意思的是，植物之间还有"抱团取暖"的现象，强势的植物总有一些小兄弟跟随左右，形成一方属于自己的天地。辽东栎、山杨、白桦林都是以柔毛绣线菊、虎榛子、四季青为基本成员而组成的群丛，作为黄土高原地带性森林植被，具有不可替代的生态价值。

辽东栎就是关中人所说的青冈木，也叫橡树、杠木、青冈柳、柴树，为多年生落叶乔木，高至20余米，花单生，雌雄同株，雄花序生于新枝基部，雌花序生于新枝上端叶腋。子午岭的海拔和气候造就了其显赫的老大地位，其他树木都毕恭毕敬地退缩到它的躯干之下。辽东栎的一大特点，就是木质硬，过去常用来做大立柜腿料。其叶呈倒卵形，干枯粉碎后牛喜食，落叶山羊喜食，果实猪喜食，焙干、粉碎或脱单宁后与其他精料混合，可替代玉米，牛、猪、羊均喜食。

从总体来看，子午岭的辽东栎林多处于中幼龄林阶段，树干弯曲岔多，枝条疏朗相间。辽东栎的树叶比较大，滞留枝条的时间长，有一年 11 月份来，虽然已到了初冬时节，树枝上还有许多未掉的枯叶，在阳光照耀下犹如一片片金叶在飞舞，而落在地面的树叶则像金色的地毯。树皮颜色与树叶反差较大，灰褐色并呈开裂状，附着一坨一坨灰白色的真菌，透露出一股历经风雨的沧桑感，这种画面的组合，充满着别致的韵味情调。

柔毛绣线菊，粗蛋白质的含量高，羊喜食，牛偶尔采食，为较好的饲用灌木。枝条粗壮呈灰褐色，叶片为卵形，花期晚至 6 月，花白色，开花时繁密漂亮。虎榛子为中国特有属，树皮和枝条看上去有差异，一为浅灰色，一为灰褐色，枝叶密集，叶卵形，花期长达三个月。枝条可编农具，树皮及叶含鞣质，可提取栲胶，种子含油，可供食用和制肥皂。四季青属于冬青科，为常绿乔木。《本草拾遗》云："冬月青翠，故名冬青，江东人呼为冻生。"树皮色和虎榛子差不多，叶互生，呈狭长椭圆形，深绿色而有光泽，到了冬季则变成紫红色。作为黄土高原的优势灌木，这三种植物

图 2-19　橡树林

常在荒坡聚生成丛，根系盘结，有保持水土之效。

人类与植物休戚相关，不仅人类吃着植物的种子，呼吸着植物制造的氧气，而且绝大多数植物还具有医药价值，跟人的身体健康密不可分。据《全国中草药汇编》记载，辽东栎药用主治脾虚腹泻，久痢，痔疮出血，脱肛便血，子宫出血，白带，恶疮，痈肿。四季青的根、叶均可制药，其性凉，味苦涩，主要功效是清热解毒，生肌敛疮，活血止血。据说阿司匹林最早就源于绣线菊属植物的叶片。因此，在子午岭观察植物时，还应该添上一个丰富的中草药库的视角。在现有的药方上，很大一部分药草直接来自植物真菌和其他生物，剩下的许多医药也都是对最初野生物种中的化学成分进行分析后制作而成。尽管一些植物的医药作用已经得到证实，但植物隐含的真实面目，人类远没有揭开，其存在的无限可能性需要更深入细致地去探索。

走进大自然，十分惬意，但前行中不时出现游人丢弃的白色纯净水瓶和食物包装袋，大煞风景。在自然状态下，森林里的每一个成员都扮演着一定角色，形成一个互为因果的共生圈。来自工业世界的塑料制品根本无法融入森林世界，它不能被微生物分解，不会为其他成员提供养料，最终会对森林的演化形成不利的影响。当阳光照耀下的塑料废弃物闪入我的眼帘时，我产生的第一个念头就是捡起来，但对解决此类问题来说，单个个体的努力是远远不够的，需要大家一起行动，不再随意丢弃，让森林能继续保持其亘古以来的天然状态。

走到前蝎子掌时，向北出现岔路，通往箭杆梁，梁顶上发现烽燧遗址。国家文物局秦直道研究课题组在《旬邑县秦直道遗址考察报告》中认为：秦直道是从箭杆梁下盘头坡。这与《秦直道考察》的意见相同。从箭杆梁下坡，路迹较为明显，虽然略有绕路，但坡道平缓，利于车行。

这个观点与《"秦直道"新探》认定的路线有差异。后者认为到后蝎子掌尽头后，从山梁下到旬邑县境的七里川，与旬邑县石门关南面的庙沟口相对。如果按《"秦直道"新探》认定的路线前行，到达后蝎子掌时，又出现一条岔路，直行人走的痕迹很少，右转则明显呈行人常走道的迹象。上一次来时，由此右转沿坡而下，坡越下越陡，下到坡底才知道已经到铜川市和咸阳市交界处的石公村，路线图呈"人"字形，七里川是"人"字形的顶端。

这次吸取教训，在树枝横蔓的梢林中穿梭，梢林茂密路难行，碰见灌木丛还得钻过去，道路痕迹扑朔迷离，几难辨别。过后蝎子掌山梁尽头转向北方下坡，感觉坡道比较陡，路径被荆棘淹没，路基越来越窄，痕迹含混难觅。通过对两条路线的实地体验，我觉得从箭杆梁下盘头坡的路线更符合实际。

当地农民还带我走过一条路，从好花疙瘩山先北行后拐向西北，经石沟梁到扣家山。这里有十几口破旧的窑洞，一家大门开着，门口小板凳上坐了一位老农，脸上皱纹密布，看似有七十多岁，端着老碗，正在吃饭。他见我走向前，放下老碗站起来，佝偻着腰显得个子很矮。我环顾窑内，里面黝黑，除几件简陋的生活用具外，一贫如洗。老伴躺在炕上。相谈中知老农原籍河南省，四十年前迁来，这里原来住有七八户人家，现今只剩下两家。一家为当地人，儿女都迁走了，只留下一个老头养了一群羊为生计；自己家也仅留守老两口，老伴身体还不好。据老农讲，这条路是去好花疙瘩山最便捷的路，当年作为伐木路还通过班车，下梁出石沟口正对着旬邑县七里川水库大桥。相比前两条路，这条路较宽，路况好，坡度缓，不排除是秦直道的可能。

从好花疙瘩山起点至旬邑县七里川河约 10 公里，耗时虽然三小时，但一直沿着平缓的主脊行走，似乎是在绿树草丛中散步，不像秦岭必须登高爬低，故身体没有出现疲惫状态。一路上风尘尽卸，肺腑如洗，在这样一条没有路标的路上行走，并没有过多的震撼景致，但人迹稀少的荒凉中却透出一种苍茫神秘的气氛，让我得以在"天人合一"的境界中，感悟造化，陶冶情操，进行理性的踏勘、考据和思辨。每次都会有陌生而新奇的感觉，因而来了很多次，还有再来的冲动。

旬邑县西部为黄土塬梁沟壑区，东部为子午岭土石山地的延伸部分，古为豳地，周人先祖公刘曾在此开疆立国，留下了垦荒稼穑的痕迹，开创了古代农耕文明。《诗经》中的"风"，是当时民歌、民谣的总称，又根据不同的地区和曲调分为十五国风。《豳风》中"七月流火，九月授衣"的诗句，千百年来广为流传。秦时设县，原称栒邑，据说源于当地盛产栒子木。这是一种灌木，

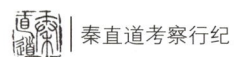

图 2-20 栒子木

枝干很少生岔。枝条细长柔韧，能捆柴、编筐以及做棍棒。1964年因"枸"字生僻，选同音常用字"旬"，改为旬邑县。

旬邑县以北就进入广袤的黄土高原，黄土厚度在50至80米之间，最厚达180米。目前黄土来源"风成论"较为流行，认为青藏高原的宽度约占西风带的三分之一，把西风带的近地面层分为南北两支。南支沿喜马拉雅山南侧向东流动，北支从青藏高原的东北边缘向东流动，与从西北吹向东南的冬季风一起，将北部和西北部以至中亚等广大干旱沙漠区的沙尘搬运到太行山以西、青海省日月山以东、秦岭以北、长城以南广大地区，无法吹走的粗大石块则残留在原地成为戈壁。

但这仅是地理学家从综合自然地理的角度进行的分区，而地质学家一般将黄土分布的连续性和厚度作为依据进行分区，东界定在吕梁山，其至太行山之间则因黄土分布不连续且土层薄而未划入。水土保持学家则着眼于水系流域及产水产沙过程的完整性，而把北界推移到内蒙古自治区和宁夏回族自治区的大青山、阴山、贺兰山一线。

"风成论"也并非很完善，对一些现象也无法解释。由于黄土遭受风化搬运沉积成岩等后期地质作用的强弱不同，在颜色深浅及颗粒粗细等性状上也有差异，其变化有一定的规律性。例如，黄土中粗粉沙含量由西北向东南递减，黏土含量却从西北向东南递增。粗粉沙含量大于30%、黏土含量15%的沙黄土，大体分布在宁夏回族自治区海原县、甘肃省环县、陕西省绥德县至山西省五寨县一线以北；粗粉沙含量小于15%、黏土含量为15%至25%的黏黄土，主要分布在甘肃省渭源、陕西省铜川至山西翼城、阳泉一线以南；在两线之间则为粗粉沙含量为15%至30%、黏土含量为15%至25%的黄土。这种自西北向东南的有规律排列，呈叠瓦阶梯状的分布过渡而不是平面模糊过渡，更像是洪水造成的。

经古地磁测定，黄土距今二百四十万年前已开始堆积，逐渐形成大面积的覆盖，除少数高耸的山地外，将第四纪前形成的基岩大部掩埋于其下，并随基岩轮廓塑造成黄土塬以及河谷断陷盆地等地貌类型。进入历史时期，黄土高原分布着广大森林，子午岭北段以西可能是草原，由于这里是农牧兼宜地区，农耕民族来到这里就把草原改成农田。由牧到农先后发生过三次变化：

第一次为战国后期至秦汉，尽管迁徙大量人口，仅汉武帝就迁徙七十万人口，但总体人口有限，还是以畜牧业为主的地区；第二次为隋唐时期，开辟农田成为治国的方略并得到推广，所设州治达三十余处，因粮食供应的需求，其附近农田亩数相应增大；第三次为明清以来，《关中两朝文钞·屯田议》记载："屯田遍天下，而西北为最。"

农业区域的扩大几乎让畜牧和森林地区无所附丽了。草原面积缩小，保留下来的多为荒漠草原和少部分干草原，质量退化，一些地区甚至10亩地养不了一头羊。原始林很少，多为落叶阔叶与针叶组成的次生混交林，以中幼龄林和近熟林为主，成熟林不多。林相较差，主要树种为辽东栎、油松、山杨、白桦、云杉，其次为华山松、白皮松、侧柏等，多分布于南部地区。

人类活动的加剧，造成植被减少，环境恶化，加之位于大陆腹地，气候较干旱，蒸发强烈，6月至9月汛期降水量又占年降水量的70%左右，且以暴雨形式为主，疏松的黄土层，经流水侵蚀，形成了沟壑纵横、梁峁广布的破碎地表。据黄河水利委员会相关资料统计，黄土高原长度1公里以上的沟壑，高达三十万条以上，在黄土丘陵区1平方公里的土地上，往往1公里长的沟壑有二至八条。

1999年国家开始实施以退耕还林（草）为主的生态建设工程后，很多地方以此为契机，进行农村产业结构调整，培育新的替代产业，退耕后的农民既获得了政府提供的口粮，又从多种经营和其他副业中增加了收入。截至2006年底，全国累计完成退耕地造林1.39亿亩，黄土高原的"绿色版图"同步迅速扩大，使黄土高原生态状况实现了"整体好转，局部良性循环"的历史性逆转。

2014年，国务院批准实施《新一轮退耕还林还草总体方案》，

图 2-21　秦直道文化苑

提出到 2020 年，将全国具备条件的坡耕地和严重沙化耕地约 4240 万亩退耕还林还草，明确 2014 年安排退耕还林还草任务 500 万亩。随着新政策的逐步实施，再造一个山川秀美的黄土高原的梦想，相信一定可以实现。

　　七里川河是一条小河，已被人工挤缩成数十米宽的水渠，水流量不大，但积少成多，现在已修建了一座水库蓄水。下坡过海拔 1480 米的七里川河后，紧贴河边有一座秦直道博物馆，正面向西，石牌坊后为广场，仿建的秦兵马俑列成方阵，中军大帐为仿古的二层建筑，作为展室陈列了一些考古遗物。

　　沿河并行的公路，通往旬邑县城。跨过公路为新修的秦直道文化苑，仿古大门后立有一块巨石，上书"天下第一道"五个大字。紧接其后的是放大了的秦始皇铜车马。苑区内还设置有秦兵站、烽火台、跑马场以及仿造的秦直道。

　　从文化苑大门向东，沿穿过庙沟的旬邑县至铜川市耀州区的公路，继续北行约 4 公里到达旬邑县石门关。庙沟相传清初成村，因沟里有一座庙而得名。这一段子午岭，人类利用改造较多，秦直道因为靠村落较近，原先的痕迹难以辨认。目前考察认定庙沟里的公路就是秦直道，路边立有石碑，上书"秦直道"三个大字。

但国家文物局秦直道研究课题组却否定了这一传统路线，认为秦直道是从箭杆梁下盘头坡后，过河上大草沟梁地，绕梁直到石门关下坡。从实地考察来看，课题组的结论是错的。大草沟里原本全种着苞谷，由于修建西安至延安的第二条高速公路，拉土车从沟里取土，挖出的大坑又被拉来的煤灰填埋，苞谷地里到处坑坑洼洼。大草沟相传清末成村，因地沟壑大，荒草茂密而得名，但和庙沟相比要狭窄得多，如果要从大草沟前往石门关则须翻越一座山梁。据村里老乡说，沟里没有通向石门关的翻山路。经过踏查，确实没有找到去石门关的路，这是一条死沟。相比较而言，秦直道通过庙沟北行，从石门中穿过，是合理的路线选择。

但在大草沟意外发现一条奇闻，石门山方圆几十里也出产名贵药材冬虫夏草，每年有几千斤产量，前年价格高，今年降下来了，每棵十元钱，在村里一打听，还真有这么一回事。我买了一些，看上去有点像，只是个头小，仅为青藏高原冬虫夏草的三分之一，很可能是科同属不同。

第三章  从石门至秦直道分歧点兴隆关

图 3-1 原始秦直道

一、石门山至刘家店林场椿树庄

石门的历史悠久,传说此门是帝尧为泄洪水所凿,故又称作"尧门山"。《史记·秦本纪》云:"献公二十一年与晋战于石门。"秦献公二十一年,即公元前364年,秦军与三晋之一的魏军在石门大战,秦军斩敌六万获得大胜,此役之后"秦始复强",确立了战国七雄之一的地位。

由于文献对这次战争过程记述简略,石门之战地址众说纷纭,主要有两种说法:一说在山西省运城市西南,一说在陕西省三原县西北。现命名为石门宫的秦汉宫殿遗址总面积约5000平方米,南北长约100米,东西宽约50米。经初步试发掘,发现在遗址地表30厘米以下埋藏着丰富的文化层,出土有筒瓦、板瓦、铺地砖、空心砖、陶井圈、云纹及长生未央瓦当等建筑材料。由此推测,这里可能是古战场遗址。

石门关为天然崖口,东、西两座山头并峙,悬壁兀立,裸露的基岩为砂页岩,崖顶有绿藤紫蔓笼罩,西侧崖壁黛色浓荫下显出巨大的拱形石门轮廓,深镌于石壁之中,粗看仿佛是人工凿成,细看却了无人工痕迹。清乾隆《三水县志·山属》记载:"高峻插天,对峙如门,以汉武在此立关为名。"不管这石门是人工开凿还是天然形成,只要映入观者眼帘,让人不由得就会发出大自然造化

图 3-2 石门山扶苏庙

的感叹来。

王子今在《秦直道的历史文化观照》一文中,提出了一个让人颇受启迪的观点:秦直道循子午岭北行,而"直"正是"子午"的快读合音。《太平寰宇记》曰:"出县南山石壁谷(即今石砭峪)南三十里,与直谷水合,即子午谷水。""直谷"应当也是"子午谷"的快读合音。汉魏子午道又曾沿池河南行汉江川道,"池"或为"直"之音转。也就是说,很可能子午道循行的河道也曾被称作"直河"。秦始皇规划秦都咸阳建设时,曾经有"周驰为阁道,自(阿房)殿下直抵南山,表南山之颠以为阙"的设想,与此相对应,秦直道的石门,也可以看作甘泉宫的"北山"之"阙"。扬雄《甘泉赋》写道:"往往离宫般以相烛兮,封峦石关施靡乎延属。"刘歆《甘泉宫赋》也有"缘石阙之天梯"的文句,都说到甘泉宫的"石阙"。秦直道石门正是甘泉宫的北阙。子午岭—直道、子午道—直河这一现象,体现出秦汉都城规划的基本特点。另一组对应关系,表现为直道的起点—石门—甘泉宫北阙与子午道的起点—"南山之颠"—阿房宫南阙。这一认识,也与秦始皇以甘泉宫、咸阳宫、阿房宫共同作为秦宫主体结构的构想相一致。

沿山路攀登西峰，忽然起雾了，越往上爬雾气越浓，接近山顶时雾气又淡了下来。到达顶部看见一座新修的烽火台，这里海拔1885米，是关中北部最高点。站在秦直道起点的好花疙瘩山向高处北望，天气晴朗时，相距几十公里外的烽火台能够清晰地映入眼帘，凸显了石门关实乃甘泉宫北大门的屏障作用。

烽火台内有楼梯可达台顶，登台上向四面眺望，子午岭的无数支脉正匍匐在东西两侧，莽莽苍苍，逶迤起伏，云雾在半山急速地游走。层层叠叠的山峦和郁郁葱葱的林木时隐时现，呈现出一派迷人景色，可谓之一览众山小，风光无限好。

眼下的石门山，位于子午岭南端，是渭北黄土高原上不多见的水土流失轻微的地区之一，良好的地貌、气候、植被条件构成了独具魅力的自然景观，现已成为森林公园。分布于山路两侧的许多植被上挂着小牌，写着类型介绍，林木多为辽东栎、陕西鹅耳枥、杜梨、枸子木和山桃等。

山桃为落叶小乔木，树皮暗紫色，叶片卵状披针形，花单生，先于叶开放，粉红色的倒卵形花瓣让人感受到一种娇艳之美。果实近球形，果核可做玩具或念珠。山桃种子中药名为桃仁，性平，味苦、甘，具有活血润燥滑肠的功能。根、茎、皮，性平，味苦，具有清热利湿、活血止痛、截疟杀虫的功能。花有治疗跌打损伤、瘀血肿痛、肠燥便秘的功效。

陕西鹅耳枥为桦木科落叶植物，树皮看上去粗糙呈暗灰褐色，树枝茂密，叶卵形或卵菱形，叶形秀丽，颇为美观，宜庭园观赏种植。其木材坚韧，可制农具、家具、日用小器具等。种子含油，可供食用或工业用。陕西鹅耳枥生长在海拔1000米至1500米的山坡典型栎林地带中，分布区比较狭窄，数量稀少。

杜梨为蔷薇科梨属落叶乔木，树干高大，树形优美，叶片繁密，枝条傲然向上，充满了生命的活力，在蓝天的映衬下，透露出一种苍劲朴拙的气息。果实甜中带酸，可以入药，因含适量丹宁，还可以用来酿造酒、醋和饮料。枝刺长约一寸，足以刺透兽皮，古代先民们常用来堵院门口。杜梨就是《诗经》中的"甘棠",《尚书》等古书用"杜"字表示"关闭、堵塞"等意思,这也是"杜门谢客"成语的来历。

远远望去,东侧崖壁顶上有一座庙。清乾隆《三水县志·坛庙寺观》记载:扶苏庙在石门山中,世传秦太子扶苏被处死后成神,人为其立庙,庙下有湫,祈雨立应。清人文倬天曾感慨作诗《石门旧关》:"怪石森天辟一门,谁提十万作兵屯。秦储湫浚蛟龙窟,唐帝关开虎豹垣。"陕西省绥德县城南1公里处有扶苏墓,此处流传与扶苏相关的传说,应当和秦直道有关。同时,也体现出老百姓心中自有一杆秤,对历史上的好人会用民间的方式表达同情和追忆。

小车沿山路开到停车场,下车后向扶苏庙攀登。庙正在翻修扩建,一座仅有十几平方米的飞檐小殿里,塑着三尊造像,正中间的是秦始皇长子扶苏,身穿红衣披黄袍,两旁的一个是大将军蒙恬,一个是副将王离。经庙里的人介绍,这里在清代就是祈雨的场所。自古相传,秦始皇太子扶苏死后,被玉皇大帝封为"石门神",专管地方施雨之职,民间尊称"石门爷",每逢天旱之时,附近乡民便会云集扶苏庙祭祀祈雨。

秦直道沿旬邑县至铜川市耀州区的公路北去,转弯后抵达石门村,这是一个山沟里的小村,我们找到村里的老支书黄震荣打听秦直道情况。黄震荣身材瘦削,可能是常年受山里风吹的缘故,脸庞黝黑,头戴一顶圆礼帽,显得颇有风度。孔子曰:"仁者乐山",的确,大山里的人一般都实诚,黄震荣热情地为我们介绍说:这一带地旷人稀,村里人虽少,但田地面积大,村民基本上还是以种田为主,农闲时也进山采药,一年下来收入还不错。现有七八十户人家,没有一家是土著世家,全部是外来移民,来源地庞杂,有"七省二十四县"之说,他小时候被老人从商洛老家带到这里安家,和老家相比,这里相对来说日子好过一些。

这种现象在山区很正常,历史上每遇战乱、饥荒或避仇躲债,老百姓往往迁徙到人烟稀少的山区，专寻地势相对平坦的谷地垦荒度日。灾荒过后，多数返归故里家园，但也有已习惯山区生活而乐不思蜀者，扎根下来繁衍生息。故山区村庄若要细察居民来源，莫不五方杂居，尤其渭北一带，更以河南、山东两省迁徙而来的老百姓为多。目前，村民大多盖起了红砖新房，老旧的土房已所剩不多。

黄震荣还告诉我们：秦直道从石门村前沿子午岭主脉蜿蜒北行，经前陡坡、卧牛石、后陡坡、老爷庙、后庄子、大店至马栏河，这一段山岭统称"凤子梁"，又名枫树梁，绵延约为70里。凤子梁道路自古以来一直被当地民众使用，解放战争前，石门关是陕甘宁边区的一部分，为储粮仓库所在地，凤子梁更成为转运粮草的大路。在此以前，一直是从关中向北运输棉花的道路。正因为自秦直道筑成以后，这条道路历代还曾断断续续被使用，加之两侧灌木丛生，才得以保留下来。

如今从石门村起至11公里处已被修建成公路，新修公路许多路段就构筑在秦直道路基上，但在秦直道弯度不符合现代公路要求的地方，两者则不完全重叠呈并向而行状。仔细观察，发现即使到了技术高度发达的今天，在子午岭上的道路施工中，仍然采

图3-3 现代公路的堑山堙谷段

用两千多年前秦始皇时期发明的"堑山堙谷"的科学方法。在施工中巧妙地利用自然地形,尽可能取直以缩短距离,在山冈地方就以山脊做基础,碰到沟壑谷地就借用原来的陡坎和山崖填平。我觉得无论是谁,只要身临其境,就无法抑制对老祖先聪明才智的崇拜之情。

由于新修公路将秦直道截为两段,且路面低,露出了秦直道初期路基剖面,提供了最原始的信息。仔细观察系黄土夯出,混杂有碎石,夯土细密坚硬,层面清晰,上部碾压层有六七层,碾压层下方为深厚的垫土层,垫土层下方又有好几层碾压层,可见秦直道经过许多次的维修。

从公路右侧路旁进入得以保留的秦直道继续前行。由于退耕还林,植被恢复良好,山高林密草茂。到凤子梁北端的大店,发现驿站遗址,距石门关30公里,从地理环境看,是一个较为理想的中继地。沿途道路平缓,宽约5米,局部地区较宽,下凤子梁出岔沟口,就到达了海拔为1280米的马栏河边。

图 3-4 秦直道剖面图

第三章　从石门至秦直道分歧点兴隆关

图 3-5　黑牛窝村旁石窟

如果沿着马栏河至石门村的公路再行 4 公里，就到达黑牛窝村，此村得名于村旁有一石丘酷似俯卧的黑牛。村旁河岸有一座平地而起的石质峭壁，应该是一处开窟造像的理想之地，壁间凿出 52 个错层石窟，最大的一个达 70 平方米。石窟分为东西两区，总面积达 764 平方米，非传统风格的拱形，凿得四四方方像房子。窟内没有发现造像踪迹，只是供奉了一尊现代制作的观音像。黑牛窝村头有几个农民正在闲聊，经打听，说这些石窟是为抗击元朝入侵开凿的。如果这个说法属真，那距今已有七百余年，虽被漫长的岁月侵蚀得面目全非，但文化的积淀已使其具备文物价值。

马栏河穿马栏村而过，本为三水河上游的名称，发源于子午岭南端，千百年来在子午岭间冲出了一条蜿蜒曲折的川道，河面不宽，水流潺潺，向南注入泾河。北魏时旬邑县又因河而名，称三水县，辛亥革命后才复名"栒邑"。1942 年至 1944 年，在马栏村的河上建起了一座七孔石桥。桥全长近 60 米，桥墩中间大两头小，以减少流水对桥梁的冲击，样式采用拱形，透着俊秀典雅的韵姿。

周边受环境破坏少，茂盛的树林将起伏跌宕的山岭浸染得翠绿，让人完全忘记了身处黄土高原，产生一种似乎进入幽幽秦岭的感觉。天色渐渐近黄昏，徐徐西坠的太阳，在天尽头泛起了一大片晚霞，洒满了大地，映红了静静流淌的马栏河水。开始起风了，吹得林梢扑簌扑簌地响，愈发显得空旷而寂静。

马栏镇现建成马栏革命纪念馆，二层全框架结构。关中地委旧址窑洞也被恢复如旧，进入大门，一条长满苔藓的青砖路把视线引到最里面，小院子里野草茂密，崖壁上开凿了六孔窑洞，顶部覆满了绿色植被。马栏镇本是一个偏僻村子，远离人群闹市，如今设立了马栏干部学院，众多的游客和学员让亘古寂静的山野一下子热闹起来。尤其是夜幕降临后，街上人来人往，灯火通明，似乎变成了红红火火的大集镇。

次日早晨，从关中地委旧址窑洞处转360度弯上杨家胡同梁北行，杨家胡同现为旬邑县杨家店林场所在地，因被改造成柏油大道，本为秦直道的山脊如今痕迹已不可见。秦直道在旬邑县穿行60余公里后，进入甘肃省正宁县境内。

距马栏西北十几公里陕西甘肃两省交界处，有"两女砦"古迹一处。清同治《三水县志·古迹》记载："两女砦山在县东北七十里，地势高耸，南望平衍，其麓有两冢。相传为秦扶苏二女葬处。" 两女砦为上梁北峰，原来有烽燧遗迹。如今山梁上种植着苞谷，公路从两梁中间通过。

《秦直道考察》认为：秦直道的路线，是从石门关西北行，经艾蒿墩进入甘肃省正宁县前马原村两女砦，再到刘家店林场。《中国文物地图集·陕西分册》持相同看法：秦直道越马栏河谷，至两女砦折向东北，沿子午岭平台宽阔的山脊，经黑马湾到调令关。《"秦直道"新探》所提出的路线图则不绕两女砦：秦直道过马栏河，即上杨家胡同梁，稍转西北不远，即到刘家店子，距刘家店子西侧数里处，有"两女砦"古迹一处。

据当地农民说，两女砦是真正的秦直道，从石门经上梁而来，过菜头湾到刘家店林场。两冢是不是扶苏二女葬处，没有发掘不得而知，但扶苏去上郡做监军一事，在《史记·秦始皇本纪》有记载：公元前221年，秦始皇焚书坑儒，长子扶苏谏曰："天下初定，远方黔首未集，诸生皆诵法孔子，今上皆重法绳之，臣恐天下不安。唯上察之。"始皇怒，使扶苏北监蒙恬于上郡。据此推测，民间传说这里为秦直道也并非完全是附会。加之，杨家胡同梁坡度过陡，没有刹车功能的牛车上下极不安全，故我认为《秦直道考察》和《中国文物地图集·陕西分册》所提出的线路更合理、更符合实际。

2005年，宜君县文化馆孙相武在美术考古中，也曾提出过一个新的说法：直道顺马栏河川道向北延伸，由金盆到转角镇，经关门子，在旬邑和黄陵交界处红石门有遗迹。直道盘旋下山，行至沟下，顺沟靠西而行，经柳芽镇、石羊村、石窑至杜洛尾，转向上畛子。从旬邑马栏镇至黄陵县上畛子共75公里。上畛子农场

图3-6　两女砦遗址

图 3-7　马栏至上畛子道路

北秦直道依山而行，上子午岭慢坡，经石灰窑、八面窑，下山到富县境内，宽 60 米，长约 30 公里，直道遗迹完整。孙相武自己说，因为缺乏田野考古的基本训练，只是如实地把看到的遗物、遗迹记录下来，给学术界提供参考。

经实地考察，孙相武提出的路线，前部分实际上是沿马栏河川和柳芽川行进，至杜洛尾时已向东偏离子午岭主脊 50 里左右，重新向西折回 20 余里到上畛子农场。后部分再呈直角北行，穿越"古道岭"，经过三面窑与防火门至富县槐树庄农场。国家文物局秦直道研究课题组提出了一条和孙相武大体相同的路线：秦直道从调令关东南 300 米处，越过 305 省道，下山离开子午岭主脉到旬邑县南寺，从石底水库西边进东沟上子午岭支脉，下山进入黄陵县上畛子。

孙相武和国家文物局秦直道研究课题组提出的下到支脉的路线，显然不符合秦直道一直循子午岭主脊"堑山堙谷"修筑以避开河谷的历史文献记载，其路面宽度远远大于沿子午岭主脊前行的道路宽度，客观上也已经说明了两者根本不是同一条路。这条路沿途的确有明显的古道遗迹，而且至今绝大多数路段仍然在使用。在漫长的历史时期，县与县之间肯定有多条道路相沟通，这可能是为满足区域间交通往来，很早就开通了的一条古道。

2014年来时，曾沿305省道至调令关，路过旬邑县石底子城遗址，这是一座宋代修建的小城。北方游牧民族向南进攻，多喜走易骑行的川道，石底子城的修建应当与战争防御密切相关，依山临河，地势险要，刚好扼守着由甘入陕的石底子川河谷大道。宋代与西夏、金等少数民族政权交战二三百年，这座小得不能再小的孤寂小城，不可避免地被推到了前沿阵地，在你争我夺的兵燹蹂躏下，终于沦为一片荒凉疮痍之地。

由于历史长河的不断冲刷，垣墙已变成一片废墟难觅其迹。在石底子水库旁的路边有一块开阔的石质台地，现在是养鸡场，从地形上推测应当为石底子城遗址。但林场的人说，遗址在距水库约2公里的林业检查站背后的坡上。漫步其间，它早已被当地农民开垦成白菜地，从西安过来的菜贩子正在收菜。除了依山开凿有几孔废弃的窑洞，什么也没有发现。遗址是历史的凝结与沉淀，缺少了遗址的凭借，历史就化为传说。曾经是重要的关隘现在却遭到如此破坏，让人感慨不已。

正宁县历史悠久，先秦时属西戎之地，汉代在县域始设阳周县，隋开皇十八年，因罗水出于川，遂更名为罗川。公元742年，唐玄宗梦群仙现于"罗底"，遂派使臣在罗川县挖得玉真人像二十七尊，取"真人安宁"之意，改罗川为真宁。清雍正元年，为避世宗"胤禛"之讳，又改为正宁。位于秦直道西四五十公里的罗川古城，自古以来就是罗川、真宁、正宁县治，1930年县治迁山河镇。现保留下来的罗川古城遗址，于元代至正六年重修，至今虽已残破，但城墙依稀可辨。

刘家店林场位于正宁县东北部子午岭林区，距马栏10余公里，在陕西、甘肃两省交界处立着一块石碑，上书"秦直道"三个字，仔细观察，这块石碑很有意思，表面罩上一层涂料，经日晒雨淋大部分脱落，原碑上刻着"陕西省旬邑县人民政府制"一行字，在尚未脱落的部分可看到"甘肃"字样。从石碑处再连续爬坡，绕过 Z 形路段，就到达刘家店林场。这是我第三次来这里实地考察了。2012 年第一次来时，一个同事介绍我们找李场长，李场长热情接待了我们，并为我们详细介绍了林场的情况。

刘家店林场隶属正宁林业总场管理，经营总面积 14700 公顷，森林覆盖率达到 83.6%，属国家重点生态公益林区和甘肃省自然保护区。在国家实施天然林资源保护生态工程的大背景下，林场扎实推进油松、云杉、樟子松等特色产业的发展，定植培育幼树 206000 株，还新建云杉、红叶杨、冬青、小叶黄杨、珍珠梅、紫叶风箱果、金叶风箱果等苗木花卉科技示范园，力图走出了一条"以林为主、以副促林、多种经营、综合开发"的产业发展路子。

风箱果系近年来为丰富绿化层次和色彩而从北美引进的舶来品，属蔷薇科落叶小灌木。紫叶风箱果和金叶风箱果是同一类的自然变种，高达 3 米，小枝圆柱形，幼枝紫红色，老枝灰褐色，树皮呈纵向剥裂。叶片呈三角状卵形，缘有锯齿。花期晚至 6 月，花白色，朴素淡雅。紫叶风箱果的特点是明媚的阳光直照时叶片颜色呈紫红，当被林荫遮住或阴天以及黄昏光线弱时则呈暗红色。金叶风箱果叶片生长期金黄色，落前黄绿色。对风箱果的研究表明，从树皮中提取的三萜类化合物具有抗卵巢癌、中枢神经肿瘤、

图 3-8　刘家店秦直道碑

结肠肿瘤等作用。

在山地上大规模引进非地带性植被,尤其是舶来品,引发了我的疑虑,因为这样做容易出现负面结果。要人工种植新物种必须腾出山地,这就会引起对地带性植被的砍伐,造成依赖于原有生境生存而又无法适应新生境的旧物种丧失生命,从而形成人类对自然生态新的破坏。由于各物种之间的相互作用、相互抑制,生物圈总是保持着动态平衡,新物种入侵必然会打破原来的平衡,造成区域生态环境恶化。如原产于南美洲的水葫芦,1901年作为花卉被引入中国,因其漂浮在水面,绽开美丽的蓝紫色花,深受达官贵人的喜欢,在慈禧太后留下的照片中,就能看到水葫芦的身影。20世纪五六十年代作为猪饲料在长江流域及其以南推广,水葫芦的繁殖能力极其旺盛,一旦有适合的环境,便会成为当地优势物种快速生长,常能将水面染成绿色,以致掩盖整个水面,影响大气与水中气体交换,降低光线对水体穿透力,增加水体 CO_2 浓度,影响或抑制其他物种的生长,破坏生态多样性。20世纪60年代以前,云南省滇池主要水生植物有十六种,水生动物六十八种,但由于水葫芦泛滥,仅仅过了二十年,其他水生植物已经难觅踪影,水生动物已有三十八种濒临灭绝。非地带性植被的轻率引进,让我们付出了沉重的代价,必须痛定思痛,吸取经验教训,持科学谨慎的态度,不能让眼前利益蒙住双眼。

2013年的考察是和全国秦汉史专家一同进行的,大部分专家沿305省道从转角村绕往调令关,我陪王子今、宋超和张在明三位专家则沿林场巡查道去调令关。这次考察事前得知李场长出差,故从林场办公楼前直接驶过。这里位于子午岭主脊山坡之南,半山腰的台地达百亩之多,避风向阳,视野开阔,周围曾发现了不少粗、细绳纹板,还有筒瓦残片、生产生活用具、铁器以及武器等遗物,这里当年可能是驿站或辎重仓库。海拔1664米的主峰顶上,原有一处汉代烽火台遗址,现林场在遗址上新建了一座仿古烽火台作为防火瞭望台。

图 3-9 经马栏至黑马湾路段卫星图

秦直道经过烽火台遗址西侧山腰，一路沿着作为陕甘两省分界线的子午岭主脊向北延伸，经黑马湾可到海拔1756米的调令关。两地海拔相差100多米，直线距离14余公里，故北行一直是缓坡。由于地处林场内，植被保护良好，秦直道路况清晰，与汽车可以行驶的林场巡查道路基本保持平行。

快到黑马湾时，越野车陷到雨水泡软的泥地里，原地打滑越陷越深，动弹不得，只好用手机向林场求助。李场长在外地出差，闻讯立即派人赶来，没想到的是，救援的小翻斗车在离我们5里地时也陷入泥地，林场三名工作人员扛着铁锹一路小跑而来，垫土推车终于让车脱离泥沼，让我们好生感动。

黑马湾距刘家店约5公里，岔路口正在新建一座林业保护站。在被困等待救援时，曾在这里向施工的民工买了几块馍充饥，因为主脊路面水泡泥泞难行，故从岔路口下支脉西北行绕道几十里去调令关。时间过得真快，似乎什么事都没做。诗人高适曾言："霜鬓明朝又一年"，人过中年，光阴就像白驹过隙，飞驰而过。回忆让人感慨万分，但能做的也只是低声吟出岳飞"莫等闲，白了少年头，空悲切！"之名句以自勉。

黑马湾一段子午岭的走势偏向东北—西南方向，故当地人又称之为"斜梁"。黑马湾山顶有汉代烽火台遗址，秦直道经过遗址西侧沿坡北行约3公里到杠树峁。"峁"指四周被沟围绕孤独矗立的高土堆，黄土高原以外少有峁的地形。其顶部也有一座烽火台遗址。

《"秦直道"新探》说：黑马湾一带的"直道"遗迹保存较多、较好，平均路基宽度都在30米左右。《中国文物地图集·陕西分册》记载：路面一般宽10至20米。《秦直道考察》测量，道宽约5米。史念海师对刘家店以北的黑马湾、野狐崾岘、南店梁子等处进行了具体测量，这几个地方的直道遗迹都是宽四五米。经实地考证，《秦直道考察》和史念海师提出的宽度符合实地情况。除岔路口超过30米外，排除了山脊地形上能有二三十米宽度的可能。

图 3-10 黑马湾保护站

行走在子午岭主脊向两边望去,山峦岭上林木叠翠,荒草丛生,怒放的野花点缀在绿色中格外醒目。蓝蓝的天空飘浮着白云朵朵,幽静迷人的风光,让人忘却了旅途的疲惫,沉浸在融入自然的享受之中。一抬头看见有一只金雕在空中呈圆圈状缓缓盘旋,在耀眼的碧空上,印上了清晰的轮廓,就像剪影一样。这算是多次考察途中第一次看见的大型猛禽。

金雕头顶黑褐色,羽基暗赤褐色,羽端金黄色,背肩部微缀紫色光泽,以大中型鸟类和中小型兽类为食。它似乎发现了猎物,只见以坠物似速度垂直扑了下来,转眼间又冲起来,看不清抓着的是什么猎物,只见它向筑在陡峭悬崖上的巢飞去。金雕虽然是国家一级保护野生动物,但分布广,数量多,暂时没有灭绝的危险。

秦直道从杠树峁东侧沿山脊抵达椿树庄,这两处地名都是植物地名,反映出过去一段时期的植被情况。椿树庄秦直道侧旁,出现一条沟槽与直道并行,沟槽深约 2 米,宽四五米,因地形所致,

图 3-11 挺拔苍劲的油松

时断时续。2012年来时,据林场李场长见告,这一段因为林密草茂,秦直道原貌保存完好,沟槽可能是早期的秦直道。我觉得比较合理,但难以排除修路时取土垫道的可能,有待进一步考证。

沟槽里拥满了飘落的树叶,走在上面像踩在厚厚的地毯上一样。"嗖"的一声,身旁一只野兔扬蹄横穿秦直道,可能是刚才金雕的捕猎惊吓到了它,它正在像无头苍蝇一样乱窜。虽然野兔瞬间不见踪影,但我兴奋不已,可能是被烦琐的城市生活囚困太久了,每一次走进荒野中,只要和野生动物近距离邂逅,都会激发出我内心的好奇和欢娱。我想,这不仅是一种融入自然寻求意境的嗜好,更应该是回归原始家园追求野性生活的本能。

继续前行,映入眼帘的油松越来越多,其树干挺拔苍劲,分枝弯曲潇洒,针叶均衡直立,整整齐齐排列在秦直道两侧,就像一个个不畏烈日严寒的护路士兵,给观者留下姿态优美富有韵律的印象。子午岭中南部地理条件适合油松的生长,中湾林场管辖区有 3800 多亩，为面积最大的天然油松林。其余多为飞播的人工油松林。

油松别称短叶马尾松、红皮松，为中国原产的松科针叶常绿乔木，以单纯林为主。树干高达 30 米，胸径可达 1 米。树皮下部灰褐色，裂成不规则鳞块。材质较硬，适做建筑、家具等用材。树皮可提取栲胶和松节油，松节、针叶及花粉可入药，主治大骨节病。作为地带性亚顶极树种，近五十年来，油松林正在拓展着自己的地盘。

油松林是以油松、四季青、二色胡枝子为基本成分组成的群丛。二色胡枝子又名苕条，属豆科落叶灌木，高不超过 3 米，分枝繁密，老枝灰褐色，嫩枝黄褐色，花期迟至七八月，花紫色，冠蝶形，枝叶繁茂，观之淡雅秀丽。苕条耐阴、耐寒、耐干旱、耐瘠薄，繁殖容易，根系发达，其生境通常分布在林缘或在森林破坏后而难以恢复的地区，是保持水土和改良土壤的优良树种。苕条适口性好，各种家畜都喜食，调制成草粉也是兔、鸡、猪的优良饲料。苕条蜜中含有一百八十多种物质，其药用功能为润肺清热、利水通淋，可治肺热咳嗽、百日咳、鼻衄、淋病等。

油松不仅在保持生态环境上发挥着重要作用，还成了当地农民脱贫致富的摇钱树。庆阳市森林资源总量不足，但拥有宜林荒山 730 多万亩。随着周边省市防护林以及城镇化建设快速发展，绿化苗木市场出现巨大的需求空间，这为农民建立苗林结合培育基地提供了机遇。子午岭边缘丘陵沟壑区的人纷纷行动起来。华池县农民张明裕带领家人在荒山上营造油松林，已完成造林 1400 多亩，目前，种植的油松中树高 1.5 米以上的有 3 万多株，按市场价值二三百万元。宁县农民宁升印种植油松 10 万株，近三年共销售 4 万株，净收入 223 万元，目前，还有 2.5 米以上的油松近 6 万株，按当前市场价计算，总价值达 780 万元。许许多多贫穷的农民已经华丽转身，成为名副其实腰缠万贯的"林老板"。

二、从调令关至艾蒿店

再继续前行,就到了南梁峁。路旁 100 余米处为"四十亩台",地势宽阔平坦,一面依山脊,三面临沟壑,紧贴秦直道的北面,天然形成可屯兵数千的营地。1986 年发现的秦兵站遗址,出土的秦砖汉瓦很多,推测当初建筑规模很大,还有粮仓在内。这里距调令关 1 公里多,作为调令关隘的组成部分,共同形成了系统化的军事攻防体系。

目前在遗址仿建了一座秦汉风格的青砖碉楼,耸立在两层高台上,并被命名为"秦一号兵站遗址"。站在高台上回望,峰峦逶迤叠嶂,宏伟却不险峻,当午后炙热的阳光直直地覆上去,强烈的光线在山梁上蒸腾出薄薄的雾气,似乎让子午岭换上了新装,而从南向北蜿蜒而去的秦直道,正如新装上一条盘旋的蟒带,洋溢出另一番风骨。

在不同版本的地图上,调令关标识最乱,出现过调令关、雕翎关、雕岭关和雕灵关四个叫法,同时,也流传着活灵活现的三种传说:

一是地势险要为天然屏障,秦国军事指挥中心设在重兵驻守的"一号兵站",发布号令,调兵遣将,故称之为"调令关"。

二是地貌峻峭,岭上常常栖息着一群群金雕,久而久之,老

图 3-12　秦一号兵站遗址

百姓就根据景观叫其为"雕岭关"。

　　三是源于一个美丽动人的故事。相传秦直道第一期工程完工后,秦始皇亲驾御车查看,当行至子午岭上一处关隘时,遇见主持修筑直道的大将军蒙恬,大喜过望的秦始皇信口而言要褒奖蒙恬,却不知奖什么好。侍从端上金银,秦始皇觉得太俗气,正在纠结之时,一只大雕从白云深处飞来,盘旋在头顶抖了抖身子,一支翎毛翩翩飘下,恰好落在秦始皇伸出的手中,秦始皇遂将雕翎插在蒙恬的头盔上。此事流传开后,人们就把这座关隘称为"雕翎关"。

　　自古以来,文人墨客常临关凭吊,感古抒怀。清末,陇东名士李良栋路过调令关小憩,目睹残关瓦砾,一时激起思绪万千,写下诗篇:"横岭雄关不复存,嗟叹戍边蒙将军。北胡易却殃内胡,调令关前放悲声。"诗中讴歌了蒙恬的历史功绩,又感叹一代名将遭赵高"内胡"暗算的不幸,给一座本无生命的关隘赋予了一颗英烈忠魂,使其充满了文化积淀。

　　调令关堡遗址总面积24000平方米,重点区位于山峁的南侧,还留有不知哪个朝代的人在崖壁上开掘的残破窑洞,故当地老百

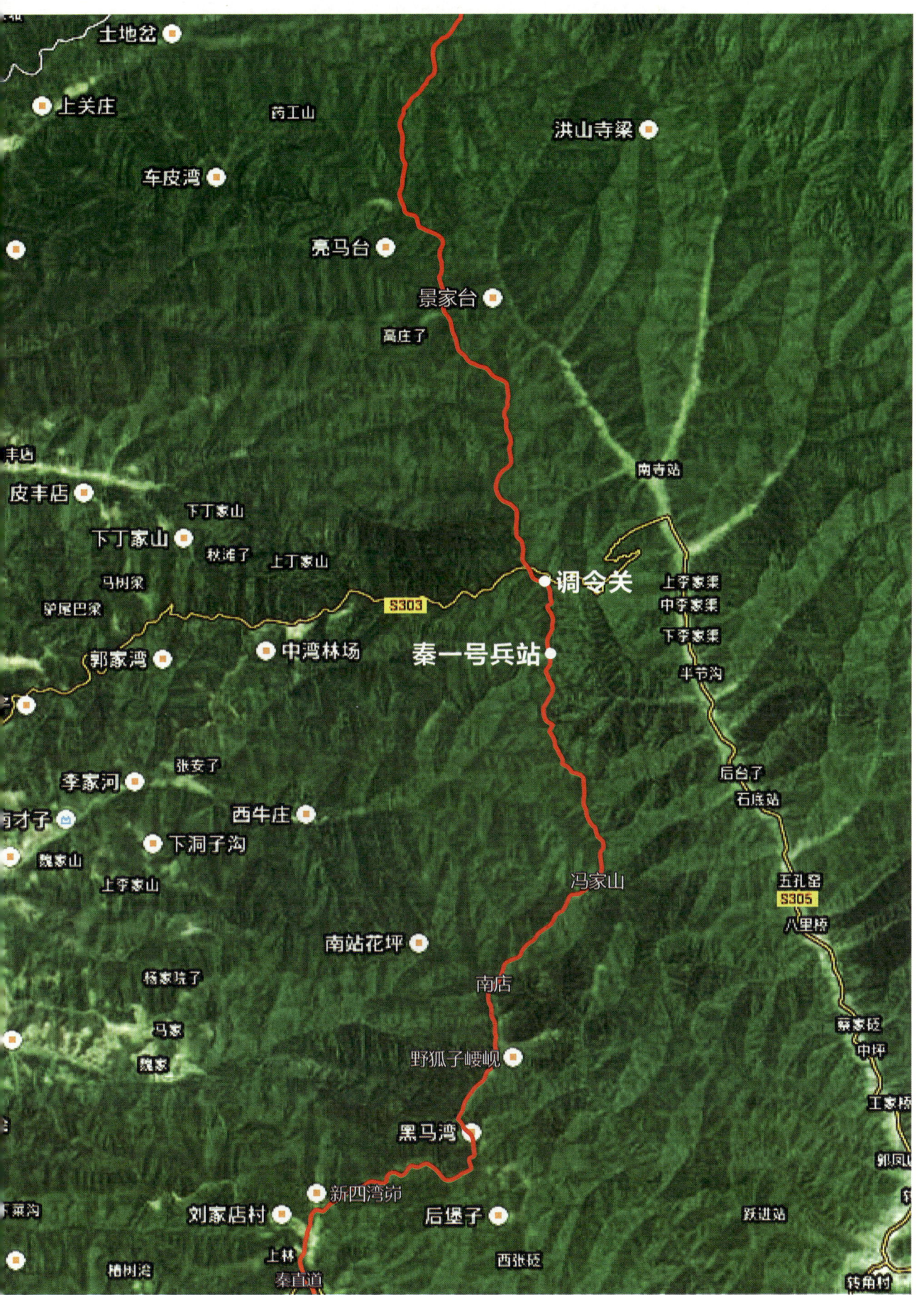

图 3-13 黑马湾经调令关至亮马台段卫星路线图

姓又将调令关遗址称为"九孔窑"。其脚下的一片空地，用青砖铺就，看似整洁却失去了古意和文化积淀。现有刻着"调令关"三个字的石碑，背面内容如下：

> 调令关位于子午岭南部的最高峰，海拔1756米，在秦代曾是大将蒙恬调兵遣将、运筹帷幄的雄关。以后汉、唐、宋、元、明各朝各代在此置兵驻守沿用至清初废弃。秦直道从关门穿越而过。现新修的连接陕甘两省的正（宁）铜（川）公路在这里同直道交叉而行。因此，调令关不仅是古代北拒胡羌、南屏京畿的重要关隘，更是沟通东西的战略要地。此关因地势高而居高临下，气势宏伟。秦代，关城设南北二门，一层为门洞，二层为城门楼子。东、南、北有土夯筑成的围墙，西面依山势削土崖代墙。关城内最高处是升天峰，峰下削挖窑洞二十余孔，供驻军守关之用。

秦直道从窑洞前台地穿过，调令关堡就建在扼守交通要道的制高点上，无论东西行，还是南北行，除从此地经过外，别无他途。秦代关城三面有土墙，西面削山崖为墙，从地形上看易守难攻，在冷兵器时代，颇有"一夫当道，万夫莫开"之效。在关堡废墟上，我们还发现了唐、宋、清代的陶瓷残片，据说明初在调令关还设

图 3-14 调令关遗址

第三章 从石门至秦直道分歧点兴隆关

图 3-15 黄帝升天峰碑

置有巡检司一员,领兵三十,显示出历代都在延续使用。

历史岁月中沧海变桑田的自然法则,让关堡建筑一点一点地化为尘埃随风飘走,再加上人为破坏,尤其是现代公路的修建破坏最大,已使昔日的雄关漫道颓败得面目全非,除现仅存的 30 余米残墙外,留下的只是一处处秦砖汉瓦的残块和野火烧不尽的漫漫荒草。

我围着关城遗址走了几圈,凝视着现代人立起的石碑,试图想象出那叱咤风云年代在巍巍雄关上发生的人和事,也许是时间太久远,也许是知识太肤浅,脑海里竟一片惘然,不由得发出一声叹息。

顺着土崖上被荒草灌丛淹没的小道往深处走,看见土崖最高处一座新修的石碑,上面刻着"黄帝升天峰"几个字。后面的碑文如下:

> 民间传闻,典籍记载,我中华民族人文始祖黄帝有熊氏,西往崆峒问道,东越桥山扩土,问医岐伯著经,嘱咐仓颉造字,以德施政,以仁兴邦。民众敬爱,四海仰望。年老升天,来到桥山,群臣相送挽留,百姓跟随不舍,忽见黄龙冲云直下,黄帝骑龙升天。百姓抓住龙须不放,群

臣扯住衣衫不丢。黄帝脱衣去冠，留给群臣百姓以作纪念。群臣百姓哭啼将黄帝衣冠埋在桥山之西（今正宁县五顷塬乡二顷塬村）。黄帝昔日升天的山峰就是今天的调令关主峰（海拔1756米）。百姓为了纪念黄帝，就将此峰命名为黄帝升天峰。汉武帝北巡朔方，沿秦直道北上，祭黄帝于桥山。帝问曰："吾闻黄帝不死，而有陵何也？"臣对曰："帝骑龙上天，群臣葬衣冠于此。"

甘肃正宁的黄帝冢位于五顷塬回族乡，距调令关10余公里，属子午岭林缘山区。既然已经如此接近，那就一定不能擦肩而过。我乘车沿303省道西去，在五顷塬村与二顷塬村之间看到了古冢。据当地老年人讲，民间一直把古冢叫"疙瘩坟"或"仙人坟"，原先长满了松树，中华人民共和国成立前被砍掉。1958年五顷塬林场种植了核桃树。五顷塬和二顷塬原本分别住有不同姓氏五户人家和二户人家，可能是守陵人的后裔，故推测五顷塬和二顷塬应当是"五姓塬"和"二姓塬"的讹误音。

冢高60余米，顶部原呈长方形覆斗形，因风雨侵蚀现已呈椭圆形，南北长达70余米，东西宽为30余米，冢前用砖铺成的空地上，有正宁县人民政府立的一个石碑，正面刻着"黄帝冢"三个大字，涂上了醒目的金黄色，背面刻着如下碑文：

> 史记云黄帝崩葬桥山。史记集解注云黄帝冢在上郡桥山，史记索隐云桥山在上郡阳周县，山有黄帝冢也，史记正义云黄帝陵在宁州罗川东八十里子午山。元和郡县志云子午山一曰桥山。大宋宁州承天观碑记真宁今正宁乃有熊得道之乡。明清庆阳府志历代正宁县志均记黄帝陵在罗川城东子午山旁。史载秦将蒙恬曾在子午岭修直道，汉武帝沿直道北巡朔方还祭黄帝陵。综上所述，此冢即黄帝有熊氏之陵墓。呜呼天际蔚蓝，日月经宇，皇天后土，英雄层辈，黄土黄河黄龙传人有熊立国，尊称黄帝，教民稼狩，倡导耕耘，崆峒学道，问医岐伯，黄帝内经，传承千岁，妻养蚕桑，织麻制衣，立历造字，联合四夷，人文初祖，

> 得道积德，中华文明，从此开启，帝葬黄丘，华夏恒记，
> 罗水悠悠，桥山巍巍，立碑纪念，英名永垂。

我默默地读着碑文。突然，感觉到神游八荒，仿佛此时此刻就站在中华五千年文明史的源头，不由得产生了一种冲动，思绪已开始飞扬，在脑海中对中华民族人文始祖黄帝的传说，进行了一番梳理。

司马迁《史记·五帝本纪》记载："黄帝崩，葬桥山。"桥山本是古时横山山脉的一部分，《水经注·河水》记载："阳周县故城南桥山。昔二世赐蒙恬死于此。王莽更名上陵畤，山上有黄帝冢故也。"后来黄帝陵确定在今黄陵县境内，故这一带子午岭也就有了桥山之名。由于全国称桥山的地方比较多，历史文献记载又比较笼统，就形成了多个墓址，主要争议集中于陕西中部、甘肃正宁、河南新郑和河北涿鹿几个地方。但这几个地方都是黄帝的"衣冠冢"，而并非真墓，数千年的历史演变，在流传有黄帝故事的地方，后人兴建纪念性建筑都是可能的。

宋真宗年间王钦若、杨忆等编的《册府元龟·帝王部·修废》载："大历四年四月，鄜坊等州节度使臧希让上言，坊州有轩辕黄帝陵阙，请置庙，四时享祭，列于祀典。从之。"从中可知，虽然自古就有祭祀活动，但从唐代开始在桥山祭祀黄帝才成为国家行为。宋太平兴国年间的《太平寰宇记》在坊州中部县下注："大历七年，置庙，开元二年敕修庙祭祀，在州西二里。"公元1371年，明太祖朱元璋遣中书省管勾致祭，并留下了迄今最早的一篇祭文。此后，历朝历代诸帝祭祀不断，陕西黄陵所在地逐渐升华为官方文化和国家制度的一部分，从而强化了民族的文化认同和政治统一意识。

1944年，中部县呈请中华民国政务院批准，将轩辕黄帝陵寝所在更名为黄陵县。当前，随着文化热的兴起，由于黄帝陵具有特殊的文化价值，全国很多地方都争相祭祀黄帝，凡是在历史记载或传说中与黄帝有关的地方，几乎都跟风兴修黄帝陵。我觉得

都是传说中的衣冠冢,虽然不存在谁真谁假的问题,但还是应当尊重历史上已确定的事实为好。

当从对往事的追忆醒过神时,太阳已开始收起金色的余晖,天空上的蓝色越来越凝重,远远望去,子午岭上升起了淡淡的青烟,营造出一种寂寥苍茫的意境。我们决定返回调令关,下榻森林公园游客中心。

调令关属于正宁林业总场中湾林场管辖区,自1997年到现在,中湾林区林地面积由7万亩增加到13万亩,活力木蓄积由214000立方米增加到466000立方米,森林覆盖率由76.7%提高到86%,属全国八大油松良种基地之一。目前建成苗圃地1440余亩,以油松、侧柏、刺槐、云杉为主要树种,同时引进培育了雪松、龙柏、塔柏、华山松、白皮松等名贵树种。现已改变成以森林景观和生态环境为主题的调令关森林公园,由调令关、高凤坡、中湾、西牛庄四大景区构成,为国家3A级旅游景区。

一进入游客中心大门,迎面看到一排三层的现代化建筑,花园式的院子里停满了小车,大厅服务台前有好几拨人在办理入住手续,看上去,前来这里观光旅游的人不少。放下行李后,饥肠辘辘的我们先在左侧的餐厅填饱肚子,然后再在院子里外散步观景。

沿着石块铺就的小道前行,看到一个不大的水池,池边设置有许多石桌和石凳,三五成堆的人围坐一圈,有的闲谈说笑,有的吃着零食喝着饮料,也有的只是坐着并不言语,似乎在品味着山中特有的气息。池后有一排别墅,显然这是家庭或朋友聚会休闲的场所。

我们走出游客中心大门在周边散步。太阳已落山,夜的黑开始弥漫开来。在路边林子里转悠,不知不觉走进一处天然松树林。前几天刚下过雨,林子里湿气大,呼吸时有一丝丝湿湿的新鲜感觉,甚至有点香甜,天然氧吧之气清爽无比,这种融入自然的享受,对生活在水泥丛林的城市中人来说,简直就是一种奢侈。

返途中抬头望天,宝石蓝的大幕上似乎一尘不染,圆圆的月

图 3-16　仿明兵马巡检司大门

亮挂在远处山顶的梢林上，倾泻下的清辉覆盖了大地的每一个角落，氤氲出一种迷离的意境，不由得让人想起了苏轼的诗句："起舞弄清影，何似在人间？"片刻沉浸于御清风和月宫的美好意境后，又回到现实生活，想去月宫不靠谱，但"转朱阁，低绮户，照无眠"，却是现实的写照。

我住在西安市二环立交桥边，噪音大得不得了，越到晚上越厉害，整天不能开窗户，晚上必须将加设的第二道窗户也关死，否则根本无法睡眠。而这里远离人口密集区，没有喧闹和嘈杂，夜空中偶尔响起一声虫的啁啾，反倒更凸显了"静"的本质。在和大自然的亲密接触中，"静"是一种清纯淡泊的情态，也是一种恬淡超然的意境，在返璞归真的思绪中，"静"使内心一片澄明，精神也达到净化和升华，顿时了却了世俗间的一切烦恼。此时此地我才真正体会到了"宁静无价"的真实意义。

次日走出调令关用木板搭起的仿明兵马巡检司大门，继续西北行。正宁县属陇东黄土高原沟壑区，地形较复杂，按地貌特征可分为东北部子午岭林区和西南部塬面、沟壑区。调令关就位于县域子午岭林区，穿过公路沿着陕甘两省分界线的子午岭主脊经亮马台、车皮坡至黄陵县艾蒿店，里程约为20公里。艾蒿店海拔1722米，比调令关海拔低32米，一路上为慢下坡。

子午岭每个峰之间都有许多岔路，不仔细辨认往往会被引到岔路，山里人常说："子午岭，山沟间，峁连峁，弯套弯，一旦走错实难缠，就得又往梢林钻。"要想不爬沟坮不钻梢林，就必须坚持秦直道一直随主脊而筑的原则前行。对不熟悉山路的我们来说，即使这样仍难免走错。

我和人民大学历史系毕业的安峰在手机导航下行走四个小时后，到达了车皮坡，这里有废弃的五孔窑洞。用手机联系到距此地约15公里的西坡林场，才知这五孔窑洞以前是林场防火站，早已废弃。山里人迹稀少，地名涵盖的地域很大，地图上车皮坡的地标虽然定在五孔窑洞，但已和主脊上的车皮坡偏离了很远。

路旁生长着高达20余米的三棵野核桃树，树干通直，冠扁圆形，叶椭圆形，浑身上下透露出一股朴拙平实的气息。置身树下，望着具浅纵裂的灰色树皮，心想这树年龄一定不会小，枝头上居然挂满了青果，从某种意义上看，树的生命力远比人类旺盛。三棵树错落相连，疏密有致的树叶把照射下来的阳光筛成碎片，洒落在地上，形成了斑驳的叶影，我们决定停下来在树荫下休息。

核桃是最常见的干果，位于秦岭腹地的商洛市漫山遍野生长着核桃树。读了历史地理学专业后，我才知道核桃是舶来品。核桃树的故乡是伊朗，公元前3世纪张华著的《博物志》卷六中，就有"张骞使西域还，乃得胡桃种"的记载。明代李时珍《本草纲目·果部》记述，核桃有"补气养血，润燥化痰，益命门，利三焦，温肺润肠，治虚寒喘嗽，腰脚重痛，心腹疝痛，血痢肠风，散肿毒，发痘疮，制铜毒"等功效。现代医学研究认为，核桃中的磷脂，对脑神经有良好保健作用，镇咳平喘作用也十分明显，对慢性气管炎和哮喘病患者疗效极佳。核桃油含有不饱和脂肪酸，有防治动脉硬化的功效。

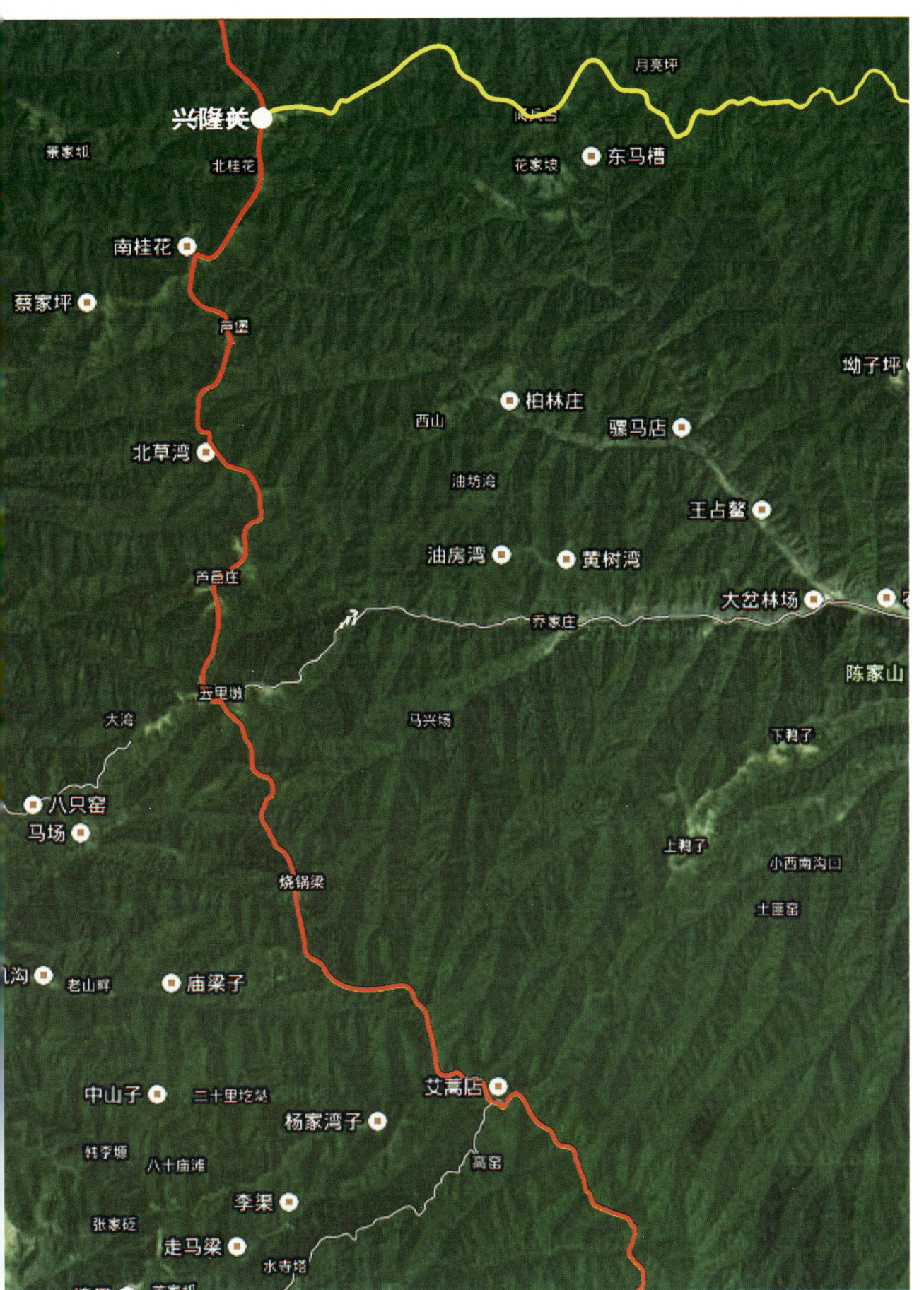

图 3-17 经艾蒿店至兴隆关段卫星路线图

核桃仁中含有锌、锰、铬等人体不可缺少的微量元素，核桃与扁桃、腰果、榛子一起，并列为世界四大干果。

由于已经走了几十里路，此时体力消耗很大，疲惫不堪，越休息越感觉劳累，只好让林场帮忙租一辆农用三轮车来接我们。我们先是坐在地上，时间一长就顾不得脏而躺在树下，舒适地伸开了四肢。耳边不时传来清脆欢快不同节奏的鸟叫声，透过树叶间隙，看见几只叫不上名字的土灰色鸟儿，在树冠和枝头间窜来窜去忙个不停，不知是在觅食还是在玩耍。鸟是森林中永远跳跃的音符，这里是它们自由自在的天地，从鸟叫声中能感知到鸟儿的欢快。我和安峰都具有历史专业背景，两个人聊着聊着就联想到与此时情景相关的"濠梁之辩"。

庄子和朋友惠施在濠水桥梁上散步，庄子说："鱼在水里悠然自得，很快乐啊。"惠子反问："你不是鱼，怎知鱼的快乐呢？"庄子说："你不是我，怎知我不知鱼的快乐呢？"惠子说："我不是你，本来就不知道你，你本来就不是鱼，你不知道鱼儿的快乐，也是可以断定的。"庄子说："请回到开头话题。当你说'汝安知鱼乐'这句话时，就已知我知鱼的快乐而问我，而我是在濠水河边知道的。"在子午岭林区野核桃树下鸟叫声中，重温这段充满智慧的对话，古人意象上的汪洋恣肆，境界上的滋润旷达，让我们得到了一种超凡脱俗与崇高美妙的感受。

时间仿佛过得很慢，目送着太阳在天幕上逐渐西移，照射在叶片上的光线也由强变弱，一点一点暗淡下去。在耐心等待中，耳朵终于捕获到透过树枝传来的一丝信息。先是似有似无地听见一点微弱声响，随之越来越近，声音越来越大，以至后来可以分辨出是农用车的"突突"声。下山时，人蹲在车厢里颠得厉害，站起来树枝又不停抽打，左右不是。人常说办法总比困难多，安峰还真想出一个简单办法，把外套脱下来，蒙在头上，半蹲在车厢，手紧抓住车帮，晃晃荡荡前行着。天完全黑以前，我们终于抵达西坡林场。

开车的农民穿一身旧军用迷彩服，裤角高吊，脚蹬一双黄解放胶鞋，一头乱糟糟的黑发，脸膛晒得黑红黑红的，显得忠厚老实。把我们送到后，只要一百五十块钱，我们觉得过意不去，坚持给了二百块钱，大山里的农民真的很淳朴。

为了和走错的岔路衔接上，一个月后，我又经黄陵县城去艾蒿店。黄陵县亦为历史悠久的古县，西周时期称白翟地，白翟亦作白狄。最初的分布区域，主要在今陕北以及洛水流域。公元前550年，因受秦国的压迫和晋国和戎政策的诱惑，东迁至今河北省石家庄一带，主要由鲜虞氏、肥氏、鼓氏、仇由氏四个氏族组成。公元前507年，鲜虞建立了中山国。后秦时在县东部设中部县，隋文帝时因避讳父亲杨忠之名，改中部县为内部县。唐时恢复为中部县，1944年更名为黄陵县。

全县分为西部梁峁、川道河谷、东部塬面三个地貌单元。艾蒿店就位于西部梁峁区。明末清初，林区植被尚好，据嘉庆重修《大清一统志·中部县志》记载，中部县（黄陵县）西部诸山总称西山，山上到处是巨壑茂林。后来随着遍地开垦，人口开始稠密起来，成为半农半牧状态。艾蒿店曾有过十分繁华的集市。从《正宁美景——庵里水库荡清波》一文中得知，道光元年，艾蒿店重修五圣宝殿，据当时竖碑记载，林区仅商号就有"茂盛""长盛""世兴""复盛""兴顺""义盛""觉盛""天义"等九家。

现在虽然仍称艾蒿店，其实并无农户，仅设立了一座林业检查站。有一条东通陕西省黄陵县、西达甘肃省正宁县的东西向县乡道路与秦直道相交，显然古代这里属于一处交通要道。最近几年，由于地质勘探发现了丰富的石油储藏，昔日荒无人烟的梁峁上，出现了许多石油钻井平台。

艾蒿店检查站以东的县乡道路1公里余是在秦直道基础上改建成的，秦直道从县乡道路边一片洋槐林下向南伸展，两旁树木茂密，灌丛横生，路面覆满了杂草。因为道路相对狭窄，皮卡车向南驶入4公里后，担心前面没有掉头之处，遂将车停下徒步前行。

绕过一座横梁后，和前次走错的岔路衔接上，才发现出错的原因就在于误把横梁当作主脊顺着其走势趋向了西北。

因为这一段无地可耕，人迹罕至，生态植被保持良好。秦直道痕迹清晰，路基大体有四五米。生命力极其旺盛的茅草一簇簇地迎风摇曳着。有不少考察者认为：要找秦直道，一定要踩着"直道草"前行。但直道草究竟是哪一种草，说法不一。在森林里树和草的生境不同，树与树之间有一定的距离，草却是紧密相连的，甚至混杂在一块难分难解，加之在不同的地段生长着适应性不同的草，故有羊胡子草、铁杆蒿、黄蒿、马莲草等不同说法。

羊胡子草属莎草科，为多年生草本，丛生或近于散生，山里的每一种草在风中都有自己的姿势，如狗尾巴草真像狗在摆尾巴，羊胡子草则因其形状如同山风吹拂下的羊胡子而得名。我想这名字一定是牧羊人起的，因为其和羊生活在一起。对于牧羊环境陌生的我来说，牧羊草看上去更像日常生活中食用的嫩韭菜。羊胡子草绿茵茵的，叶全部基生，呈线形，适应性强，耐阴，耐寒，耐干旱，根须刚强，一丛丛，一簇簇，茂密地覆盖在瘠薄的秦直道上，可以说是秦直道上草中的主角，但两侧分布比较少。羊胡

图3-18 艾蒿店南口洋槐林

子草还是一味中药，对风寒感冒、喘咳、风湿骨痛、跌打损伤有一定疗效。

　　铁杆蒿别名万年蒿，半灌木状，多分枝，暗紫红色，是森林破坏后次生植物之一。叶长卵形，羊喜食，其次是马，牛多不采食。蛋白质含量高于禾本科牧草，是秋季家畜抓膘及春季恢复体膘的优良牧草。铁杆蒿性平，味苦、辛，具有清热、解毒、祛风、利湿之效。黄蒿系一或二年生草本，茎直立，叶长圆形，在撂荒地上，黄蒿群落是植被恢复过程的第一阶段。黄蒿全株可提取芳香油，折断路边挺直的新枝，立刻能闻到一股特殊气味，可以用作牲畜饲料，羊最喜食，食后易上膘，马与牛采食较差。幼苗可入药，有消炎利尿作用，能治黄疸性肝炎。这两种蒿生境适应性强，甚至可以生长在砾质坡地以及盐渍化的土壤上，在秦直道上也有分布，但密度远远低于羊胡子草。

　　马莲草又名马兰花，原产中国，是鸢尾科鸢尾属多年生草本宿根植物，没有枝干，丛生，高能长到齐腰深，叶片青绿，柔韧狭窄，在生长期间牲畜不食，枯黄以后绵羊喜采食。老百姓多在秋季收割，晒成干草，作为绵羊过冬的主要饲草，其还有一个特殊的用途，

图 3-19　秦直道上蒿草

可以用来捆绑粽子。由于马莲草根系发达，抗逆性强，是盐化草甸的建群草种，近年来逐渐被用作护坡。马莲草的根、叶均可入药。《本草纲目·草部》记载：气味辛，性平，无毒。主治诸疟寒热、绞肠痧痛、打伤出血、喉痹口紧、水肿尿涩、丹毒、痔漏。马莲草的花绽放长达五六个月，有蓝、白、黄、雪青等色，花大绚丽，深得人们喜爱。

在子午岭上第一次看到马兰花时，我不由得想起一首童谣："马兰花，马兰花，风吹雨打都不怕，勤劳的人在说话，请你现在就开花。马兰花开开满天涯，一起迎来祥和在我的家，任凭风吹任凭雨打，因为勤劳坚强的人在说话。" 这首童谣源自童话剧《马兰花》，曾经伴随着许多中国孩子度过童年，成为一代人儿时的美好记忆。

持有直道草说法者认为，秦直道和这些草仿佛是相伴而生的，而且也只有这些草本植物在秦直道附近才能生长旺盛，他们还把这种现象列为谜团之一。如果从只有在秦直道上才能生长的草本植物角度审视的话，的确如此，因秦直道遗迹和其他山地相比，经过人工夯实，土质坚硬，所以生长在这里的草必须根须发达，根须不发达的草根本无法在这里生存。从这一意义上讲，上述几种草都有资格被称为"直道草"，因为它们在人类践踏过的道路上都能彼此拥挤地冒出来，所以这种现象也谈不上是什么谜团，只不过是适者生存的一种正常的自然现象罢了。

三、经龙池口至秦直道分歧点的兴隆关

向北返回到艾蒿店检查站,往西再行 100 余米离开县乡道路。沿子午岭主脊继续北行,发现一处土峁,被风雨侵蚀的横切面上显现的颜色和周边的土色有差异,人夯的痕迹明显。从所处位置判断,从前可能是一个驿站。

土峁脚下有一堆被流水冲刷下来的浮土,随便抓起一把摊开在手掌细看,这手心中的每一粒尘土都不可小觑,深藏着几千年地理环境变迁的信息和一代又一代人世间的故事。这一段山梁景色和艾

图 3-20 艾蒿店北入口

图 3-21 艾蒿店遗址

蒿店以南相比，树木的品种有所变化，山杨和白桦林多了起来。

山杨为落叶乔木，高可达二三十米，树冠圆形，树皮光滑为灰白色，叶子接近圆形，早春先长叶后开花，雌雄异株。木材轻软富弹性，可供造纸及建筑民房等用。树皮可做药用或提取栲胶，萌枝条可编筐。秋季来时，子午岭上特别惹眼的就是山杨那妖娆的黄色。在温暖的季节，树木制造大量叶绿素遮盖了叶黄素，树叶呈鲜嫩的绿色，到了凉爽的秋季，叶绿素崩溃瓦解成无色化合物，叶黄素就显露出来，每一片树叶都被染上了黄色，间有绯红色和还未褪尽的绿色，深深浅浅，浓浓淡淡，构成了层次感鲜明的自然画卷，在生命轮回之前，换上靓妆，绽放着一生中最夺目耀眼的美丽。

白桦为乔木，高可达 20 多米，叶三角状卵形，花为单性花，雌雄同株，早春先长叶后开花。其木材致密，可制木器，树皮可提取栲胶、桦皮油。天然桦树汁是世界上公认的营养丰富的生理活性水，具有抗疲劳、抗衰老、止咳等药理作用，被欧洲人称为"天然啤酒"和"森林饮料"。白桦树因是俄罗斯民族精神的象征而被誉为俄罗斯国树。两千多年前，在朝鲜半岛、西伯利亚地区和

图 3-22　妖娆的山杨

图 3-23 白桦林

中国东北地区，文化传统不同的民族，形成了一个规模庞大的桦树皮文化圈，其共同的特点就是使用白桦树皮制成各种日常生活中的器物，赫哲族至今仍传承着这一文化习惯。

和东北地区生长的白桦树相比，子午岭上的白桦树树干不够修直，树茎也细，树距疏朗，但也有别致的韵味。白桦树冠顶着一片片红红的樱须须，树皮灰白色，裂开的口子黑黑的，看上去，好像长着许多奇形怪状的眼睛，神秘地看着来客，阳光穿过树叶的缝隙泛起斑驳的光影，更渲染出神奇的氛围。白桦树皮还可分层剥下来，用笔在像纸一样薄的光滑树皮上写一封信，寄给心仪的朋友，这是一件很浪漫的事情。尽管白桦树只是碗口粗细的次生林，但对于生活在农业区域的人来说，那白花花的林子简直就是一个富有浪漫色彩的神奇童话世界。

艾蒿店以北约 3 公里处为龙池口，属崾岘地段，陕甘两省以秦直道为界，东为陕西，西为甘肃。沿坡再到 3 公里的山崖下，有一泓清泉，为九龙河发源地，九龙河以南为正宁地界，以北为宁县地界。至此，我们就走完了正宁县境内全长约 70 公里的秦直道。

清乾隆《正宁县志·地理志》载："今则塘汛废弛，商旅裹足不前,通衢化为榛莽。"从县志描述中不难看出,这条道路作为进出子午岭的通道,历史上一直发挥着重大作用,也就是到了清代,才因为商旅"裹足不前"而逐渐荒废。

宁县历史悠久,夏商时期,宁县属雍州,是周族发祥之地。相传夏桀时周人先祖公刘迁来,并在县城西庙嘴坪筑邑,建古豳国,大展农耕,扩疆辟域,成为西北最强大的部落方国。东周时义渠族在这一带建立部落方国,雄踞一方。《史记·匈奴列传》载:秦穆公得到上卿由余的帮助,使西戎八国都服从秦国,所以陇地以西有绵诸、绲戎、翟、獂等戎族,以北有义渠、大荔、乌氏、朐衍等戎族。

考古学家黄文弼在《论匈奴族之起源》中认为:鬼方、荤粥、混夷、猃狁都是古代的羌族,与匈奴不同,林胡、楼烦、义渠才是匈奴族之建国于内地的族类。史念海师认为:岐山、梁山、泾水、漆水以北的义渠、大荔、乌氏、朐衍之戎和晋北的林胡、楼烦之戎以及陇地以西的绲戎都应当是匈奴人。

义渠戎国都城治在今宁县焦村乡西沟村。公元前306年,年少的秦昭王即位后由母亲宣太后芈八子摄政,她使出美人计色诱义渠王,并生下两个儿子,让义渠王甘拜石榴裙下,丧失了对秦国的警惕。时机成熟后,宣太后在甘泉宫谋杀了老情人。接着秦发兵灭了义渠国,置北地郡,为秦初三十六郡之一,以郡治义渠县,是宁县最初的地方行政机构。从此义渠族大部逐步融入秦人之中,后逐渐汉化成为汉民族的一部分。公元553年,魏以"抚宁戎狄"为名,始称宁州。1913年,改宁州为宁县。

传说北地郡人岐伯同轩辕黄帝论医,形成《祝由科》,进而被整理成《黄帝内经》,是中医现存成书最早的一部医学典籍。这部典籍在理论上建立了中医学上的"阴阳五行学说""脉象学说""经络学说"以及"病症""诊法""养生学"等学说。后世尊岐伯为医学鼻祖,称中医为"岐黄之术"。许多专家认为《黄帝内经》既非一时之作,亦非一人之手,而是上古医学的集大成之作，时间应在战国至两汉之间。后人之所以伪托"黄帝"之名，正如《淮南子·修务训》所言："世俗之人多尊古而贱今，故为道者必托之于神农黄帝而后能入说。"

宁县境内基本地貌为：东部梁峁沟壑交错，中西部多川台河谷与高原沟壑相间。从龙池口前行1公里余到达烧锅梁，此地得名于原来有一座酒坊。这里位于东部梁峁沟壑交错区，有一段秦直道路面略窄，不足4米，一侧靠沟，边上生长着笔直的大树，从树干的胸径粗细来看，应该有些年头了，继续行进3公里，就抵达宁县五里墩。

五里墩设有林场检查站，秦直道被黄宁公路横穿而过，形成斜对的秦直道五里墩南口和北口。黄宁公路向东抵达陕西省黄陵县上畛子林场后，与正宁县经艾蒿店至黄陵县城的公路相会。这里原本也有一条古道与秦直道相交，我们假设古道走向和黄宁公路相仿，那么，黄宁公路应当是在古道基础上修筑的。东侧山顶有一座已呈冢状的烽火台遗址，四周曾出土大量绳纹瓦片，烽火台应当是为扼守这一重要通道而设的。

由于五里墩一带地形开阔，交通便利，前几年来时，发现植被破坏严重，有人利用台地开垦出不少农田。我们和几个蹲在地头抽烟的人闲聊，得知他们都是河南人，承租费用不多，一年下

图3-24　五里墩南口

图3-25　五里墩北口

来除吃喝以外还略有剩余。不仅如此，我们还看见一台起重机竟然开到山顶树林中，正在把粗壮的大树往大货车上吊。由于要带很多的土，故树坑挖得都很大，山脊上已是满目疮痍。这几年的城市绿化，多走捷径，直接买老树。一些利欲熏心的人，先是打起了农村的主意，屋前地后的老树迅速从人们的视线中消失，现在看来黑手又伸向了山区。目睹这种乱象，除愤怒之外，只能无可奈何。

这一次来，感觉植被恢复得很快，大自然已经抚平了胸膛上的创伤，勃勃生机的灌丛和野草掩藏了人为破坏的痕迹。由于植被良好，野生动物也多起来，我们甚至看到几头土棕色的野猪大摇大摆在林中觅食。其中一头缓步走上秦直道，看到我时停下来，似乎拿不定进退的主意，凝视一会儿后，还是掉转方向返回林子里，它不时回顾一下，好像一脸的不高兴。野猪也有思维，它肯定在不满地发牢骚，怪我们这些不速之客，破坏了它大吃大喝的快乐心情。从对我们毫无戒备的情况来分析，这种野猪应当含有家猪的基因成分。

路两边有一种小乔木，高五六米，叶卵状椭圆形。2015年来时正值果熟期，红色的圆形果实缀满枝头，和樱桃非常像，晶莹剔透，鲜艳夺目，我忍不住摘了一颗放嘴里尝了一下，味道淡且有点涩。

图 3-26　起重机山顶挖树

这就是当地人所说的鸡骨头,学名则称金银木,因其花开之初为白色后变黄色而得名。果实虽然好看,但不宜食用,有时会让人产生头晕、恶心、腹泻等不良反应。

此次来正值花期,映入眼帘的则是另一番风光,花成对腋生,黄白色相间,层层叠叠,繁花满树,如同一个大花球,引来蜂飞蝶绕。花朵清香四溢,大半个山梁都沉浸在闻之陶醉的馥郁中。我对着花儿猛吸一口,感觉直接沁入了心脾,非常爽快。金银木是园林绿化中最常见的树种之一,花是优良的蜜源,果是鸟的美食,茎皮可制人造棉,种子油可制肥皂,并且全株可药用。金银木的临床疗效与金银花的作用相似。

与金银木红果相比邻的往往是小叶鼠李的黑果,错落相间,一红一黑,色彩反差极端,观之别有趣味。小叶鼠李为落叶灌木,高约2米。树皮暗灰色,枝干较坚硬,枝和叶对生,开黄绿色花。黑果也是一味中药,味苦,性凉,有小毒,功效主要有清热泻下、消肿散结,还可用于治疗便秘、腹胀等。

小叶鼠李的根俗称"麻梨疙瘩",质地坚硬,色泽温润,有些根部出现瘤化,木纹丰富,耐火烧,落水沉,无杂味,根料被人们用来制作烟斗和手串,但必须选用五十年以上且出现瘤化的

图 3-27 觅食的野猪

才能做出好制品。根料分阴坡料和阳坡料，前者比重和密度都大于后者，而且树龄越老质地越好。烟斗和手串久经磐玩表面会产生包浆，变得像玉又像琥珀，让人爱不释手。

沿山脊北行到达芦邑庄，由于这里有两棵百年以上树龄的大柳树，故又称"柳树湾"。我们看见向阳山坡上有残存的古窑洞数十孔，分为上下两层，每层古窑洞前有台地，顶部有一座烽火台，周围生长着漫漫的乔木，坡面被蔓延的灌丛覆盖，从地理形势上看，不像是一般的农居，应当为古代的一座驿站。

继续北行至海拔1588米的南桂花园，这里北距兴隆关约3公里，秦直道南北向，路基略呈梯形堤坝，为夯土构筑，南北214米，高30至35米。经测算，该段路基的土方量约为17万立方米，是秦直道上迄今发现工程量最大的堙谷垫方路段，它像一条巨龙爬卧在两座山梁之间，观其磅礴的气势令人极为震撼。

秦汉时期陆路交通建设的规划显示出空前的技术水准。"秦每破诸侯，写放其故室，作之咸阳北阪上"，证明当时已掌握了放样的技术。道路的选线和施工，都要求便利近捷，必然会依赖已具备的测量工具和测量方法。《韩非子·有度》记载："先王立司南以端朝夕。"说明磁针定向技术最晚在战国已被人们认知。从成书于西汉的数学名著《九章算术》记载的立表法、连索法、参直法可知，时人已掌握了先进的工程计算方法。放样和绘制地形的成熟技术以及先进的工程计算方法为科学规划提供了前提条件。

湖南省长沙市东郊马王堆三号西汉墓出土的古地图，明确标示了山脉、河流、居民地和交通道路等要素。驻军图用红、黑、青三色绘制，其中，红色虚线标示道路，有的还特别注明里程，这是迄今发现最早的彩色军事地图。地形图中交通道路用粗细较均匀的实线表示，县治之间的连接相对清晰，可以判读出来的道路有二十余条，因此可以说这是一幅接近现代绘制技术水平的大比例地形图。

图 3-28 芦邑庄遗址

在陕西省咸阳市阳陵汉景帝墓核心处有一块灰色规整巨石，平面略呈方形，每边长约 180 厘米，与底座连体的上部圆盘直径约 140 厘米，其上刻有南北向和东西向垂直相交的两条凹槽线。圆盘平面与水平面有一定斜度，是建阳陵时所使用的测量标石，具有测定水平位置、测算高度、标示方位和规划等作用。罗盘是中国古代的定位仪器，经纬线则为现在国际通用的定位法，这块巨石被称"罗经石"，得名分别选取罗盘和经纬线的第一个字"罗"和"经"，是目前世界上发现最早的石质测量标识，在中国乃至世界测量史上具有重要价值。

驻军图和地形图成图于公元前 168 年，汉景帝阳陵的罗经石当距秦不远，因此两项技术在秦代已经开始使用的可能性极大。中国早期交通建设的历史记录中，秦驰道是首屈一指的重要工程。在全国范围大规模地修筑驰道交通网，极大地促进了筑路工程技术的发展和提升。秦直道修筑比秦驰道晚八年，因此大量借鉴了驰道修筑中积累并不断完善的工程技术，使得工程质量相当完善，甚至在某些筑路技术层面上大幅提升。

尤其是发明了"堑山堙谷"的创新型科学方法，突破了秦代车辆制作技术的条件制约。当时即使像秦始皇陵铜车马那种最高

图 3-29 工程量最大的堑山堙谷路段

级别的车型，也不具备制动装置。如果道路坡度过大，不仅限制上坡的通行效率，也不能保证下坡的安全。"堑山堙谷"科学地解决了道路坡度过陡、过多、过长的困难，其工程水平达到了相当高的水平。

继续北行就抵达北桂花园，据《秦直道考察》记载，这里有一条人工开通的豁口，长约200米，底宽3米，上宽6米，深10至50米，秦直道从中通过，地表有大量粗、细绳纹板。人工掘挖痕迹依稀可见。从地理位置分析，这里应当是兴隆关以南的咽喉要道，可能为守护关隘的士兵的营地。

南桂花园至北桂花园八九里路程，为甘肃省正宁林业总场桂花塬林场辖区，生物资源繁杂，植被类型迥异，挺拔而立的乔木、花繁叶奇的灌木、窜来窜去的野兽、飞上飞下的禽鸟，纵横交织构成独具特色的天然次生林区的美丽风景。目前，该地正在打造桂花塬森林公园，将建设一个集生态保护、科普教育、观光旅游、休憩度假于一体的多功能大型森林生态旅游区。

　　这里常见的鸟类有斑鸠、杜鹃、夜莺、翠鸟、喜鹊、野雉、柳莺、苍鹭、苍鹰、云雀等。由于山坡平缓，道路两旁林木较稀疏，视线比较开阔，远处山峦重叠，层林尽染，把子午岭装扮得格外壮观。枝头上窜动着不知名的禽鸟，叫个不停，你方唱罢我登场，鸟鸣声划破了山谷的空寂，不时有花色斑斓的蝴蝶翩翩飞过，似乎鸟在歌唱蝶在伴舞，让我再次体验到了自然原生态的大美。

　　再行1公里就到了兴隆关，这一段路比五里墩以南的秦直道略宽，两旁灌木生长良好，长长的树枝斜权路上，汽车行驶中，划过车身的"啪啪"声响不断。2013年，全国秦汉史专家在此进行考察时，我们把车全部停放在五里墩而租用当地农民的微型面包车。只有四川考古院的高大伦因要赶回单位，为节省时间不走回头路而驾驶自己的车进入，到了兴隆关下车后，只见车身伤痕累累，真是惨不忍睹。

　　《"秦直道"新探》说："艾蒿店、五里墩、沮源关间，均可看到明显的直道遗迹。在两边临山或一面临山、一面临沟的路段,路基都宽在30米至40米间。现在的林区道路,很多路段与直道线重叠。但林区道路很窄,只有四五米宽。三十多米宽的路基都很平坦,'秦直道'当时全部加以利用,不是困难的事。"《中国文物地图集·陕西分册》记载:秦直道经艾蒿店、五里墩到兴隆关折向东,沿蚰蜒岭至三面窑折向北,路面一般宽约15米。《秦直道考察》记载:秦直道宽5米左右。实地考察这一段,秦直道斜穿公路继续北行,从五里墩到兴隆关海拔高度基本一致,1560米左右。路面平坦,山势起伏不大,林区道路的确与秦直道线重叠,但只有四五米宽,子午岭主脊不可能有30米宽的路基。

兴隆关是秦直道上的主要关口之一,因位于沮水源头又称沮源关。沮水俗号子午水,发源于陕甘边界子午岭上的柏林庄,自西向东蜿蜒128公里,流经黄陵县上畛子农场和双龙、店头至桥山街道的县河口入洛河。沮水河源头处为子午岭主峰,海拔1687米,是陕甘两省的天然分界线。其东是陕西省,坡较缓,其西为甘肃省,坡较陡,现立有界碑。

有专家认为,沮河古称"姬水",是传说中轩辕黄帝的起源地。《国语·晋语》载:"昔少典取于有蟜氏,生黄帝、炎帝。黄帝以姬水成,炎帝以姜水成。成而异德,故黄帝为姬,炎帝为姜。"这是最早记载炎帝、黄帝诞生地的历史文献。

民间传说兴隆关又叫贵人关,这个贵人指的是唐代有"天可汗"之称的李世民。当年李世民征伐突厥时从此经过,后来当地人念走了音,叫成鬼门关。到了20世纪60年代时,下乡知青在这里开荒种地,人气很旺,出于当时的政治生态需要,人们称之为兴隆关,久而久之,沮源关除历史书籍和地图外就很少有人提及了。

兴隆关遗址位于两个山梁相连处的山窝内,坐北向南。《秦直道考察》记载:在长200米、宽100米的台地内,有大量秦汉瓦片,断面文化层厚2至3米。秦直道从西侧坡上通过,侧旁山梁上出土有大量周代夹砂灰陶和红陶片。一条西通甘肃省宁县罗山府东沿古道岭达陕西省富县的古道在此相交,从遗存上显示出,远在周代时先民就在这里繁衍生息,至秦时这里已成为重要的军事交通枢纽,同时也是一处大型的重要的军事关隘。

弧形的山窝内,现存许多古窑洞,洞前的台地都比较狭窄。现在窑洞中住有两户人家,南北遥遥相对,一户姓陈夫妻系当地人,一户姓袁从四川迁来,三十余年来一直孤独一人生活。以前靠在台地下面低洼处种植苞谷为生,现在两家都养起了森林猪,即家猪和野猪的杂交种。在狭窄的台地上,搭起猪窝,白天把猪放养在林中,晚上待猪归来后喂一点苞谷。由于漫山遍野都有猪爱吃的橡木子,实际上它们已经吃饱了,加餐只是为了诱惑它们回窝。老袁告诉我,最多时他养了一百多头猪,收入挺好的。虽然山里的条件比较简朴与艰辛,但映入眼帘的景物让人感受到了农家生活远离喧闹的温馨情调。

老袁在窑洞口旁土崖凹坑上,钉了一个不大的木制蜂巢,山里的野蜜蜂正进进出出、忙忙碌碌地在采蜜。一阵山风送来清爽的香气,时浓时淡,惹得我不由自主地左顾右盼寻找香源,目光随着蜜蜂飞行的方向移动,我看到山坡上万绿丛中的北京丁香树。花色白中透黄,一串串花絮挤成一簇簇花团,镶嵌在山野之中,

图 3-30 兴隆关岔路口

恣意绽放，随风摇曳，煞是好看。

北京丁香为木樨科丁香属植物，大灌木或小乔木，高可达10米，树干较直，小枝细长，叶片卵形深绿色，生长在山坡灌丛、疏林或沟边林下。由于北京丁香树皮纵裂呈褐色，故当地人又称之为黑桦木。兴隆关一带是北京丁香的集中分布区，每年晚至6月中旬开花，相对来说花期较长，由于丁香素雅洁净，也是爱情和幸福的象征，被人们誉为"爱情之花""幸福之树"，同时也深受文化大师们的偏爱，北京鲁迅故居和梅兰芳故居分别种植有三棵和两棵丁香树。

2010年，陕西省考古研究院秦直道考古队在子午岭兴隆关一带进行了考古发掘，面积约250平方米。考古发掘的结论是：修筑于秦代的直道，自起点向北，经兴隆关向东，直至终点。使用二百多年后，即在两汉之间或东汉早期，兴隆关以东的秦直道经人为破坏后废弃。数十年后，改走兴隆关以北的子午岭主脉，向西转了一个大弯后至终点，直至宋明时期。如果说，2009年富

图3-31　北京丁香

县秦直道考古的成果是确定了东线而没有否定西线的话,那么,2010年的发掘,则是在进一步确认东线的同时,彻底否定了西线。

应当说这个考古发掘很重要,为研究秦直道提供了重要的参考价值。但由于迫不及待地下了结论,实际上已成为科学探寻秦直道真实原貌的负能量。考古学是通过发掘古代人类的遗迹遗物和文献来进行研究的一门人文学科,同时还必须得到历史学、文献学、民族学、地理学、建筑学、土木工程学、冶金学、陶瓷学等多学科的支持和协助,才能完成各项研究任务。目前,在所谓西线尚没有深入考察发掘,所谓东线与文献记载、地形地貌、遗迹遗物之间关系尚存在较大歧义的情况下,一个点的发掘结果,尚不足以否定长达约1800里的一条道路,现有发掘和研究尚难以形成颠覆性的说法。

首先,从文献学角度来看,秦直道是一条已经历了两千余年的古道路,本身涉及文献学的内容,如唐代《括地志》和《元和郡县图志》记载了子午岭上南段和北段的秦直道。宋《太平寰宇记》记载了兴隆关以东由赫连勃勃平山谷开的圣人道。唐代距秦汉时期相对不远,唐人在编纂《括地志》和《元和郡县图志》等地理书时,完全有可能直接采用东汉以来的文献资料做依据。宋太宗太平兴国年间距赫连勃勃时代也仅五六百年,假如没有其他与此相违异的史料记载,是可以作为可靠的文献依据来复原相关秦汉魏晋南北朝时期的地理内容的。但考古发掘者对历史文献以及许多学者的研究成果置之不理,单靠自己的一点发掘资料自说自话,失去了科学的基础。出现这种现象的原因从考古发掘者的"感想"中可以窥出:"秦直道的研究,仅仅靠文献,一千年也不会有突破;仅仅靠踏查,一百年也不会有结果。考古发掘是破解秦直道之谜的正途。"正因为这种对历史文献虚无主义的态度,才导致得出的结论主观色彩比较浓厚。

其实,历史学除为遗迹和遗物提供文献上的解释并帮助判断年代外,还会为涉及的各个方面的各种问题提供文献上的资料,做出详细的说明，以补考古学在这些方面的欠缺和不足。如果没有历史文献的印证，仅靠挖出来的少量残碎的瓦片、陶片、瓷片，就能破解1800里长的秦直道之谜，岂不令人匪夷所思？要知道中华五千年的文明主要靠历史文献才传承下来，如果不是《史记》的记载，后人何以得知秦直道的存在。正是在文献研究和实地踏查的基础上，史念海师三十余年前就绘出了秦直道路线图，后来由于后续研究者的不同看法才出现经地相异的走向问题。

兴隆关的考古发掘谈不上取得开创性或突破性的成果，因为争议的内容仍没有突破史念海师20世纪80年代和诸考察者探讨的范围，只是增加了一些研究的"注脚"而已。就连陕西考古研究院在《秦直道发现道路四叠层与东西线之争——2010年秦直道考古收获之一》中自己都承认："目前，大部分考古学者持东线说，相反，大部分历史和历史地理学者持西线说。"那么，不知为何又得出了与之相矛盾的"彻底否定了西线"的结论。2014年其所认为的西线即秦直道遗址庆阳段，被国务院核定为全国重点文物保护单位，这说明比较极端化的一家之言并没有得到权威性的认可。

其次，从地理学角度观察，每一条道路都不是凭空想象提笔画线的，其走向是受人类需求和地形地貌限制的。从甘泉北行的道路尽管已有清水河谷道、马莲河谷道和延州道三条路线可供使用，但秦始皇还是选择了另外开辟路线修建直道，之所以做出这样的决定，和子午岭主脉山脊的地形地貌不无关系。子午岭主脉山脊为泾洛两大水系的分水岭，不仅坡度起伏较小，同时又避开河谷的曲折和东西向山脉的横阻，为木制战车以及辎重车的通行提供了良好的自然条件。假设沿子午岭支脉蚰蜒岭东行，就失去了从子午岭上山趋向西北的科学合理性。那为什么不上山经三原县沿延州道直接北行呢？目前还没有看到考古发掘者的解释，实际上也无法解释。

其实，从目前实地勘察来看，一路上虽然有许多下到支脉或川道的捷路，但秦直道一直沿着子午岭主脉山脊辗转前进。兴隆关考古发掘的三个点的位置也从侧面支持了上述说法。兴隆关考古发掘者认为:"兴隆关以南的秦直道,最典型的是道路四叠层,它代表了秦直道自修筑、沿用至废弃的全过程。"那么,兴隆关以南的南桂花探沟二位于子午岭主脉上,兴隆关以西的兔儿崾崄探沟也位于子午岭主脉上,说明两条道路不仅有对应关系,而且也是符合整条道路不下到支脉或川道的设置原则。兴隆关以东的蚰蜒岭探沟二则位于子午岭支脉上,和前两条道路既不匹配对应,也不符合秦直道的设置原则。相反,考古发掘者认为值得一提的是:"这两层路面……在路土、车辙的质地、结构及遗物方面,与富县、甘泉揭示的秦直道惊人的相似。"这更说明两条道路确实有对应关系,只不过对应的不是"秦直道"罢了。

再次,从考古学角度审视,通过发掘公布的资料得知,兴隆关以东的秦直道,发掘探沟二条。以子午岭支脉蚰蜒岭探沟二为例,所布探沟与直道垂直,探沟长8米,宽1.5米,西距兴隆关760米。第一层为表土和现代路土层。第三层为生土。第二层为古代路土层,细分为二层:上层厚15至20厘米,呈倾斜向的千层饼状,向东扩方后,发现了典型的早期车辙。遗物为西汉中晚期板瓦二片,时代判定上层路面约为西汉中晚期(最晚至东汉早期),下层厚12至18厘米,有两道车辙,辙沟距110厘米。遗物为西汉中期板瓦一片,时代判定下层路面约为秦代和西汉早期。看过上述行文后,我百思不得其解。文化层是指由于古代人类活动而留下来的痕迹、遗物和有机物所形成的堆积层。每一层代表一定的时期。考古工作则是根据文化层的包含物和叠压关系,来确定遗址各层的文化内涵和相对年代。既然下层遗物中仅有西汉中期的一片板瓦,一片不知何时散落在地面上的板瓦就能形成堆积层?为何就能上溯百年判定路面为秦代和西汉早期?

其实,就算是发掘出真正秦代遗物的堆积层也不能简单地判定为秦直道。因为兴隆关遗址内有大量秦汉瓦片,断面文化层厚2至3米。秦直道南北向从遗址重点区西侧坡上通过。西侧山梁顶部有大量周代夹砂黑陶和红陶片。周代时先民就在这里繁衍生息，秦时成为重要军事交通枢纽，是一大型军事重镇。一条东西古道在此与直道交叉，西通宁县罗山府。据《秦直道考察》记载，这里有秦汉时代的古城遗址2万平方米，尚有城墙残存。有古城就会有道路。向东沿子午岭支脉分水岭一直绵延向富县，古称"古道岭"。岭以古道为名，说明岭上的道路来源很早。兴隆关向东、西、南、北伸展的道路都很早，地处十字交会口表明道路的重要性，因为符合实际生活中人来物往的需求，一般都会长期延续使用，每一条道路上都可能会发现古时的遗迹遗物，因此不能因为看到散落在兴隆关向东仅760米的一片板瓦，便断定其为秦直道。客观地说，仅仅凭借这样一些地方发现的秦汉瓦片及其他遗迹遗物，是无法判定经过这些地方的道路就一定是秦直道，因为这些秦汉瓦片及其他遗迹遗物都根本不能证明它们和所谓秦直道的关系。

如果进一步将兴隆关考古的遗迹遗物和西行进入甘肃省境内的遗迹遗物相比的话，后者能提供更多数量和更具有判断性的依据。据《秦直道考察》记载，七里店遗址第三层台地有大量秦汉时期的粗、细绳纹瓦片，下层台地也有大量秦汉时期的粗绳纹板、筒瓦残片。午亭子遗址出土一筐铜镞和198斤古钱币。涧水坡岭地处交通咽喉，顶部有一障城，高大的烽燧居于障城之中。直道两侧山顶上烽燧密布，南北呼应。秦直道进入华池县境内，由麻子崾岘至黄蒿地畔，烽燧位于山顶上，原为秦筑，宋时加修。秦、汉时粗、细绳纹瓦片比比皆是。现有的考古发掘并没有进入所谓西线的深处，对甘肃省境内秦直道上如此众多的秦汉遗物如果不进行对比分析，就根本无法否定所谓西线的真实存在。

第四章  兴隆关西北的路线考察

图 4-1 兴隆关西北秦直道

一、经午亭子至东华池村

宁县境内的地貌特征分两大块,东部梁峁和沟壑交错,中西部河谷与沟壑相间。从兴隆关继续向西北行,秦直道穿越县域东部地区,沿子午岭主脊一路伸展,考察中感觉山势起伏不大,海拔高度基本一致。因为处于鄂尔多斯地台东南部,树木灌草繁盛茂密,被落叶覆盖了的秦直道走向痕迹清晰可见,宽度约5米,在一些地方出现天然形成的平坦台地,路面显得宽阔了许多。沿途经椿树园、杏树原,到达兔儿崾崄。

崾崄是黄土高原上的一种特殊地貌,两侧山峁在降雨径流长期作用下,山凹处不断溯源侵蚀而形成,表象为连接两黄土峁之间的一条狭窄地段,用老百姓的话说,就是两山之间像马鞍子的地方。行走陕北、陇东以及宁夏回族自治区等地时,经常能碰见叫崾崄的地名,如陕西省定边县的张崾崄镇和甘肃省庆城县葛崾崄办事处等。但崾崄地形始终处于动态过程,风雨侵蚀会使旧崾崄逐渐消失,又使新崾崄不断形成。

兔儿崾崄有一所林场防火站,在二级台地上盖了几间房,一对四十余岁的夫妻在值班,他们养了两条狗,放了一群羊,过着与世无争的平静日子。简陋的土坯房,既是他们的家,也是他们的工作单位。环顾四周,房左角放置了一张床,房中间垒起锅台,

图 4-2　兔儿嵝崄林业保护站

紧靠门边支起了一个案板,沿墙脚摆了几个纸盒子,除此之外,别无他物。大铁锅里烧有开水,时值午后两点,我们要了些开水,泡方便面填肚子。

边吃饭边和护林员聊了起来,夫妻俩当护林员已经有些年头了。护林是林场最艰苦的工作,每次巡山都要走几十里的山路,早上迎着太阳出发,穿梭于沟沟岔岔,查火险,补树苗,防偷伐,晚上披着落日余晖,回到土坯房。不仅单调乏味,日复一日,年复一年,总是夫妻俩一前一后走在不知已反反复复走了多少次的林区小径上,而且还责任重大,一出事就不得了。有些人受不了寂寞清贫与外面的诱惑,相继离开了林场,到山外去谋出路,但他俩已经融入森林,他们害怕踏进喧嚣的城市,一直坚守在护林员的岗位上。他俩说的话很实在,虽然物质上可以说是家徒四壁,但精神上似乎很充实,不渴望奢侈,安身于现实,并找到了普通人生活中的闪光点,精心呵护着黄土高原上的这片绿色宝藏。

第四章 兴隆关西北的路线考察

图 4-3　七里店秦直道

休息后我们继续前行，就到了午亭子以南 7 里的七里店。这一段秦直道路面平坦，最宽处达 6 米左右，路两侧布满梢林。山梁上有烽火台遗址，山梁西侧现有古窑洞三十余孔，从地理位置上看，应当是午亭子的南大门，为军队驻扎和军需物资集散之地。

从岔路口下山即可到宁县罗山府，原名罗山邬，数度为镇，中华民国初年始废镇。由于其位于湘乐河源头两支流交汇处的一级台地上，故地势平坦而开阔，发现有秦汉时代的古城遗址，尚有少量城墙残存，范围约 2 万平方米。

秦直道在宁县境内蜿蜒了约 60 公里后，经三里店，开始进入宁县和合水县交界处的午亭子。这里距五里墩 30 公里，曾发现过多处新石器、西周和战国时代的遗址。《秦直道考察》记载：1966 年，在甘肃省合水县午亭子秦直道遗址出土了一筐重达 70 斤的铜镞，均为青铜，三棱形状（三角、倒钩、犁铧形刃），同时还出土了 198 斤秦半两、汉半两、刀币、五铢等古钱币。

从遗迹遗物推测，这里在先秦时已是区域社会经济活动中心，有专家称午亭子遗址为"除道县"治所，这一观点尚待进一步考证。但有四条古道向午亭子辐射而形成重要的交通枢纽却是不争的事实：一条从甘肃省合水县太白镇东的五里铺南沿子午岭支脉南行；一条从合水县固城经大山门东行；一条从宁县湘乐经罗山府而至；一条从陕西省富县槐树庄沿川子河西行。

午亭子之所以能从秦至清繁荣不衰，与其地理环境不无关系。这里交通四通八达，离湘乐河源头近，取水便利，林木茂密提供了建筑和取暖以及狩猎的前提条件，山梁平坦可开垦耕种。到了清末同治年间，陕西、甘肃两省发生大规模兵乱，惨烈的战争导致子午岭许多村落的人被杀，侥幸活下来的人也迫不得已逃离这死亡之地，以致今日午亭子仍处于人烟稀少的境况。

午亭子遗址分布面积很大，三山相连，现存古窑洞九层二百余孔。黄土土质相对疏松，修建九层窑洞的施工难度比较大，设计上稍不精准，就易引起塌方，能保留至今，说明施工的技术水平极高，每层窑洞前均有开阔的台地，气势和规模令人震撼。因为场面太大，近距离根本无法拍全景。

图 4-4　秦直道午亭子全景

第四章 兴隆关西北的路线考察

我爬到对面山梁上，举起了相机，此时天空一蓝如洗，没有一丝云彩，进入镜头的窑洞群静静地耸立着，顶部和台地已被丛生的灌木覆盖，只有立面裸露着风雨凋零出的道道沟纹，那一孔孔窑洞犹如一只只精灵的眼睛在和我对视着，似乎透露着岁月的故事，我按下了快门，将美好的印象凝固成长存的记忆。

午亭子现在住有两户人家，全是河南开封人，好多年前来到这里后，恋上此地不走。其中的一户主人姓董，所住窑洞前开阔的台地上，停放着一辆新买的面包车。在靠土崖的地方围起了猪圈，养了十几头猪。200多只山羊遍布在台地和附近的山坡上静静地吃着草，散养的芦花鸡满地跑着。生活状态整体让人感觉很不错。

老董与张在明认识，2013年全国秦汉史专家进行考察时，他还为我们这些不速之客做了一大锅连汤面。闲聊中感觉他对生活尚满意，只是发愁十岁孩子无法上学的事。老董对文物考察很关心。他告诉我，他最近又在距午亭子5公里处发现了一座大型烽火台遗址，已带县文物局长考察过。

我们本打算不走回头路，从午亭子下到槐树庄直接返回。几年前，槐树庄林场的呼场长陪着我们，经一坪抵达午亭子，路况

图 4-5　午亭子老董家

尚可行车。吃完饭，热心的老董用自己的手机与槐树庄林场联系，得知今年雨水大，路已被冲毁。四川考古院的高大伦与我们分手，继续北行到合水县，而我们则原路返回。

合水县古为西戎之域，春秋属义渠戎国，秦昭王灭义渠后归秦。隋开皇十六年设合水县。据《读史方舆纪要》卷五十七记载，因县东北的建水西流、南流至县北，岔河流合，故谓之合水。县因水得名，至今已有一千三百余年的建制史。合水县属于典型的黄土高原沟壑区，子午岭纵贯南北，将全县分为东西两大部分，西部川塬交错，土地肥沃，主要为农耕区；东部山梁巍峨，森林茂密，主要为林牧区。

秦直道沿合水县东部子午岭主脊西北行，经土桥、槐树园，到距午亭子 12 公里处的马连崾岘。这一带森林茂密，灌木丛生，有一座林业资源管护站，设置了一道栏杆进行检查。从这里再经朱家老湾、娘母子湾、油房庄到涧水坡岭，全长约 50 公里。

第四章　兴隆关西北的路线考察

图 4-6　马连崾岘秦直道

行走路上我细心观察，发现道路两旁树木分布有所变化。树木品种在一段地域内比较单一整齐，不像马连崾岘以南地域各种树木交错混杂。一路全被修筑成县乡道路，但感觉和以南的路除路面略宽一点，岔路多一些外，没有明显的差异。这些简易县乡道路，一般是占用秦直道旧路路基修筑成的，也就是说旧路、新路实际上是合在一起的，因为在主脊上修筑，受地形所限，没有选择的余地。

2008 年 7 月，庆阳合水林业总场在进行森林资源调查时，在子午岭林区发现了野生紫斑牡丹群落，仅太白林场瓦川沟就达 3000 多亩，其数量之多、长势之好、株龄之长、种群聚率之高都为全国之最，其种群变异、根蘖繁殖方式、不同颜色之花都是首次被发现，这为研究野生紫斑牡丹提供了一个极其宝贵的基因库。

紫斑牡丹为落叶灌木，因花瓣基部有明显的色斑而得名，可以说是牡丹的鼻祖，栽培分布主要以陕西、甘肃、青海、宁夏、

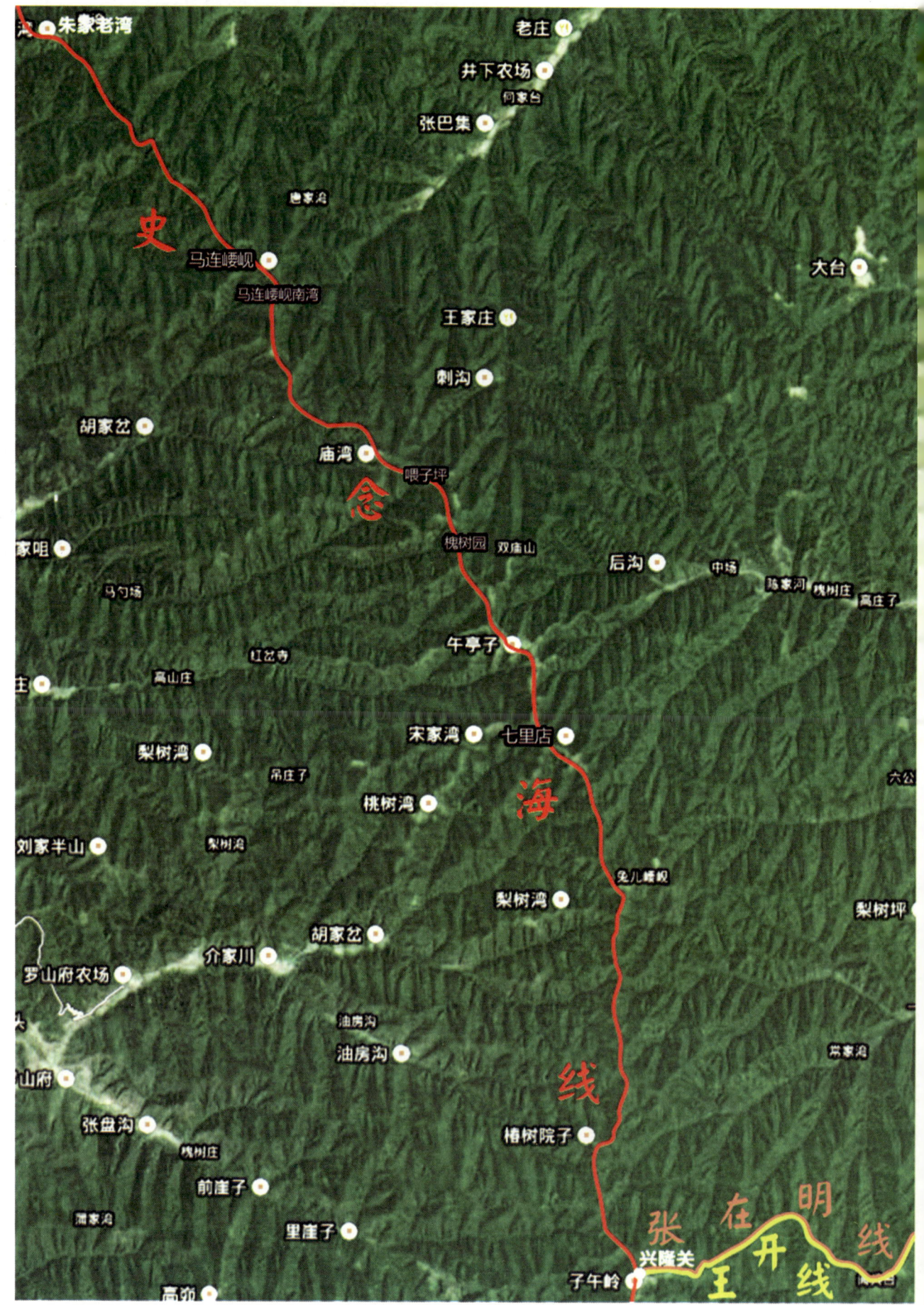

图 4-7 兴隆关段至朱家老湾卫星路线图

四川等省区为主，而又名西北牡丹。据《神农本草经·中经》记载，牡丹"一名鹿韭，一名鼠姑，生山谷"。明代李时珍《本草纲目·草部》说："牡丹，以色丹者为上，虽结子而根上生苗，故谓之牡（意谓可无性繁殖）丹。"1972年在甘肃省武威县发掘的东汉早期墓葬中，发现医学简数十枚，其中有牡丹治疗血瘀病的记载。紫斑牡丹茎很直，叶子卵圆形，植株可高达2米以上，老化速度慢，古树寿命长达千年。一般四至五月开花，花大约有十片花瓣，花大形美，色彩艳丽，雍容华贵，散发着浓郁的香味，号称"花中之王"。

紫斑牡丹的根皮俗称丹皮，是重要的中药材。《本草纲目·草部》记载：气味辛，性寒，无毒，主治疝气、妇女恶血、伤损瘀血、刀伤后内出血、下部生疮。由于根皮入药，长期遭受过度采挖，上了年纪的山民还记得原来漫山遍野都是牡丹的"丹皮沟"。俗话说"靠山吃山"，当地老农一直有挖丹皮赚外快的传统，上山遇上牡丹拔出根，把开着的花掐断，丢进背篓，然后晒干送到集市上便宜地按斤卖掉。20世纪60年代以后，由于大办农场，整个林区森林面积比20世纪40年代减少167000公顷，紫斑牡丹资源不断被破坏，又因天然繁殖力弱，分布区逐渐缩小。丹皮沟再也挖不到丹皮了，现在人们已经认识到必须采取有效措施加以保护，所以开展了人工栽培繁育。

西北地区人们对紫斑牡丹普遍喜爱，在社会生活中已形成了分布区域广泛的牡丹文化。甘肃省临夏古称河州，传统流行的民歌"河州花儿"歌词就以唱牡丹为主，人们用牡丹花儿倾吐着对幸福生活与爱情的美好向往："河州城好比是一只船，钟鼓楼好像个桨杆；阿哥是蜜蜂空中旋，尕妹是园中的牡丹。花儿里为王的是牡丹，人里头英俊的是少年；尕妹连我一起站，像一对红白的牡丹。"歌声飘荡在田野里密林中，散发着牡丹花儿的馨香，滋润着人们的心田。

朱家老湾到娘母子湾这一段，小崾崄地形较多，秦直道一般

图 4-8　涧水坡岭秦直道碑

都从中间通过。涧水坡岭顶部原有一障城，障墙残高 3 米，外有护城沟，城中伫着残高 5 米余的烽火台，其东、西各有一处房舍遗址，可能是守护障城的士兵住所。现在，烽火台遗址上耸立着一座林场的瞭望塔，古遗迹已难觅踪影。涧水坡岭地处交通要道，不仅是秦直道的一处关隘，也是陕西省延安地区通往甘肃省庆阳地区的古道必经之地，县乡道路在涧水坡岭以南和青兰高速公路以及 309 国道处相交会，高速公路从涧水坡岭下的隧道中穿过。

涧水坡岭修建有秦直道宾馆，一出后门便看见甘肃省人民政府所立的秦直道碑，一条被金黄色落叶覆满的道路蜿蜒伸向梢林深处，经丈量约 4 米。在林场瞭望塔工作的同志却言，这不是秦直道，是以前盗伐木材时的运输道，秦直道应该是宾馆门前的道路。我认为他说的有道理，因为一路沿子午岭主脊西北行，门前的道路正好从障城及今瞭望塔下经过，而障城的功能正在于扼守交通。

从涧水坡岭前行约 2 公里抵黄草崾岘。当年史念海师实地考察了正宁县刘家店至调令关以及合水县涧水坡岭至黄草崾岘直线距离近 200 里的秦直道遗迹，根据具体丈量，路面几乎都是 4 米半宽。这与秦直道起点段的宽度基本一致，既说明当时兴建时对路基是有统一标准的,又证明了沿子午岭主脊西北行的路线和兴隆关以南的路线是一体的。

继续前行1公里余至青龙山,有烽火台遗址,曾出土战国玉刀一件。黄草崾岘海拔1624米,青龙山海拔1633米,因此这一段秦直道,呈现一种慢上坡的形态。20世纪60年代,为了解决木材运输的问题,在涧水坡岭南北沿秦直道修了一条六七米宽的土路,现在不仅作为县乡道路仍在使用,而且还正在施工,看样子要铺柏油路,这将会致使秦直道遗迹进一步被破坏。

再前行不到2公里至华池县正麻子湾。2012年考察时止步于正麻子湾。这次直接从西安出发,沿西延高速公路至富县,转入青兰高速公路,过太白镇后从苗村附近下高速公路。在苗村河北岸台地上,有一座清秀纤细的塔儿湾石造像塔远近闻名。十几年前来时站在塔下细观,给我留下了深刻印象。

塔儿湾石造像塔以凿磨的红砂岩石条块叠砌而成,平面呈八角形密檐式建筑,塔身第一层特高。每面有浮雕石刻造像多达数百,技法纤巧细腻,疏密相间,内容多为佛说法图,画面上佛结跏趺坐,两侧数十罗汉或拱手或踞坐或跪拜,表现出对佛无比的虔诚。从

图4-9 塔儿湾塔残存基座

塔身第二层开始层高逐渐缩短，各层有塔檐，檐上雕出筒状瓦桄，塔顶为石雕刹柱。观后深感其清癯纤细的风格在中国古塔建筑中确实稀有。虽然建于宋代已历经了近千载风雨侵蚀，但和谐而庄严的风骨依然如故。

此次专门再来拜访，走进村头，碰见一位老人一打听，傻了眼，2002年时这座塔已被盗墓贼炸塌了，现已搬迁到合水县博物馆内保护。在一片油松苗木园里，我们找到了被石条围起来的残存基座，基座本身尚完好。红砂岩表面泛着暗红色，台阶与台面上已被枯萎的蒿草覆满，近一半的草染上红色，犹如凝固后的血迹斑痕，基座中间的缝隙里还挤出来一棵松树。我觉得，已沐浴了千年日月精华的宋塔似乎具有灵性，它用自己的方式，做出了生命的呐喊和无言的控诉。我心情沉重地围着遗址默默地转了几圈，照了几张相留作纪念。

苗村河右岸石崖上有"碧落霞天"四个石刻大字，走笔潇洒大方，书锋遒劲有力，让人感觉气度不凡，仔细一看，左侧刻有题名"文冈陈棐"，果然是出自大手笔。陈棐字文冈，河南鄢陵人，明代嘉靖十四年进士，曾任刑部郎中、山西道监察御史，官至甘肃巡抚都御史，撰《文冈集》二十卷，《四库总目》刊行于世。陈棐在甘肃巡抚任上途经子午岭时，被眼前翠绿的秀木、潺流的碧水、灿烂的霞光所吸引，于是欣然命笔题写了"碧落霞天"四字，交石工刻于岩面。

自古以来，曾有不少文人雅士于此小驻赏景游览。清末陇东名士李良栋，游览中一时兴起，挥笔写下了一首律诗："千顷碧绿落霞天，古寺佛塔入云端。清流抚岸危崖动，绿涛随风崇岭旋。露润山色翡翠珠，岚浸晨曦玛瑙环。休叹蓬莱莫可去，子午山林亦成仙。"好一句"子午山林亦成仙"，不仅让人有融入天人合一意境之中的妙趣，还为这一名胜之地平添了许多文化积淀。

驱车返回太白镇出口下高速公路。太白镇位于合水县城东北部93公里处。清朝以前，境内的太白庙远近闻名，香火炽盛，地名由此而得或寺庙由地名而取,已无据可考。几年没来,镇子面貌大变,旧貌一点都看不出来了。镇口钢架上挂着"全国小城镇重点镇"的招牌,一下便吸引了我的眼球。宽敞的街道两旁全是新盖的两层楼房,绵延大约1公里,店铺一家接一家,但感觉行人不多,显得很安静。

合水县被子午岭主脉一隔为二,岭西几个乡镇川塬交错,人口密集,为全县粮食、经济作物主产区;岭东太白镇则属子午岭腹地,森林密布,地广人稀,面积约占全县总面积的五分之二。镇内河流水系纵横交错,在狭长的东、北两个川道里冲刷出肥沃的滩涂地,加之区域小,气候温凉湿润,日照充足,为黄土高原孕育出一块种植水稻的地方。特殊的地理环境,形成了当地别具一格的民风民俗,居民性格中既有南方人的精明细腻,更兼黄土高原人的豪放侠义。

从太白镇溯葫芦河向西北方向行进12公里,折向北方跨小桥就进入了平定川。这是一条不大的川,发源于合水县境内,基本是南北走向,全长30多公里,向南流入葫芦河。平定川原名平戎川,20世纪50年代初才更名的,寓意和平安定。自古以来就是通商大道,北经紫坊畔,到靖边、横山、宁夏等地,南过太白镇,抵环县、宁县乃至中原地区。秦汉时期,川内车水马龙,人来人往,这从龙王庙沟口、大坪等地散布的大量汉瓦残片即可推测出。

明顾祖禹《读史方舆纪要》卷五十七记载:"唐贞元二年,吐蕃尚给赞入寇岐陇,寻自宁庆北去,军于合水之北。邠宁帅韩游瓌遣将夜击其营,败之。吐蕃来追,游瓌陈于平川,潜使人鼓于西山,寇惊遁。即平戎川也。"可见平戎川乃兵家必争之地,战略地位十分重要。

平定川内分布着很多的红砂岩崖,为雕造佛像提供了天然资源。红色本是中国宗教崇尚的主色调,象征着庄重、富贵、吉祥,当阳光投射在红砂岩上时,会反射出灿烂的金光,营造出一种使人产生幻想的佛教气氛。红砂岩将自然与人文结合得如此贴切紧

图 4-10 莲花寺石窟　　　　图 4-11 莲花寺石窟造像　　　　图 4-12 莲花寺石窟造像

密，因此，以红砂岩组成的丹霞地貌更容易得到僧侣的青睐而成为开凿石窟的最佳选择，平定川相继开凿有莲花寺、张家沟门、保全寺等石窟，从而形成了石窟群。

红砂岩与花岗岩、石灰岩在开凿石窟上各有千秋。花岗岩虽然坚硬耐久，稳定性很高，但开凿和雕刻难度都比较大。石灰岩整体性好，性质均一，可塑性强，但易出现裂隙，导致渗水形成隐患。红砂岩硬度小，虽然稳定性差，特别是经水侵蚀后，表面硬度急剧下降而容易导致风化，但在黄土高原红砂岩石窟上，大多覆着深厚的黄土，在雨水下渗作用下，特别是钙淋溶后，能将岩石胶结成坚硬保护盖层，提高了岩石防侵蚀的强度。加之黄土高原垂直节理发育，在流水下切和侧蚀作用下易引发重力崩塌，往往形成数十米高的悬崖峭壁，强烈的盐风化、风沙吹磨以及钙流失，使崖壁上形成了风蚀窝穴、溶蚀洞和较粗糙的表面，是开凿石窟的理想条件。

莲花寺石窟位于平定川南口的葫芦河村，唐、宋时期，在凹凸不平的红砂岩面上，开凿出了一座摩崖造像石窟，面积约有120平方米。从小桥旁下到苞谷地里，横跨一二米宽的平定川河，来到一座用红砖围起来的院子，这里似乎无人管护，推开铁栏杆门，造像便涌入眼帘。

从石窟题记得知，这座石窟始于唐咸亨五年，止于北宋绍圣二年，雕造历史达四百二十一年之久。石窟采用连环画表现形式，雕造了佛本生故事，造像或大或小，或疏或密，各具神态，布局巧妙，人工雕凿与自然崖面巧妙结合，是子午岭石窟艺术中的一朵奇葩。

岩面上雕造有："横卧涅槃""金棺涅槃""楼阁建筑""建塔供养"四组群雕以及"八亿八千众生"赶来集结的雕像。横卧涅槃位于岩面北侧，佛右手枕在头下，双足叠起，头侧两弟子匍地大哭，周围众罗汉举首向佛，悲情难舍。金棺涅槃位于岩面中部，金棺前两弟子跪坐，周围众罗汉仰望，表情十分虔诚。楼阁建筑亦在中部，成列的罗汉庄严肃穆地面对楼阁，神态哀戚欲绝。建塔供养位于南部，宝塔为六面五级，中有腰檐，众罗汉列队拱手，面对宝塔，向佛吊唁。八亿八千众生的形象与罗汉像相比，更世俗一些，作者极力刻画了众生不畏劳累，长途跋涉，历经千难万险赶来赴会的生动场面。

岩面下部凹处现存十八龛，均有各自的特点和风格。一号龛为自然形龛，侧有铭文："庆州合水县王□惠家庄弟子惠文发心于绍圣二年□月拾日癸亥岁自发心向面前石□内修盖造石素五佰罗汉毕三教诸佛毕终施主惠文妻高氏男惠惟玉惠端惠玉地主惠方石匠史俊行者似道能。"从铭文记载得知，此龛同五百罗汉雕像

图4-13　张家沟门石窟

均为惠文一家做的功德，刻于宋绍圣二年。龛内雕"三教诸佛"，佛结跏趺坐居正中，两侧各有着汉装结跏趺坐者一人，其中左侧人物双手持笏，相对应为佛教的释迦牟尼、儒教的孔子、道教的老子。从儒、佛、道三教并列的现象来看，中国宗教发展的轨迹是一个趋于融合的过程，受这种三教合一宗教文化特征的影响，民间信仰不专一，崇拜的不同偶像往往出现在同一寺庙或同一窟龛之中。

离开莲花寺石窟沿平定川前行约3公里，就到了张家沟门石窟，现存北魏时期开凿的八座拱形龛，由于规模小，不起眼，在附近来回找了几圈，都没有发现。到路边一农户家里打听，才知已过了2里地，当地人称石娃娃，位于一棵大杨树对面。按照农户的指点果然看到距地五六米高岩崖上的造像，均为一佛二菩萨。

造像风格与山西大同云冈石窟第二十窟供养人接近，面部方圆，颈项短粗，下颚肥厚，高鼻深目。佛着右袒袈裟，手做禅定印，结跏趺坐。菩萨均戴花蔓冠，宽肩细腰，披天衣，袒胸，佩戴璎珞串珠，跣足而立。供养人均着长袍，腰系宽带，足穿长筒皮靴，袖手恭立。在五号龛外左侧供养人身下，残留铭刻"太和廿"字样。此时北魏自平城迁都洛阳已过了两年，并进行了一系列社会改革，从石窟造像服装仍然呈北魏孝文帝改革前鲜卑族的样式来看，服饰改制还没有完全影响到张家沟门一带，在此后的石窟造像才被中原地区流行的褒衣博带式服装逐渐代替。

据考古资料上讲，在二号龛和三号龛之间的岩面上有阴刻的题记："太和十五年太岁在未癸巳朔月十五日佛弟程弘庆供养佛时造石坎（龛）像一躯。"铭文的"太岁在未"使用的是岁星纪年法，相当于干支纪年"辛未"，铭文有一定的考古文献价值，但由于其处于无人管护的自然风化状态，题记已脱落，无法分辨出完整的文字，隐隐约约只能看到残留的笔迹，让人感觉非常可惜。

岁星就是木星，古人很早就认识到木星约十二年运行一周天，根据木星在天体中运行的规律用来纪年的方法，叫岁星纪年法。

图 4-14　张家沟门阴刻残留题记

此法起于何时尚不清楚,但在春秋、战国之交很盛行,这种纪年法可以避免各诸侯国使用本国年号纪年所带来的混乱。但木星运行一周只需约十一点八六年,每过八十多年,实际位置将超过理想计算位置一次,这便造成与天象不符的状况。东汉时,废止了岁星纪年法,沿用了干支纪年法。

继续前行 3 公里,设有金家砭林业管护站,因为已进入平定川林场辖区,进出需要登记。林场下设六个资源管护站,在职职工一百多人,总经营面积 641400 亩,活立木总蓄积量为 146 万立方米,森林覆盖率 83.66%。除林场职工及其家属外,还有一些自行流动住户,因无村组建制而被称为"黑人黑户"。长庆油田在

图 4-15 保全寺石窟

川内打有几口油井，为了便捷拉油车来往，整修出一条沙石公路与外界相联系。林场内外的景色截然不同，从苞谷地突然变为苗木园，七八十米宽的川道里以油松和山杨苗为主，不时能看到合抱粗的小叶杨树，营造出一种清闲僻静的氛围。

佛教徒开凿石窟的原因，一是在花钱所造佛像前祈福庇佑感觉会更好，二是直观造像比艰涩佛经更易为大众接受，三是需要有远离尘世的修行之处。平定川内之所以多石窟，缘于其处在民族交汇碰撞地带，战乱频发，居住的老百姓为祈求神灵保佑，需要寻找修身养性的绝佳境地，而丰富的红砂岩又提供了良好的前提条件。令人遗憾的是，由于千百年来的风雨侵蚀，许多造像已漫漶不清残缺不全。

保全寺石窟北距金家砭也就四五公里，是平定川中规模最大、气势最宏伟的石窟。其建造于北魏中晚期，共开龛二十五个，造像一百五十三尊，以释迦、多宝二佛并坐及弥勒菩萨较多。人工雕凿的造像与自然崖面的形状结合巧妙，几乎天衣无缝，颇有鬼斧神工之奇妙，实为佛教文化中的艺术珍品。

图 4-16 保全寺石窟造像

除中心部分的三、四、五、六号龛较大外，其余为圆拱形残龛，高 1 米左右。最大为四号窟，平面呈方形，正壁释迦、多宝二佛并坐及弥勒菩萨，南北两壁各有二佛，门口侍立两菩萨。十三号龛保存较完整，雕刻的释迦并坐说法图，形象精细丰满，表情喜悦，身着半披肩大衣，结跏趺坐，衣纹线条流畅。五号龛内雕主佛结跏趺坐，神态自若，身着通肩大衣，衣纹线条纤细均匀，有律动感，艺术造诣很高。

石窟艺术是从印度传入中国的。印度马哈拉施特拉邦北部温迪亚山崖上的阿旃陀石窟，始凿于公元前 2 世纪，一直延续到 7 世纪中叶。其壁画艺术，涉及社会生活的各方面，构图活泼，栩栩如生。随着佛教的衰落，它也逐渐成为被人遗忘的角落，直到 19 世纪初才被世人重新发现，现存 30 窟。历史上它对中国石窟建造影响很大，玄奘曾朝圣过。

石窟随佛教沿丝绸之路从西向东传播，往往因交通便利而香火繁盛，故一般设置在交通干线上，最先形成了西域石窟群，进而东渐。陇东作为丝绸之路北翼的重要通道，与经过子午岭地区

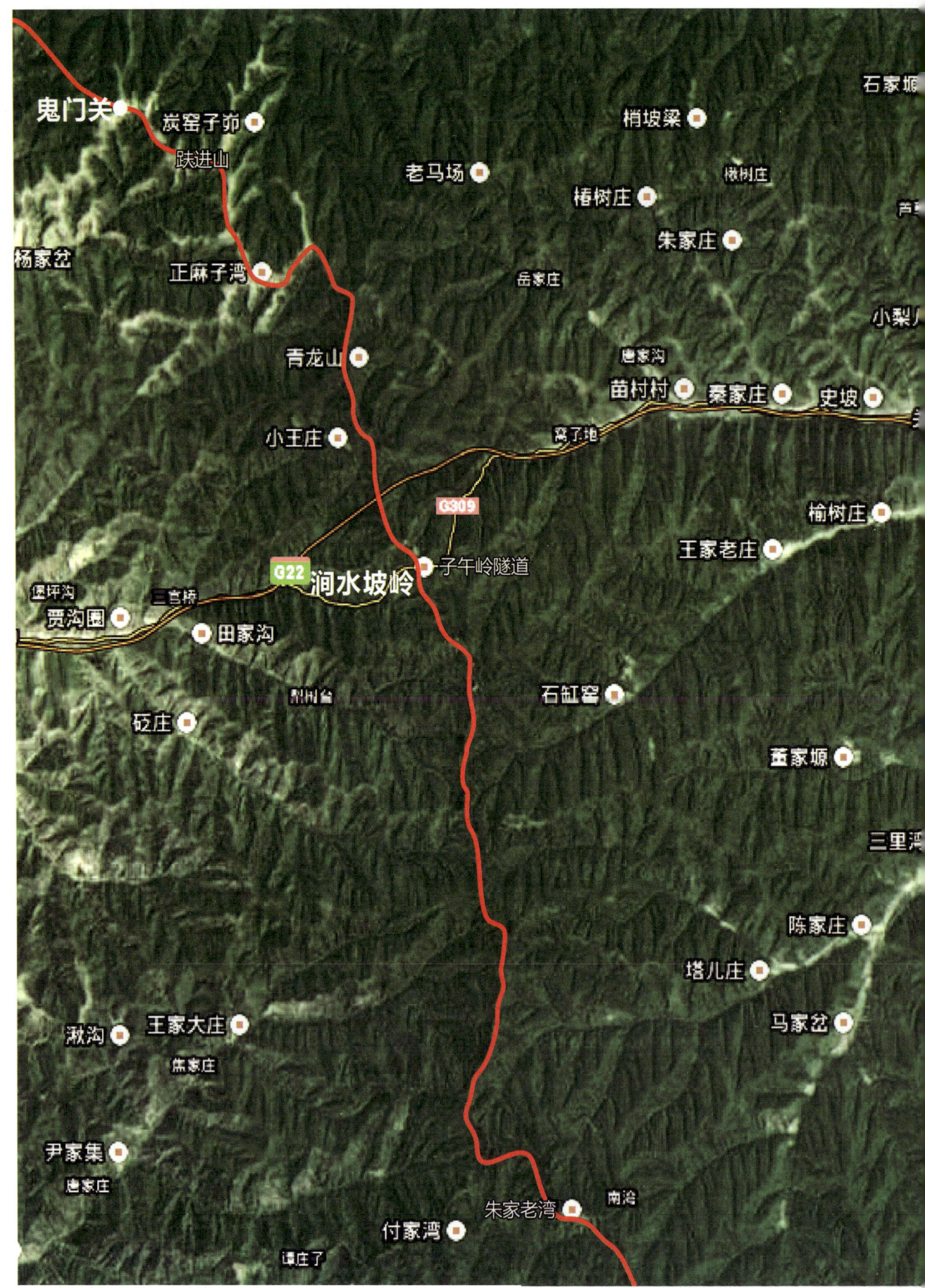

图4-17 朱家老湾至鬼门关段卫星路线图

的秦直道十字相交，成为陕西、甘肃、宁夏三省区交界处的交通枢纽。在两千余年的漫长岁月中，北魏、唐、宋、金、明历朝历代在子午岭地区诸县开凿了众多的佛教石窟，这充分说明秦直道在中西文化交流中的地位和作用。

平定川内有平戎寨，宋曾公亮和丁度撰《武经总要·邠宁环庆路》记载："控洛河一带入西界路，西至州六十里，西南至华池镇四十里，西界六十里。"宋夏对峙期间，北宋数十万军队驻扎边境，提供粮食的关中地区逐渐显出困弊之势，为了减轻日益增大的负担，不得不实施堡寨驻兵开荒屯田策略，以增加粮食供给。另《范仲淹全集·遗迹汇录》曰："华池凤川平戎三寨，皆在庆州东。平戎去延州德静砦七十里……却告示客旅并令于东路延州接界平戎镇添价入中白米。"依据范仲淹曾实施白米添价入中政策的历史，再结合平定川水丰谷宽利于粮食生产的地理优势，推测这里可能是庆州一带诸寨的粮草等战备物资储备库。

过了保全寺后，一路寻找平戎寨，但没有发现线索。好不容易找到一排像是林场职工的住房，向门前正在闲聊的几个妇女询问，谁也说不清楚，从她们的河南口音推测，她们可能是林场招聘的育苗林工。

听到我们说话，从屋里走出一个年过半百的男人，他说他去过，再往前行 10 公里到周家嘴，其北边龙王庙沟有路可以上山，半山有一座已经坍塌的寺庙，残留三尊佛像，平台的尽头就是平戎寨，遗址由东西二城组成。按他的指点，我们继续前行沿途找了好长时间，始终没有找到上山的路，又找不到行人打听，只好无功而归。从平定川出来后，向西北方行十几公里，到达华池县东华池村。

华池县为周人创业之地。春秋战国时为义渠戎国之地。秦昭王时发兵灭了义渠国，并其领土入秦国，义渠人在保持本族文化的同时，逐渐与秦人融为一体。西魏时始建为华池县，得名于县境内的华池水，后废。隋唐复置，五代时再废。《宋史·地理志·陕西》记载："合水，熙宁四年始置，省华池、乐蟠二县为镇，七

图 4-18　隋唐华池县遗址

年改华池镇为华池砦,有东华池、西华池二砦。"由此可知,宋神宗熙宁四年前这里还曾有过华池县建置。东华池村则为隋唐华池县古城以及东华池、西华池二寨所在地。

今华池县是 1934 年由庆阳、环县、合水等县析置出来的,县城位于东华池村西北方向四五十公里处的柔远镇,为北宋防御西夏所修的众多古城堡寨之一。金亦置柔远寨,元废。明成化七年马文升增筑,清废。现存山顶古城近椭圆形,城墙残高 7 米,山下城郭为不规则形。面向东沟水修建有城门楼,20 世纪 50 年代中期拆毁。《武经总要·邠宁环庆路》记载:"柔远砦,东有路入西界白豹、后桥二镇,大中祥符中筑。"作为军事重地,宋与西夏在这里进行过多次战争。

公元 1066 年,西夏第二位皇帝李谅祚率领数万大军进攻大顺城,遭到宋军顽强抵抗,李谅祚被箭射中,被迫撤离过程中又分别向柔远寨等地发起进攻,守将张玉挑选三千名精锐士兵发起突然袭击,西夏军队大败而逃。公元 1070 年,西夏三十万大军分几路进攻柔远寨时,宋军守将林广下令士兵坚守城池,一律不许士兵出城与西夏军队交战,夏军只好从柔远寨撤退。

张多勇、庞家伟在《宋代华池县境内部分御夏堡寨遗址考察

图 4-19　东华池塔

《研究》一文中记载了他们对隋唐华池县古城遗址的考察结果：古城遗址位于东华池村抗大七分校南道路东侧，南距合水、华池两县界碑 3 米，遗址地处二级阶地上，西墙城墙今已不存，通往合水县的公路从西护城壕穿过，遗址东北角、东南角被葫芦河蚕食。北墙西边保存墙体 125 米，因畔为墙，高 3 米，古城基本呈长方形，南北 450 米，东西 250 米。《华池县志》认为豹子川口古城遗址即是库多汗古城，并认为其是华池东寨遗址。库多汗古城坐落于豹子川出口，今存畔高 10 米。有夯层畔长 250 米，西边被葫芦河蚕食。周长当有 900 米。城内还有北宋华池东寨遗址，此古城依南山而建，墙体落差 70 米，山体上城墙走向呈半圆形，山上又有封闭的顶城，山下台地上城墙呈直线，东西长 680 米，周长 1560 米，属于典型的宋代古城。华池镇及华池西寨依西山而建，山顶城墙与山脚城墙落差 80 米，山顶筑一方形小城，长 152 米，宽 83 米，山腰城墙呈梯形向两边放大，在二级阶地城墙水平延伸，今东墙破坏严重，古城周长 2880 米，遗址内今有陕甘宁边区抗日军政大学七分校。

我们参照上述记载对东华池村进行了考察。隋唐华池县遗址位于合水、华池两县交界处的二级阶地上，轮廓不是很明显。过河后，爬上土墙豁口，可以清晰地看到残存的城墙，从山上一直延伸到河边。半坡住有一家农户，看见我们踏查，年龄较大的主妇主动过来告诉我们，土墙豁口的地方就是老城门。

华池镇及华池西寨尚完整保留有东华池塔，其位于山顶上。塔体为八角形七层楼阁式，无基座，通高 26 米。第一层塔身较高，各面平素无饰，仅东北面开一券门，向上各层塔身逐渐收分缩减，各层每面上下交错开真、假门及假窗。真、假门两侧均砌破子棂窗或毯纹格子窗，塔顶置石质砖刹，塔刹上雕圆光、露盘和宝珠。据塔内碑刻记载，塔始建于北宋元符二年，宣和元年建成。

二、从鬼门关至打扮梁

从东华池村向西，行驶约 10 公里，到达华池林业总场大凤川林场。从涧水坡岭至麻子崾岘的子午岭林区，路况十分复杂，还有 13 公里的无人区，秦直道遗迹难觅，必须找经常在山上行走的人做向导，才能穿越。好在我们通过朋友认识了大凤川林场的徐书记，因此，直奔林场，而徐书记就坐在办公楼前的花坛台上等着我们。徐书记是一个老林业员，很熟悉情况并热情地做了介绍。

第二天一大早出发时，除徐书记和唐场长外，还有三个人要求和我们一起去。徐书记说自己在大凤川林场已工作了十二年，几次想去都没去成，这几个人也一样，都想跟着我们一块去探寻。出门后右转，先到今大凤川林场场部孟崖孤西 1500 米处的凤川镇遗址考察。

图 4-20 凤川镇遗址

《武经总要·邠宁环庆路》称:"凤川镇,西北控子午岭路至西界,大中祥符中筑。"凤川镇通过大凤川源头连接子午岭秦直道,是一座具有军事战略价值的重镇,一直发挥着防御西夏入侵的前沿阵地作用。《范仲淹全集·遗迹汇录》记载:"城被山坡,直下临注。或有西贼围闭,矢石入城,捍御不下。公(范仲淹)牒李丕谅、宋良同往凤川相度,得本寨东烽火台山上四面牢固,及山脚下有好水泉可以置砦,令弓箭手、兵士等寅夜兴工,山上只筑女墙,四面削崖。近下低处筑城,围入水泉。续又牒本州通判范祥相度,令新修砦城,分擘街巷,修盖军营、草场、廨署,及城上昔安置敌楼。"文献足以证明范仲淹曾经对凤川寨进行了择地改筑。

残城位于南岸阶地,从公路下到乡间小道,过大凤川河即到。古城遗址为长方形,面积很小。《宋史·徐禧传》记载:"砦之大者周九百步,小者五百步,堡之大者二百步,小者百步。"从文献记载看,宋时在西北边关修建的砦与堡,面积都不大,依此为参照,凤川镇规模符合宋人建制。城墙内耕地早已荒弃,现已变成大凤川林场苗木培育基地,种的全是油松。残存墙体为夯土构筑,呈梯形,不仅蒿草丛生,还生长着许多高大的榆树,以致墙体多被大树根系破坏。

榆树又名春榆、白榆等,为落叶乔木,主要生长在山坡、山谷、川地,故沿子午岭主脉一路走来,很少看到其身影。榆树树干通直,树形高大可达二三十米,树皮灰褐色,呈不规则深纵裂,内含淀粉及黏性物,磨成粉称榆皮面可食用。嫩果俗称"榆钱",也可食用。树皮、叶入药能安神、利小便。提起榆木,一般会在脑海中浮现出"榆木疙瘩"这个词语,喻义不开窍,虽是戏谑之语,实则道出榆木木质以及瘿结的坚韧特点。榆木纹理苍老遒劲,粗犷豪放,散发出一种令人震撼的沧桑美。用榆木做成的家具不仅深得人们的推崇,更成为一种传统文化产品而被越来越多的人收藏。

从凤川镇遗址东返至南梁干部学院,折南沿小凤川前行 11 公里上子午岭,顺主脉到正麻子湾,和上次路线相衔接。正麻子湾一段分布着很大一片纯青冈木林。向西北方行 4 公里到跃进山,

图 4-21　正麻子湾宽敞山梁

这一段飞播油松较多,山梁较宽,一些地段甚至超过60米,但秦直道遗迹也就4米左右。据徐书记说,之所以叫跃进山,是因为20世纪50年代"大跃进"时,有些来开垦的人,在这里打了几口窑洞居住,为了方便标识就起了这地名。

从跃进山再前行不到3公里,到达地势险要的木瓜岭鬼门关,此处也有烽火台遗址,遗址平面呈不规则形,长期的风雨侵蚀,使表层黄土风化严重。徐书记说,烽火台对面有一处遗址,当地人称点将台,传说穆桂英曾在此点将出征。登上山梁顶部考察,四周尚存土夯的残墙,围起约100平方米的洼地,可能是就地起土形成的。从地形判断,应当还是一座烽火台。两座烽火台相对,严密地扼守着道路的通行。

沿木瓜岭西北行一直到麻子崾岘,从徐书记带的林场专用地形图来看,这13公里内没有地名,也没有道路,可以说属于无人区。此时已十二点半,要吃午饭必须返回涧水坡岭。徐书记分析,可以用四至五小时走完,也就是说天黑以前可以到达麻子崾岘。大

图 4-22 跃进山窑洞

家都认为早餐吃得饱能坚持,于是开始徒步穿越。徐书记凭着经验,走在最前面辨认方向,我们一直沿着子午岭主脉前行。

由于灌木丛茂密,低矮的梢林横断,必须在梢林的缝隙间像蛇一样绕来绕去,我初步估算了一下,至少绕行三步,才能前进一步。一开始林场的金虎随身带着既能当镢头也能当砍刀使用的工具,一路披荆斩棘开路,但由于灌木丛多为可以用来做棍棒的枸子木,质地很硬,砍起来特别费劲。金虎砍了一会儿就感觉累了,为了保存体力,也就放弃了砍梢林,和大家一起弓着腰缓慢前行。

宋人王安石游褒禅山后,在游记中有感而发:"夫夷以近,则游者众;险以远,则至者少。而世之奇伟、瑰怪、非常之观,常在于险远,而人之所罕至焉,故非有志者不能至也。"当身临其境真实体验时,要比平日读书时的心得与意境更为真切。在现实生活中,的的确确,美景总在无人处,无限风光在险峰,越不为人所知的地方才越是最美丽的所在,要想领略那心旷神怡的奇妙和美丽,就必须融入荒野中探寻。

当行走在鲜有人迹的森林时,抬头望天,天空是那么的蓝,色纯得让人难以相信是真的,辽阔的天穹上飘浮着朵朵白云,不

图 4-23 穆桂英点将台

时遮住当头的阳光，折射到逶迤的山梁上，画出一块块明丽与阴柔交错的光斑，在天地之间氤氲出一种气象万千的氛围。人类是从森林中走出去的，回归到原始家园的风景独好。处于平日难以看见的原生态植被群中，我不仅大饱眼福，还增长了见识。

这一带分布有天然侧柏林，由于其耐旱，多生长在阳坡陡壁基质裸露及黄土侵蚀的沟头、沟壁等处，一般人难以走进，只能站在高处眺望。侧柏为中国特产，除青海、新疆外，全国均有分布。在这里我看到最大的侧柏林，从顶而下逶迤起伏覆盖了好几条山梁，形成了令人震撼的绿色景观。

侧柏树皮呈浅灰褐色，纵裂成条，顶上的枝条向上伸展，其他的枝条则斜展，树叶鳞形，一年四季常青，花单性，雌雄同株，雄球花黄色卵圆形，雌球花蓝绿色近球形。叶和枝是列入药典的中药，可收敛止血、利尿健胃、解毒散瘀，种子有安神、滋补强壮之效。侧柏寿命很长，被誉为"生命之树"，在寺庙、陵墓和庭园中，常能看见数百年甚至千年以上的古树，只需几株就能营造出肃静清幽的气氛。

路旁不时出现七八米高的小乔木，树皮纵状沟裂呈灰褐色，小枝细长，光秃秃的枝梢上挂满像佛手瓜形状的小红果，这是我一路走来见到的最鲜艳、最惹人注目的果实。一阵山风吹来，红果频频摇曳，姿态娟秀美观，宛如一树盛开的红色花朵。如果它不是生长在深山老林，恐怕早已成为诗人歌咏的对象而被世人所熟知了。

徐书记告诉我，这叫丝棉木，有白杜、白桃树、鸡血兰等很多别称。单叶对生下垂，卵状椭圆形，秋季叶色变红，果熟期晚至 10 月，悬挂枝上甚久，开裂后露出橘红色假种皮。其根、茎皮、枝叶均可入药，味苦、涩，性寒，有小毒。主治风湿性关节炎、跌打伤肿以及血栓闭塞性脉管炎。

山坡上有几棵高大的灌木聚在一起，树形婆娑多姿，细长的树枝交错相盘，枝头挂满了一串串红中透黄的果实，形状像缩小

图 4-24 丝棉木

了的沙果。徐书记拔了一手掌让我尝，吃到嘴里感觉微甜，绵绵软软的。

徐书记说这就是花叶海棠，别称马杜梨、小白石枣、涩枣子、细弱海棠等，当地人称花叶杜梨，蔷薇科苹果属，具有极强的抗逆性，做苹果砧木嫁接亲和性好，嫁接树具有矮化、提早结果、产量高、果实品质好等优良性状，但植株易患锈果病，现在已很少采用。由于花朵繁密洁白，属于典型的早春观花、秋季观果植物。

在深山老林里行走，发现了一种奇怪的现象，本应是禽鸟乐园的山林却难以看到禽鸟的身影。映入眼帘的鸟，还没有城里的麻雀多，常见的乌鸦和喜鹊几乎绝迹。山梁上不时能看到野猪刚拱过地的痕迹，一片一片的，据此推测野猪数量不在少数，但就是没看到活生生的野猪。由此来看，野猪是怕人的，远远地闻到

图 4-25 花叶海棠

人气就逃之夭夭了。

　　脚下不时能踩到隐藏在草丛中的鼠洞，有一只肥胖的大鼠，耳短且圆像旱獭，悠闲地蹲坐在打洞时刨出的沙土上，看见人一眨眼便没了踪迹。这种鼠学名叫中华鼢鼠，我在甘南草原见过，没想到这里也有。徐书记告诉我，这种鼠喜啃草根，拱土成丘，在这里，除了鹰没有天敌的鼠活得很自在，繁殖快，对森林危害极大，几乎成灾，目前还没有好的治理方法。

　　由于地理环境极为复杂，还不时需要用卫星定位仪和地形图对方位，如果碰到卫星定位仪信号不好接收不上，还得几个人一起分析判断，故前行的速度很慢。史念海师认为：子午岭上秦直道遗迹能够保留到现在，是历代断断续续通行的结果。实践证明史念海师的结论完全正确。

图 4-26 和林场工作人员一起分析路况

这一段之所以不能够保留下来秦直道遗迹，就在于没有断断续续通行的道路，肆无忌惮延展的树根日益侵蚀破坏着路基，长年累月堆积的落叶和枯草腐殖后改变了土质，秦直道渐渐隐没在茁壮成长的树木和茂密的荒草之中。尽管如此，我们还是发现了一些暗藏的痕迹。

秦直道一直沿着子午岭主脉前行，在两个山梁之间最佳连接处，都能找到把两个山梁连接在一起的崾崄，在一处沟壑特别深的地方，崾崄仅有十五六米宽，从任何角度看都不会是天然形成的，虽然已被树木荒草覆盖，但人工"堑山堙谷"的痕迹还是不能完全掩埋。如果没有这些崾崄，除非下到沟底，否则，根本无法从一山顺利地过渡到另一山。也正是本着坚持沿子午岭主脉和通过崾崄的原则，一路上才没有出现方向性的判断失误，最后得以顺利前行。

行走在没有人迹的山林里，突然发现有一条羊肠小路，我们很诧异。因为顺着羊肠小路走，没有灌丛的阻拦，可以不用弓着腰走，让人感觉舒服了许多。约行 1 里来到几孔旧窑洞前，台地上放了一辆摩托车，一个孤独的牧羊人在这里放养了几十头羊。正如鲁迅先生所言:"其实地上本没有路,走的人多了,也便成了路。"这条路就是牧羊人长年累月走出的杰作,他之所以这么辛苦地在深山老林偷偷摸摸放羊,大概是想逃避政府禁止放养的规定吧。

山羊嘴尖唇薄,牙齿锐利,采食能力强。恩格斯在《自然辩证法》中曾经精辟地论述过这种现象:"希腊的山羊不等幼嫩的灌木长大就把它们吃掉,它们把该地的山岭都吃得精光。"加之过度放牧,沟壑被啃成荒山,开垦又把荒山变成秃岭,陷入越垦越荒越穷的窘境。为了跳出这个怪圈,政府开始引导农民改放养为饲养。但一些人认为放养成本低,加之市场上放养的羊肉香价格高,故屡禁不绝。

据牧羊人说,这里向南有一条很窄的土基路通往合水县境,他出入都走这条小路,向西北约1公里,因为常年放羊也踏出了一条小路,可以骑摩托车。林场唐场长觉得我已经很累了,请他用摩托车把我送一下。颠上颠下到了后,我给了他五十块钱作为酬劳,他坚决不要。我硬塞进他的棉大衣口袋,没想到,他厚道地把剩下的人一趟一趟全拉过来了。

太阳还没有跌进地平线,如钩的月亮已高悬于半空。随着光线的逐渐暗淡,茂密的大树,一棵叠着一棵,遮挡了前后左右的视线,路越来越难走。因为不能观察对照地形,卫星定位仪也失去了作用,我们在山梁上转来转去找不到去对面山梁的崾岘。

徐书记让大家就地休息,他和唐场长探路去。约二十分钟传来了让我们出发的喊声。通过崾岘后,徐书记感慨地说:"从实地考察上看,史念海先生的观点肯定是正确的,就是按照不下主脉的原则,我才找到了崾岘以及道路。"

夜色越来越浓,不知何时,月亮也害羞地躲进了云里。由于高一脚低一脚迈进,我的体力已经消耗殆尽,但是没有任何改善的办法,即使林场的年轻人仍有余力背你或扶你,在梢林缝隙间穿行的地理环境也不许可,何况在夜幕下他自己也必须看着脚下的路。无奈,只能不断挑战并突破自己的耐力极限,一步一步艰

图 4-27 连接山梁的崾岭

难地挪动着。

眼前感觉有一小坡,为了防止下滑,我本能地抓紧一根较粗的灌木,谁知灌木已腐朽,天黑没有看出来,只听"咔嚓"一声响,灌木连根折断了,我的重心失衡,应声而倒,心想这下完了,今夜走不出去要拖大家后腿了。我爬起来活动一下身体,结果感觉并无大碍,又继续前进。

山里晚上的空气很潮湿,一团一团的雾气弥漫开来,凝结在树叶上形成水珠,当累积到树叶无法承受时,开始像小雨点似的一滴一滴落下来,掉到头上黏糊糊的,像打了摩丝一样,怪难受的。天完全黑了下来,我们也终于完全迷失了方向,连徐书记和唐场长两位"老江湖"也束手无策。

徐书记判断已经距麻子崾岘很近了,打开手机果然有信号,联系到在麻子崾岘等待我们的人接应。不一会儿就听到了呼喊声,大家欢呼雀跃予以回应。但他们似乎听不出方向,我们就打开手电筒示意。徐书记说必须蒙上红布显示出红色才醒目,于是我脱下红色冲锋衣蒙在手电筒上,结果太厚,光透不远,我们就应着声音走去,但似乎越走越远。徐书记让全已筋疲力尽的大家就地静等,恢复一下体力。

终于会面了,就像长征路上红军会师一样,大家心情异常激动。走到麻子崾岘有路了,坐上车后我长长地出了一口气,一直绷紧的心弦才松弛下来。此时已近十点,算下来连续行走在山野峁梁间已达九个多小时,而且大家又未吃午饭,对参加者来说,都是人生第一次,之所以能不惧疲倦坚持下来,应当是一种追寻历史真相的精神无形中支撑着大家。

海信集团陕西公司老总姜治华虽然整天厮杀于商场,但内心时刻涌动着对文化的痴迷,这一次得知我要考察,一定要一起来,经过亲身体验,他产生了深刻的感想:从来没走过也没敢想过自己能走下来强度如此大、路程如此远的路,由此来看人的潜能很大,只不过在非常时刻才能被激发显现出来,每个人都应当创造机会,对自己的潜能重新评估一下,结果肯定会让你吓一跳,直呼不可思议。

不一会儿我们就到达上次来时拍过照片的麻子崾岘林业管护站。徐书记告诉我,这里实际上是大何庄,因为麻子崾岘位于子午岭林区,森林茂密不方便,才把管护站建在大何庄。由于自然变迁以及设有森林防火通道,麻子崾岘一段的秦直道路面已被破坏。秦直道从黄草崾岘没有像现在县乡道路那样下到大凤川河畔,而是由麻子崾岘绕过大凤川河源头。秦直道最大的特点就是不会轻易下山顺河谷修筑,即使因地形所限迫不得已下到河谷,也是过河后旋即又蜿蜒上山。

徐书记老家在紫坊畔镇,他刚好有事要回去一趟,第二天和我们一起前行。过大何庄后,秦直道沿子午岭主峰向西北延伸,沙土路面宽约4米,至瓜籽崾岘,没有任何提示性标志,只在岔路口看见一座没有字的宣传墙。继续前行,发现林中放养着一群无人管护的牛,据此迹象推测,周围可能有民居和农耕生产地。

图 4-28　小叶杨

　　至此秦直道路况一直保存得比较好，路上碰见林场五十余人在种植树苗，看见徐书记都来打招呼。徐书记说这一带比较冷，树苗生长慢，地里一尺多高的油松苗已经种植了四年多。再往前走属于子午岭次生林区，森林覆盖率在90%以上，树种以小叶杨、青冈木、杜梨、白桦树、杏树为主。由于人迹鲜见，秦直道时宽时窄淹没在荒草之中，踪迹难辨。

　　从樊大梁开始便进入梁状丘陵地区，这给在山沟、河边、阶地、梁峁上都能生长的小叶杨提供了生长空间。小叶杨为落叶乔木，树形挺拔凌空，高达二三十米，枝若虬怒，冠似伞骨，形成一股莽莽苍苍的气势，树干粗者几个小伙子手拉手都难以合拢，是子午岭上最重要的大口径用材树种。树皮与众不同，表面有粗大的沟状裂隙，可提制栲胶，药用价值上主要有祛风活血、清热利湿等功效。

　　小叶杨尽管枝干粗粝但叶片秀丽，多为菱状卵形，尤其是秋天层林尽染之时，亿万片黄色树叶迎风摇曳，怒放着生命的美丽。每当身临其境，目光被牵绊住不能移去，若采撷一片叶子，回家后夹在书里，应该是一件浪漫的事，日后一打开书本，随时都会引起愉快的回忆。

子午岭上生长的杏多为山杏，为黄河流域重要的乡土树种，一般高在 5 米以下，树皮暗灰色，叶片卵形，花先于叶开放。山杏树与一般杏树的主要区别是：山杏小枝多枝刺，叶形较小，花多两朵生于一芽，花色粉白，根系发达，当干旱的季节土壤含水率为 5% 以下时，山杏还能保持叶色浓绿，故常被用来绿化荒山。山杏通身都是宝，鲜杏果肉加工制作的杏脯、杏酱是畅销市场的食品。除生产大宗的杏仁炒货外，杏仁油还可用于制作香精、食用油或高级润滑剂。杏仁壳经加工提炼后是高级油漆涂料、化妆品及优质香皂的重要原料，同时也可入药。

樊大梁范围很大，一般将有民居的地方标示在地图上。从樊大梁到赵梁，秦直道要通过两个山梁间天然形成的一段长长的谷道，谷道十分险要，在冷兵器时代，绝对称得上是一处"万夫莫开"的关隘。赵梁上竖立着一座通信铁塔，周围全种植着苗木。

张山距赵梁不远，路边有一户人家：一间平房，两孔窑洞，用篱笆在院子圈着一群羊。天空雾气很大，弥漫开来一片灰蒙蒙。我们打听路时拍了几张照片，引起了主人的警惕，以为我们是查

图 4-29　张山秦直道边的人家

图 4-30 大路岭

羊的，后来得知我们是考察秦直道的，紧绷的脸庞才松弛下来。张山有岔路可以下到山庄乡，其附近有一条大路岭，向北直到紫坊畔镇。

史念海师认为大路岭不是秦直道的遗迹，因为大路岭长不过 20 里，岭上的大路可能是北宋和西夏在长期战争中形成的，与直道无关。经过实地踏查，我认为史念海师所言极是。一是从张山至老爷岭很便捷，不可能舍近求远下山绕道紫坊畔镇；二是秦直道一直沿子午岭主脉前行，如果要走大路岭，就必须下到二将川，但找不到离开子午岭主脉的理由；三是站在山梁上观察，不仅要过河，而且坡度比较陡峭，地理形势不支持下山过河再上山的路线。

在二将川河与铁匠沟水交汇处南侧，有一座二将城遗址。从岔路下山后沿着公路至山庄乡雷圪捞村，从村旁小道爬上位于山峁的二将城遗址，现只留下两堵残墙，各宽 1 米多，高 2 米多，长 3 米多，其中一堵墙顶部还长了一棵树。遗址由两座土城组成，北城依山就势，不太规整，占地 300 余亩。南城呈长方形，占地

450余亩。

从两堵残墙中间豁口处可以望见河对面山梁上的烽火台,与盘桓在黄土山谷间众多的烽燧相呼应,凸显了地势的险要。想当年这里是金戈铁马的战场,残阳如血的烽燧下掩埋了多少尸骨,岁月沧桑,弹指一挥间,昔日抵御强敌的雄关现已全部被苞谷地覆盖,只有那形影相吊的残墙,向前来凭吊者证明几百年前这里是一座硝烟弥漫的军事关隘。

据说"二将城"城名是为纪念北宋庆州知州范仲淹和名将韩琦而命名的。从1991年发现"大顺城关"字样的残瓦十余块以来,学界多认为,这就是宋仁宗赐名的"大顺城"。公元1038年,李元昊称帝,定都兴庆(今宁夏回族自治区银川市),形成了以党项、羌为主的地方政权,史称西夏,控制着今宁夏、甘肃、陕北和河套一带的广大地区。西夏兵强马壮,经常入侵北宋的北疆,首当其冲的则是子午岭一带。北宋范仲淹到达西北前线后,提出了"积极防御"的方针,修城筑寨是其践行的措施之一。

图 4-31　二将城遗址

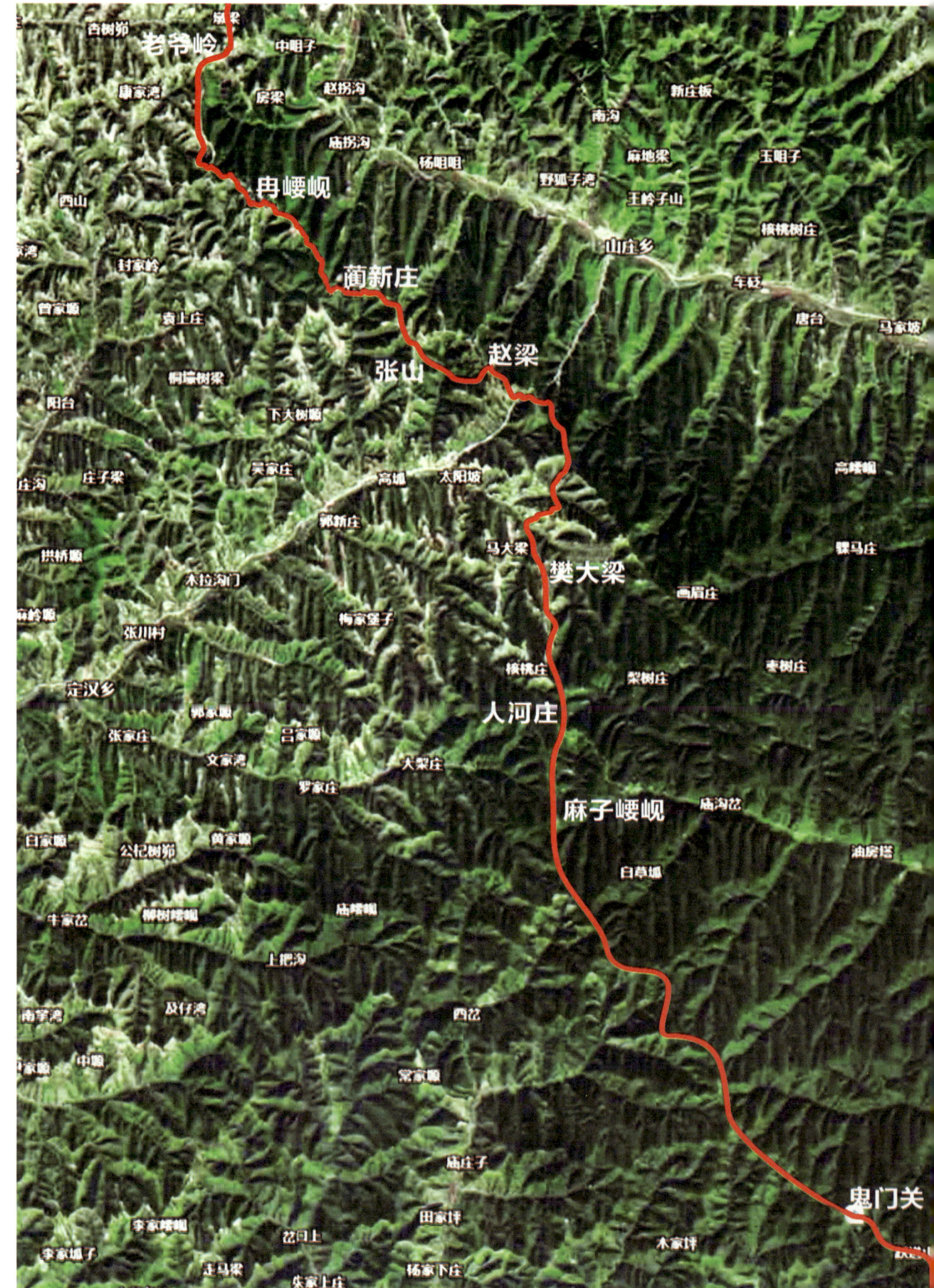

图 4-32 鬼门关至老爷岭段卫星路线图

《宋史·范仲淹传》记载了大顺城的修建：马铺砦正当后桥川口，在西夏地盘内，范仲淹欲修筑城池，想到西夏定会来争夺，于是密遣儿子与番将先据其地，后又带兵相随，行至柔远（今华池县柔远镇），才告诉筑城之事。工具早就准备好了，只用了十天就大功告成，西夏发觉以后，发骑兵三万来战，并假装战败。范仲淹告诫将士"战而贼走，追勿过河"，后来发现果然有重兵埋伏。西夏军的计策被识破后，就仓皇撤退了。

新城竣工后，范仲淹特请关学学派创始人张载撰写了《庆州大顺城记》，说大顺城"深矣如泉，岿然如山。百万雄师，莫可以前"。这句话后来成为成语"百万雄师"的出处。范仲淹又招募当地百姓轮流守卫大顺城。这些百姓平日在家耕种，农闲训练；战时提供兵甲器具，在长期的拉锯战中，他们发挥了抗击西夏南侵的重要作用。当时西北有民谣云："军中有一范，西贼闻之惊破胆。"金仍置大顺城，为庆原路边将营第二将营驻师处，后被传为"二将城"，沿袭至今，元代废弃。

折回山上后，继续前行经马大梁、冉崾岘到达掉庄梁，这里设有山庄林业管护站，还有一座瞭望台。由于这一段属于子午岭残次林区，一些局部区域仍然覆盖着一定的植被，以人工栽植的油松为主，路两边甚至有不少碗口粗的油松，徐书记估计树龄在三十年以上。

从赵梁一路走来，由于发现了石油资源，所以设置了很多油井，甚至连子午岭主梁都被推平，形成了许多到油井台地的岔路。为了油罐车会车需要，道路都在七八米左右，加上民居多，要进行农耕生产，秦直道原始土基路面被破坏得痕迹全无。

秦直道沿子午岭主脉向西北方向延伸至老爷岭附近，被柏油路横切。子午岭东西两侧不对称，西坡陡峭，没有大的支脉，自岭脊而下，也就改称老爷岭了，因在海拔 1672 米的主岭上曾经建有一座关公庙而得名。作为这一带的制高点，老爷岭现在还保存有一个较完整的烽火台遗址，夯土层暴露明显，面积很大，根据

图 4-33　老爷岭烽火台遗址

建筑形制，应为秦代所建。

老爷岭作为地理分界线把华池县一分为二，形成差异较大的两块局域气候区。登上制高点远望，南北的不同情景立即映入眼帘，犹如站在中国南北地理分界线秦岭上所感受到的景观。南段为遍布灌木丛林的土石山区，麻子崾岘一带林木繁盛少有民居。北段为黄土梁状丘陵地区，农田连连村落稠密，显示出林区和农区的不同，由于林木被砍伐，水土流失也日趋严重。山顶岭头因为较为平坦，开垦就愈为普遍，原有路基即使不被开垦，也难免为流水冲塌，这势必使秦直道遗迹受到摧毁。

秦直道与烽火台擦肩而过，沿老爷岭西北行，不到 3 公里至槐树庄，这是一个不大的村子，有三十几户人家。由于大雾弥漫开来，能见度很低，加之到处有油井台，不仅老路被开挖、推低、加宽，还出现了许多岔道。徐书记在山庄林场当过场长，对这一带辖区比较熟悉，但也辨别不出来了，下车向路边住户打听，房里的小伙子认出徐书记，就上了车给我们带路。

继续前行约 3 公里就到了齐沟垴，此段路程为分水岭，也是紫坊畔镇和柔远镇的交界之处，植被覆盖差，周围有民居和农耕

图 4-34　油井台地的岔路

地，地里的庄稼主要是糜子和苞谷。再前行约 5 公里就到了新庄畔，开始出现柏油路。从这里经郭家湾、山里畔、郝家畔至王咀子，全程约 8 公里，这段正在修路，原始土基路面断断续续被新修的柏油路覆盖。

至王咀子出现岔道，折东行可以到达紫坊畔镇。继续西北行可延伸至黄蒿地畔，山顶有秦代烽火台遗址，宋代加修过，烽火台周围是一片开阔地。现在遗址完全被苞谷地覆盖，挖掘机正在挖土，通过大卡车运往附近的公路施工处。站在高处向四处眺望，东、西山梁上各有一座烽火台直直连成一线。西面不远处半山腰分出一条道路，横跨在两座山梁之间，变沟壑为坦途，人工形成的崾崄痕迹明显。

从黄蒿地畔开始，子午岭又改称黑老虎岭，道路全是柏油路，秦直道沿主脉西北行，过人工崾崄延伸至深崾岘，约 3 公里，此段属陕甘两省的交界处，以路为界。再行 9 公里余，经高崾岘，到达墩儿山。这里海拔比老爷岭海拔低 272 米，故道路为慢下坡，并被加宽成为通村要道，由于地下有丰富的能源，故沿路多油井。

墩儿山说是山，从地形上看和黄蒿地畔相似，现在已被开发

195

成易地扶贫搬迁安置点。山上烽火台保存较完整，夯土层暴露明显，高8米，面积450余平方米，处在周围最高的山顶上，向西北方向可看到打扮梁烽火台。一路上，地里的庄稼除苞谷、土豆、杂粮外，多为油用亚麻和西葫芦等经济作物。由于农业开垦力度大，树木稀少，植被覆盖率低，秦直道已遭到严重破坏，断断续续，难辨遗迹。

亚麻是一年生草本植物，分为纤维用亚麻、油用亚麻和油纤兼用亚麻三种类型。亚麻纤维具有强韧柔细等独特优点，深得人类喜爱，1854年在瑞士湖底发现了距今一万多年的亚麻织物残片，埃及各地的"木乃伊"也是用亚麻布包盖的，可以说亚麻是人类时尚的先驱，点燃了人类服饰的光芒。油用亚麻一般叫作胡麻，芝麻虽然因张骞从西域带回，也称为胡麻，但两者不是一回事。

胡麻在中国至少有千年栽培历史，个头比纤维用亚麻矮，叶片线状披针形，花单生于枝顶，色紫蓝、白或红，种子可榨油。早期的油多是从动物身上提取的，《说文解字·肉部》曰："戴角曰脂，无角曰膏。"汉代随着榨油技术的提升，植物油进入饮

图4-35 黄蒿地畔烽火台遗址

图 4-36 人工嵝岭

食中。胡麻油虽然食用历史悠久，但产量低，名气不如花生油和大豆油响亮，同时由于其富含亚麻酸、亚油酸等不饱和脂肪酸，对癌症、心血管疾病以及免疫系统等有不错的疗效。华池县播种亚麻面积最高的年份是 1996 年，高达 15 万亩。

西葫芦为草本植物，有矮生、半蔓生、蔓生三大品系，原产印度，我国清代始从欧洲引入。西葫芦富含蛋白质、矿物质和维生素等物质，能增强免疫力。中医认为西葫芦具有除烦止渴、润肺止咳、清热利尿、消肿散结的功效。西葫芦是老百姓日常生活离不开的蔬菜，其种子为白瓜子。华池县出产的白瓜子，以其粒大、皮薄、外观洁白、种仁饱满、含油率高、炒食味香可口，深受外国人喜爱，大量出口德、法、荷、美等国，以至华池县被誉为"白瓜子"之乡。

秦直道西北行 3 公里余，经郝大梁，延伸至打扮梁，此路段已铺为柏油路面，周围民居、农耕地较多，植被覆盖较好。由于一路上不时停车观察，车速很慢，这让在打扮梁等我们的吴起县朋友多等了两小时，见面后感觉很不好意思。

徐书记和带路的小伙子与我们互道珍重，就此告别。天已近黄昏，雾气越来越大，能见度低至二三十米，朋友觉得雾气大，

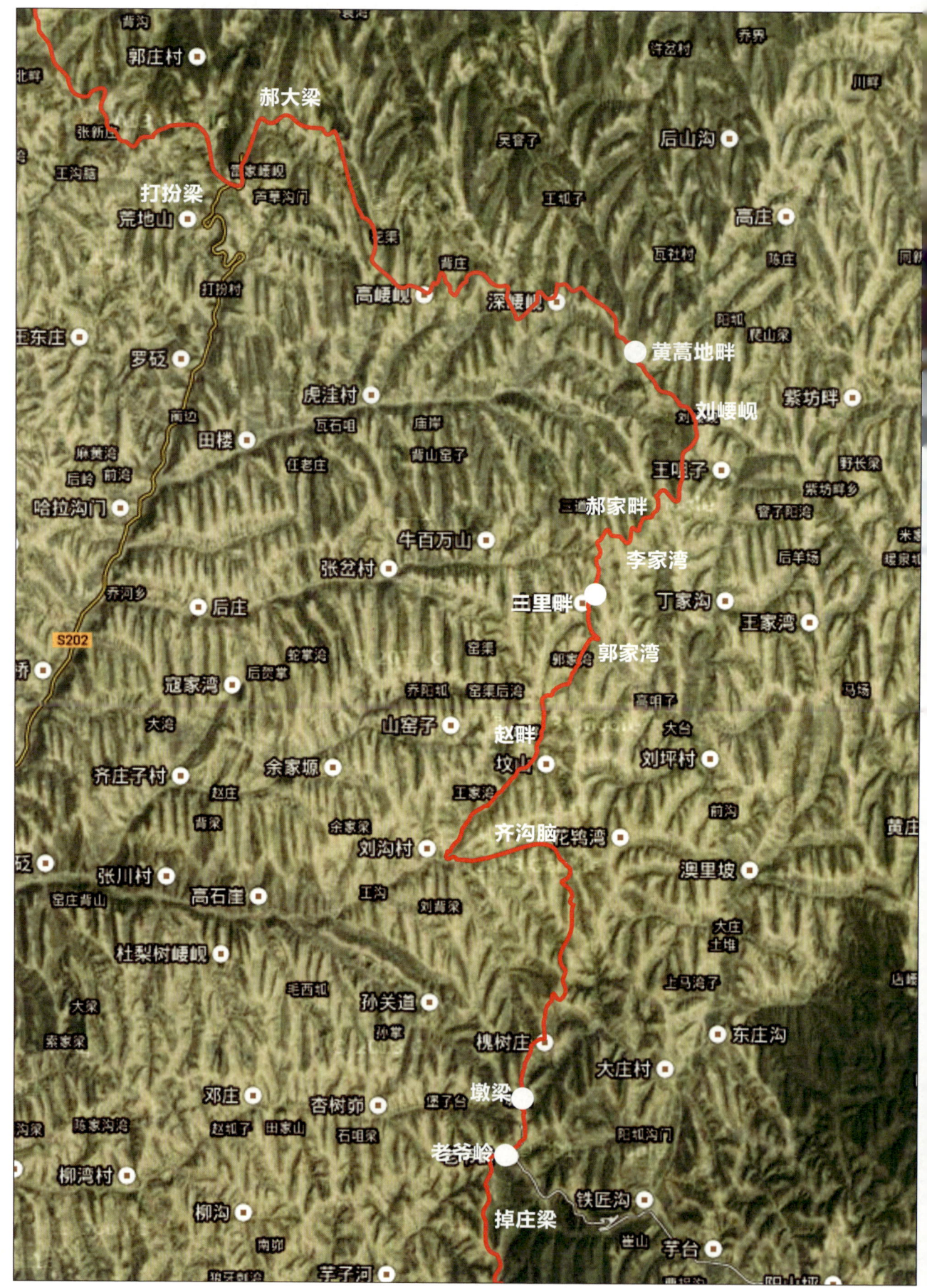

图 4-37 老爷岭至打扮梁段卫星路线图

时间也有点晚，建议不要上路，出于对安全的考虑，我们采纳了朋友的意见，向60公里余外的吴起县城赶去。

吴起县在商代为鬼方游牧区，鬼方为古代中国北方游牧族之一，是商朝时期的外患。西周为猃狁地，猃狁又叫犬戎。荒淫无度的周幽王为博宠妃褒姒一笑烽火戏诸侯，被野蛮强悍的犬戎攻杀，导致强盛约三百年的西周覆灭。王国维在《鬼方昆夷猃狁考》中认为：商朝的鬼方、混夷、獯鬻，周朝的猃狁，春秋的戎、狄，战国的胡，都是后世所谓的匈奴。

西汉高祖二年设北地郡归德县，县址设在今吴起县西北铁边城镇。三国、晋时为匈奴和羌族驻牧区。隋大业元年，以洛水所出为由，改归德县为洛源县。清嘉庆二十四年首置吴起镇，镇名是为纪念战国名将吴起在此驻兵而命名的，属陕西省靖边县辖。1942年设吴起县，因镇为名，不久改吴旗县，2005年正式更名吴起县。

吴起出生于卫国富足家庭，早年耗尽家产求官不成，杀掉讥笑自己的邻里而逃出卫国，后随曾参之子曾申学习儒术。曾申怒其未奔母丧，与他断绝了师生关系。吴起又侍奉于鲁国季孙氏门下，鲁穆公想用吴起抗齐，但疑虑其妻是齐人。为取得信任，吴起杀妻，虽然率军大败齐军，但无法平息群臣非议，被迫投奔魏国，后又弃魏投楚。仕楚时大刀阔斧进行了改革，史称"吴起变法"。虽然变法后楚国国力日益强大，但吴起也招致了贵族的怨恨，支持变法的楚悼王刚去世，贵族趁机兵变追杀吴起，变法宣告失败。

吴起为子不孝、杀妻求将的人格缺陷虽被文人所诟病，但他对后世的影响很大，商鞅变法中的"徙木立信"和"什伍连坐法"都是仿效吴起的措施，尤其是他在军事上的建树被后世评价很高。汉班固认为："吴有孙武，齐有孙膑，魏有吴起，秦有商鞅，皆擒敌立胜，垂著篇籍。"《吴子》与《孙子》合称《孙吴兵法》，在中国古代军事典籍中占有重要地位。唐肃宗时将吴起等武功卓著的名将供奉于武成王庙内，称为"武庙十哲"。宋徽宗时追尊吴起为广宗伯，位列宋武庙七十二将之一。

吴起县地下石油、天然气资源丰富，能源工业已成为吴起县经济发展的重要支柱，自2003年起，其原油产量以每年30万吨递增，这几乎使吴起变成一夜骤富的强县。三年前来时，正是县城大兴土木之时，全城像一个大工地。进城后天色已晚，大街上灯火辉煌，颇具现代化城市的气息。朋友告诉我，近几年，吴起县发展很快，由于两边山体相夹，城区只能沿沟拓展，绵延已达20公里，人口也已突破八万，其中不少是来做生意的江浙一带的商人。

吴起县主体属黄土高原沟壑区，但一部分已为毛乌素沙漠的南缘。1998年以前，吴起县3790余平方公里内水土流失面积竟达3696平方公里，土壤侵蚀模数每年每平方公里达15700吨，是延安市水土流失最严重的县之一。由于地理环境不适宜农业发展，故放养山羊成为全县重要的产业，最出名的特产自然就是羊肉，也是吴起人招待客人的首选。

朋友带我们来到县城中心做菜最地道的一家餐厅，进店后，感觉装修并不豪华，但装修格调洋溢着一股浓浓的陕北风情。不一会儿，热气腾腾的羊肉端上桌来，四溢的香味勾起了我们强烈的食欲，迫不及待先嚼为快，果然名不虚传，其羊肉鲜嫩而不膻，肥美而不腻，风味独特，回味悠长，吃后莫不大呼过瘾。

吴起羊肉香的原因有二：一是烹饪方法独特，民间谚语曰："六月六，新麦面馍馍就羊肉"，当地做法将羊肉剁成大件，连骨头肉放在锅里用慢火炖烂。二是少不了放一把当地出产的百里香，李时珍《本草纲目·果部》记载："地椒出北地，即蔓椒之小者。贴地生叶，形小，味微辛。土人以煮羊肉食，香美。"百里香别称地椒、地花椒、山椒、山胡椒、麝香草，属多年生灌木，作为一种天然的调味香料，很早就出现在人们的生活中。其植株比较低矮，分布于多石山地、斜坡、山沟杂草丛中，有沿着地表生长的匍匐茎，能形成很强大的根系网，还能有效防止水土流失，在荒漠化群落组成及生态演替中发挥着重要的生态功能。

百里香为南欧舶来品,传说与希腊神话中倾国倾城的海伦有关。英俊的特洛伊王子帕里斯见到斯巴达王后海伦后深深着迷并诱惑其私奔,引发了长达十年的斯巴达为报复而战的特洛伊战争。当帕里斯战死时,海伦流下的泪珠落地幻化成百里香,而泪珠在她脸庞轻轻滑落的神情,令许多特洛伊战士神魂颠倒并誓死保护她。从那时起,百里香就被赋予勇气和活力的象征,妇女在心爱的武士出征前,会送上一枝百里香,一方面传达爱意,另一方面鼓舞对方的勇气。

第二天,一大早从县城出发,先到吴起县白豹镇,镇上的脑畔山有一座白豹城。据清吴广成《西夏书事》卷十一记载,公元1034年,李元昊"筑白豹城及后桥堡,遂犯庆州……白豹东接金汤,北邻叶市,与后桥诸寨侵入汉界百余里",由于深入宋境,成为西夏东进鄜延、南下庆州的交通要冲,犹如一根鱼刺扎在了喉咙里。公元1098年归宋。次年修复,赐旧名,为定边军之一城。明初改为寨,清乾隆年间改为白豹里,1942年划归吴起县。其名称来历据民间相传:这里曾出现过一只通身雪白的豹子,老百姓认为灵兽能带来好运,就把当地命名为白豹川,筑城时沿用川名。对这样一座承载了厚重历史的古城,我们不能不去怀古凭吊。

从白豹镇小学和农贸市场相夹的小巷子上山,半坡住着不少人家,道路边有县政府立的保护碑,保护面积约7000平方米。从一家院子侧旁登上梁顶,只能看到一些被荒草淹没的堡垒遗迹,相距百十米的两边各伸出一道土夯的残墙,曼延而下直达城底,把镇小学和农贸市场包在里面,镇小学内还能看到堡楼的遗迹。环顾四周,我觉得这道地势并不险要的山梁,之所以被选择为筑城之地,正在于其扼守着白豹河,因为西夏入侵一般利用川道行进。

白豹城作为宋与西夏争夺的重要关隘,在千年前发生过血流成河的惨烈战争。公元1040年秋,西夏在三川口将宋军万余名官

图 4-38 白豹城

兵围犴,占据了延州大片地区。宋庆州副总管任福率兵反击,从柔远寨出发,夜行 70 里,半夜交更时分抵达白豹城下,四面合击破其城,生擒敌军主帅,群龙无首的西夏兵四处逃命。宋军大获全胜,并烧掉城内衙署、粮仓、民室等。

眼前虽然看不到战马的奔驰,耳旁也听不到刀枪的碰撞,但地处长城边塞的景象却让我脑海里浮现出宋军边关主帅范仲淹的《渔家傲·秋思》:"塞下秋来风景异,衡阳雁去无留意,四面边声连角起。千嶂里,长烟落日孤城闭。　浊酒一杯家万里,燕然未勒归无计,羌管悠悠霜满地。人不寐,将军白发征夫泪。"词中的内情外景达到了水乳交融的艺术境界,抒发了既是诗人又是将军的范仲淹的忧国爱国的复杂感情,渲染出了雄浑悲壮的氛围,将我的思绪又拉回到那"四面边声连角起"的年代。

从白豹镇沿 202 省道行 10 公里到打扮梁,地处华池县与吴起县交界处,梁上有烽火台遗址,整体保存较好,四角分明,形制清楚。经长期风雨侵蚀,表层黄土风化严重。这里本是秦直道上一个古驿站,现在映入眼帘的是一个长满杂草的荒凉山峁,两千余年来,民间赋予了这荒凉山峁一个美丽的传说。

公元前 33 年,汉宫女王昭君毅然表示愿意和亲,从长安沿着

第四章 兴隆关西北的路线考察

图 4-39 打扮梁

秦直道出塞，与浩浩荡荡的讨伐大军不同，这次秦直道主要发挥了和平使命。相传王昭君在打扮梁曾有小驻，当时这里是西汉和匈奴实际控制的边界线，王昭君越过此地，便意味着离开了故土。王昭君在此梳洗打扮，面南拜别故土父老，于是，便留下了"打扮梁"这个富有纪念意义的历史地名。今天路过打扮梁，回忆历史的故事，心头不由自主地会涌起一股思古之幽情。

三、自陕甘交界处至陕蒙交界处

从打扮梁南下 2 公里右拐，驶入在秦直道遗迹上新修的柏油路，路口标示牌写着"田庄"字样。沿着作为陕西省吴起县和甘

图 4-40 白圪坨新村

肃省华池县分界线的子午岭主脉继续前行七八公里，经五里湾、田掌、齐咀子抵丁崾岘，上次来时这里还有一处两壁峻峭的垭口，长 80 米左右，道宽约 4 米，应为秦直道遗迹，现在没有看到路迹，可能已被现代道路覆盖。这一带植被覆盖率差，民居、耕地都少。

再西北行经西沟掌、刘家沟至小城，出现岔路，应当偏东行抵达白圪坨，而我们判断失误偏西行，通过路况极差、全是危机四伏的乡间小道，翻过深沟抵达清凉寺后迷路了。朋友用手机联系到村主任，村主任赶过来领路带我们至白圪坨。

这是一个很小的自然村，属清凉寺行政村管辖，全村居民都姓申，也就几十个人，现在已建成新村，每家一个院子有四孔窑洞，村容显得整齐划一。由于年轻人大都走出大山去创业，村里人少，显得冷冷清清。

村主任住十一号，女儿家在县城，女婿是县法院的庭长，家境相当不错。此时已到中午，村主任老伴见我们来后，马上准备当地主食荞麦面饸饹。厨房占据了一孔窑洞，灶台连着炕，台面上贴着瓷片，显得很干净。墙上用白灰画着符号，圆圈里分别画有土字和十字，进大门时也看见过。村主任见我好奇就解释说，是请风水先生画的符，属当地传统文化。吃饭中聊天得知，县里

图 4-41 营崾岘附近被扩宽的秦直道

鼓励农民种苹果树,每棵苗木费补两百元,每年管护费补四十元,应当说力度还是挺大的,这一政策对生态环境的进一步好转,产生了积极的促进作用。

从国家实施再造山川秀美工程以来,吴起县确立了以"封山退耕、植树造林、舍饲养羊、林牧主导、强农富民"为基本内涵的逆向开发思路。1999 年一次性退耕 155 万亩。截至 2012 年,全县累计完成退耕还林面积 244 万亩,土壤侵蚀模数已下降到 5400 吨,林草覆盖率由 19% 提高到 62%,实现了绿色革命,成为全国退得最早、还得最快、面积最大的县份。生态环境明显好转,一路走来县境山山峁峁虽然隐约可见曾经耕种过的痕迹,但大地主色调已被绿色占据。

饭后,大雾又起,怕我们迷路,村主任带我们前行,经白沟后梁、东涧到达营崾岘。沿途海拔渐渐增高,植被覆盖弱,耕种条件差,民居较少,随处可见油井平台,岔路还多,秦直道已被扩宽而遭破坏,只能从分水岭行进方向看出遗迹走向。山坡广泛分布着沙棘,吴起县政府因势利导打起了沙棘的主意,开展了人工种植,面积达到 180 万亩,成为县域农业经济新的增长点。

沙棘是一种落叶性灌木,一人多高,枝灰黑色,棘刺较多且

图 4-42　沙棘

粗壮，果实圆球形，颜色为橙黄色或橘红色。沙棘为药食同源植物，根、茎、叶、花、果富含维生素 C，入药具有止咳化痰、健胃消食、活血散瘀之功效。现代医学研究，沙棘可降低胆固醇，缓解心绞痛发作，还有防治冠状动脉粥样硬化性心脏病的作用。沙棘耐干旱、耐贫瘠、耐冷热为植物之最，甚至在盐碱地上也能生存。其固氮能力很强，能够为其他植物的生长提供养分，特别是沟底成林后，抗冲刷性强，不怕被沙埋，根蘖性强，能够阻拦洪水下泄，是治理沟壑的有效武器，被广泛用于水土保持。

东洞距离营崾岘很近，这一带开始出现秦长城遗址，秦直道与长城在营崾岘附近重合，这里也是一处交叉的十字路口，从营崾岘山峁上的地面遗迹推测，古代有障城，由于自然变化和农业开发而被破坏。在重合区长城跨沟壑直线前行，秦直道沿分水岭多在长城内侧向西北方向绕行，经林沟梁、营盘梁、南湾、城梁盖、箱子湾到白洞，重合之处约 20 公里。这一段地势平坦，山峁多被开垦成农业区，秦直道路基多数被破坏。

史念海师认为：秦修长城是由陇西经北地到上郡的，一定要经过子午岭，今甘肃省环县城东北有长城原，应当是秦长城经过

图 4-43 东涧一带的秦长城遗址

的地方。走马城在吴起县西南 30 里,附近有一个万里长城墩。明代的长城叫作边墙,这万里长城墩所在地的长城,自是秦时的故城。走马城距环县长城原直线距离 70 里,则越过子午岭上的秦长城当在这 70 里之内。现在子午岭上残存 60 里的长城,西起环县营盘山,东至吴起县城墙村。营盘山西北 4 里就是铁角城,明代于铁角城和走马城设防,但未闻在这里修筑边墙。这段长城应该是秦长城的残迹。秦长城在主脉上 40 里,因为西端自白涧西南就趋向营盘山,东端由梨树掌转趋城墙村,而营盘山和城墙村都已离开了子午岭的主脉。既然主脉上有长城,而长城下应该是有道路的,这样的道路就是后来的秦直道。

一路走来发现开采石油对长城破坏严重,现在钻井从山梁顶部往下钻探,而山梁顶部正是长城遗址所在地。钻塔等开采设备和工房以及储油池全部设置在长城遗址上。如果不采取得力的拯救措施,用不了几年,秦长城与其脚下的秦直道遗址将会荡然无存,这绝不是危言耸听。

因为油罐车碾轧,山梁上路面辙印很深,岔路很多。上次考察中,天渐渐黑了下来,但还没有出山,领路的县文物局老王心

图 4-44 钻井对秦直道与长城遗址破坏严重　　图 4-45 甘肃把秦长城遗址用铁丝网围了起来

一急看错了路，以致还出现了一次险情。按老王指挥，小车开上了慢坡，我从右侧车窗望下去，发现是陡峭的深沟，要想倒车技术难度更大，我赶忙告诉司机小白紧贴山体前行。小白身冒冷汗，硬着头皮往前开，丝毫不敢大意，好不容易通过 20 余米几乎和车等宽的险路，才长长出了一口气，车里的人提到嗓子眼的心也跟着落下来，大家哑然而笑，舒缓的脸上掩藏不住历险后的侥幸。

行走中看到两处障城遗址。一处是林沟梁障城遗址，位于长官庙镇曾岔村附近的子午岭一座圆形山崩上，这里与华池县元城镇碾子畔村交界。障墙呈正方形，坐东向西，城内面积 1000 平方米。障城中有方锥形烽墩。另一处是营盘梁障城遗址，位于元城镇吕沟嘴村，长城沿山崩成半圆形状，秦直道沿城内侧形成弧状，障墙长 50 米，障内面积约 4000 平方米，障城外壕已毁。

白涧山梁上有三座烽火台遗址，相距很近。从地面遗迹推测，原来应当为一障城，因为农业开垦将障城破坏，只留下烽火台遗址。秦长城一直沿着陕西甘肃两省交界处伸展，时而为甘肃地界，时而为陕西地界，甘肃省方面采取了保护措施，凡秦长城遗址一律用铁丝网围了起来，陕西省方面则没有采取措施，依然如故。白涧是秦直道与长城分离处，秦长城继续逶迤西延。秦直道则从烽火台遗址南端坡下横穿长城蜿蜒北行，经李崾岘到六条咀，离开吴起县进入定边县铁角城。

定边县位于陕、甘、宁、内蒙古四省区七县旗交界处，古时先后为鬼方、獯鬻、狁狁等部落之地。五胡十六国时混战不休，成为汉族和匈奴、鲜卑、羯、氐、羌等民族杂居地。宋元符二年，距今定边县城东南五六十公里处的头道川所筑之城被赐名定边城，名字为"底定边疆"之意，即今县名之由来。不久又改置定边军，公元1116年又置定边县。明正统二年，筑今定边、砖井、安边三城，定边置守御所，头道川所筑之城遂以附近铁边山之名改称"铁边城"，1942年划归吴起县。嘉靖四十二年置延绥镇西协副总兵，驻定边营。清雍正九年置定边县。

定边县在地貌特征上有两大分水岭：一是县境中部的白于山，为无定河与洛河的分水岭；二是呈西南—东北走向的子午岭北段，为洛河与泾河流域的分水岭。定边的辽阔境域内，南部为白于山丘陵沟壑区，北部为毛乌素沙漠南缘风沙草滩区，沟壑区比沙滩草区面积略大。

铁角城被界碑一分为二，甘肃省一边隶属于华池县乔川乡，陕西省一边隶属于定边县张崾崄镇。清嘉庆《定边县志·古镇》记载："铁角城俗名跌脚城，在县城正南二百四十里川西，宋时筑。"由此可知，铁角城建于宋夏战争期间，当时宋朝采取了拒西夏于荒漠以西的战略战术，沿横山山脉修建了许多堡寨以强化据守。

村西向阳高坡上有一座古城遗址，城垣轮廓可以辨认，依自然地形修建，平面呈三角形，占地约200余亩，城北最高处有墩台遗存。曾在城内出土大量宋代砖瓦、铁钱以及耀州窑印花瓷片。《宋史·地理志》记载："宁羌砦，地本萌门三岔，元符元年进筑，赐名。"古城遗址与《宋史》记载的宁羌砦方位距离较为吻合。此处西沟河、北沟河、东沟河交汇南下，形成一个三岔地势，应是宋时的萌门三岔。西夏人属党项羌，从命名"宁羌砦"也可以看出这座军事要塞的重要作用。

关于铁角城的名称来历当地还流传着一个有趣的故事：当年康熙皇帝听说定边境内有一个颇为奇特的"婚姻寺"，便动了寻

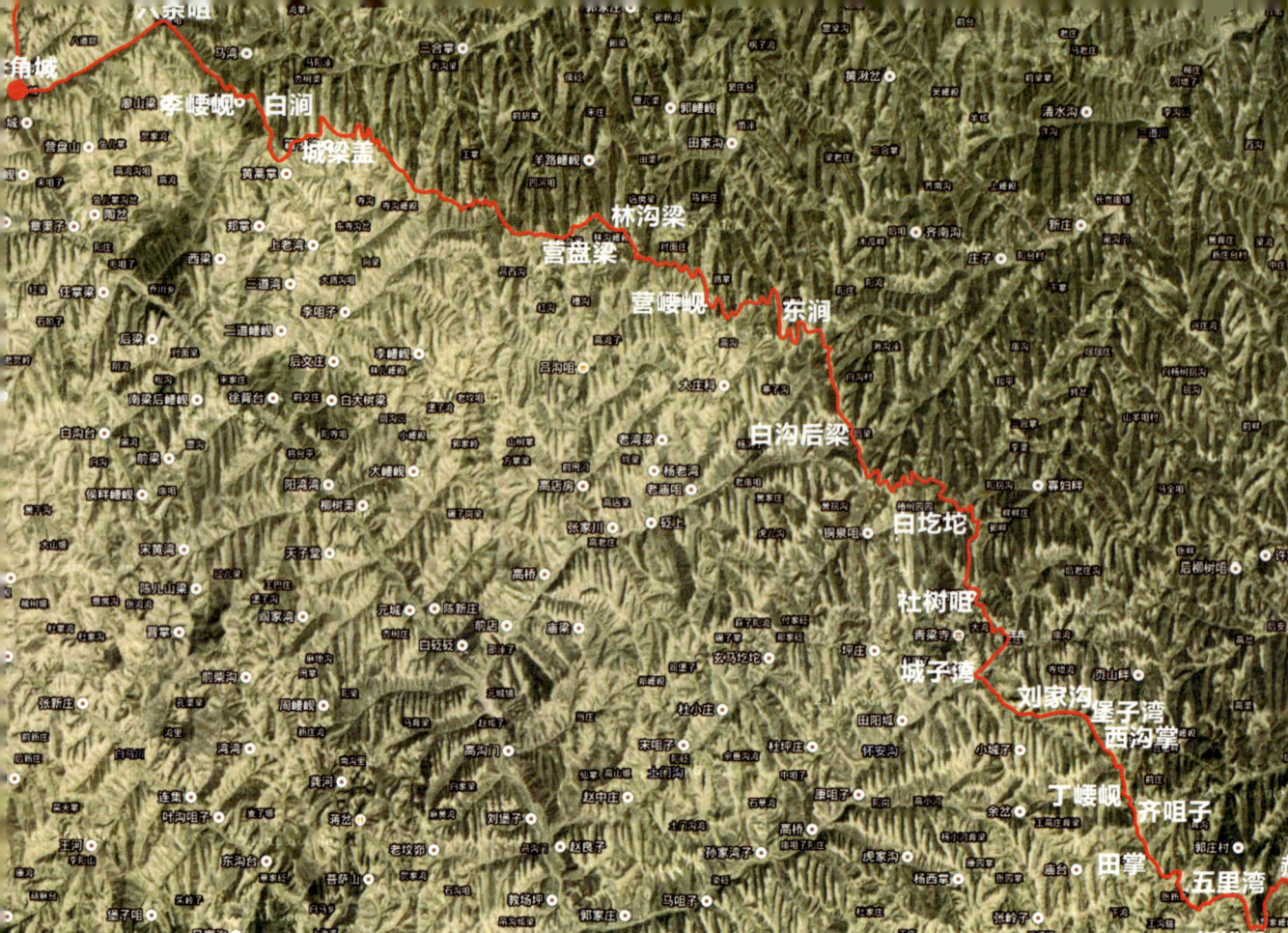

图 4-46　打扮梁至铁角城段卫星路线图

访之念，于是带上几个随从前往微服私访。当行至一个无名村落时，不慎将脚跌伤，一时动弹不得，只好住在百姓家中养伤。康熙皇帝伤好离开后，就有了"跌脚城"的名字，后演变成了"铁角城"。

由于铁角城地处南通庆阳北达包头的必经之路，作为历史上形成的交通要道，自古以来就有为旅途来往的人提供服务据点的功能。今从行政建制上虽为村子，但规模不比陕北一般的镇小。街道绵延1公里余，饭堂、旅馆、商店比比皆是，南来北往的车络绎不绝。

沿秦直道继续北行到白马崾崄，这里两侧山梁各有一座烽火台遗址，形成一个大豁口，秦直道穿过后沿分水岭继续北行。子午岭在过了白马崾崄不远处，又改称钻天岭，除此之外，都以梁相称，不再使用岭名，但子午岭主脊仍在。秦直道仍然沿主脊蜿蜒向北部平地伸展而去，经张崾崄、樊学、王盘山直达纪畔。

这 100 多公里看上去非常干旱，但土层深厚，宜耕性强，能满足作物一年一熟的要求。近几年，面对生态环境的恶化，人们开始进行反思，终于认识到人和自然要和谐相处的永恒法则，实施起再造山川秀美工程，裸露的黄土和沙地上开始蔓延起绿色的植被。沿途地里种植的粮油作物主要有荞麦、洋芋、小米、豌豆、苞谷、胡麻、芸芥、油葵等。定边县年产食用油达 1 万吨左右，素有西北"油海"之称。

荞麦为一年生草本，茎直立，叶三角形，花白色或淡红色，对土壤要求不严，喜凉爽湿润，是定边县传统农作物。一路上看到田地里种植面积广泛，甚至路边荒地也能发现其身影。当地出产的荞麦做面食洁白细长，食之光滑爽口，在市场上渐有盛名，并已成为出口大宗商品。

荞麦最早起源于中国，《本草纲目·谷部》记载："易长易收，磨面如麦，故曰荞曰荍，而与麦同名也。俗亦呼为甜荞，以别苦荞。"荞麦含有丰富的维生素 E 以及铁、锌等微量元素，对"富贵病"高血压、高血脂、动脉硬化症、糖尿病等有一定的食疗效果。中医认为荞麦味甘、微酸，性寒凉，能够降气宽肠，将五脏垃圾排出体外，不仅能够达到减肥的效果，还能使人远离疾病的困扰。

子午岭可分为南北两段，大致以东华池村附近作为分界线。南段为土石山区，大部分遍布灌木丛林。老爷岭以北的秦直道则进入了北段黄土梁状丘陵，虽有遗迹但已不像子午岭南段那样完整而系统。从实地踏查情况来看，史念海师认为北段上现在通行的公路应该就是秦直道旧路的观点是对的，其理由如下：

其一，唐《括地志》记载："秦故道在庆州华池县西四十五里子午山上。"唐华池县就是今华池县东华池村，西至麻子崾岘附近正好 45 里。既然有秦直道的遗迹，就说明秦直道依然是循着子午岭的主脉向西北进展的。

其二，从秦始皇修直道到现在，贯穿子午岭的东西道路不少，其中富县、黄陵县之间有古道岭，秦直道并没有从这里下子午岭，因为兴隆关以北子午岭上现在还有遗迹可寻。葫芦河有两个源头：一是二将川，经白豹川可到吴起县南的金汤镇；一是荔原堡川，经樊川可到金汤南面的旦八寨。这些河谷都是通往洛河流域的大路，秦直道并没有由这几条河谷北行。秦直道不下山，正是要避开河谷曲折和跨越横山山脉。

其三，既然秦直道是循着子午岭主脉北上的，为什么现在子午岭北段的秦直道遗迹稀少？因为北段是黄土梁状丘陵，在漫长的历史岁月中已被大量开垦，成为农田，山顶岭头有不少地方较为平坦，开垦就愈为普遍，这势必使秦直道遗迹减少。

纪畔离西北方向的定边县城也就24公里，明正统二年才筑今定边城，故和秦直道没有关系。秦直道仅仅是从今定边县城边擦身而过，转向东北行。眼见天色已晚，前途沙海茫茫，故决定留宿定边县城。

放下行李走上街头，寻找以前来过所留下的深刻记忆，那就是在昏暗的煤油灯下，坐在小摊凳子上，吃一碗当地的风味小吃羊杂碎。顾名思义，羊杂碎就是由羊头、蹄、血、肝、心、肠肚等混合烩制而成，贵就贵在"杂碎"两个字上，一个都不能少，不杂不碎，吃起来滋味就难以到位。现在好像吃得人少了，半天才在一条背街上发现一处专卖羊杂碎饭馆，铺面显得陈旧简陋。

老板呈上一碗，佐以辣面、香菜、葱丝、姜粉大口吃下，客观说，杂碎还是当年的杂碎，但我怎么也感受不到当年的香味，细想还是感觉出了问题。当年生活条件差，老感觉肚子饿，吃啥啥香，不由得想起小时候母亲给我讲过的故事：汉光武帝刘秀举事后，有一次兵败被追了两天一夜，好不容易摆脱追捕，摸黑进到一农户家乞食。正在吃晚饭的农民就从锅里盛上一碗浆水鱼鱼，并撒上翠绿的韭菜，刘秀呼噜呼噜吃完了，从小生活在富裕家庭的刘秀从未吃过如此香的饭，就问饭名，农民戏称"翡翠珍珠汤"。刘秀当上皇帝后，觉得所有山珍海味都没有"翡翠珍珠汤"好吃，由于仓皇逃跑没有记住地方，就派好多人在那一带搜寻，搜寻到

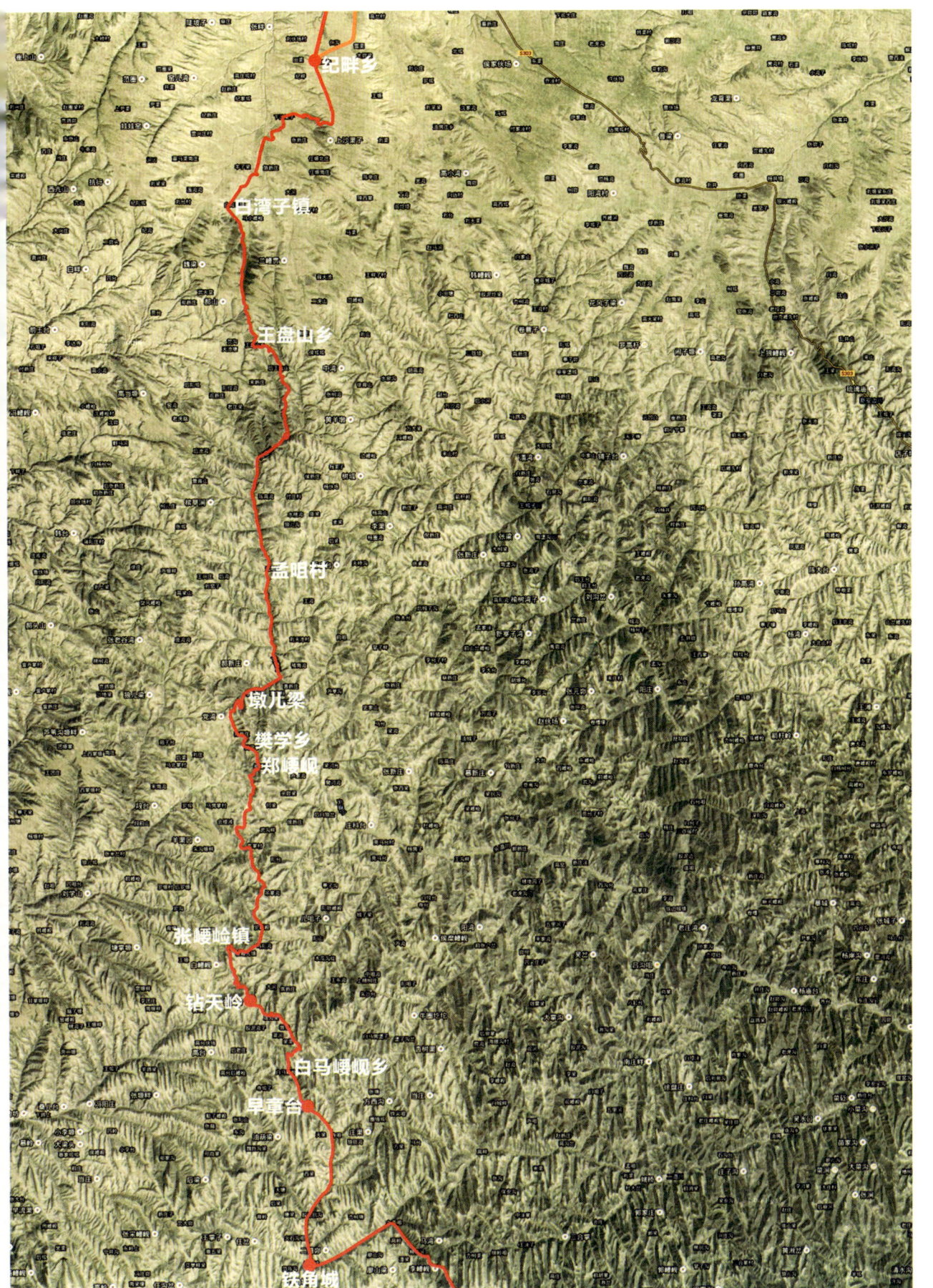

图 4-47　铁角城至纪畔段卫星路线图

图 4-48　定边县玉皇阁夜景

所有浆水鱼鱼都感觉味道不对。虽然只是传说，但民间故事往往蕴含着深刻的人生哲理。

吃完饭漫步在街道上四处观望，大街上摩天大楼比邻，昔日简陋脏乱的县城大都换上了时尚的新装，只有县城中心的鼓楼依然未改。鼓楼原名玉皇阁，为三层砖木结构，第一层为台基平面，呈正方形，外砌清砖，十字券洞互通，石雕栏杆相围。第二层为楼阁，第三层四面均开窗门，重檐十字歇山顶覆盖琉璃瓦。鼓楼基座高大，楼阁纤小，建筑年代无考，但具有明代风格。落日后的毛乌素沙漠上空呈清澈的宝石蓝色，临街的商铺大多闪烁着霓虹灯，被彩灯勾勒出轮廓的鼓楼犹如披上了华丽霓裳，与珠宝璎珞般的一排排街灯氤氲出一种富丽堂皇的夜景。

定边县城翻天覆地的变化与县域资源优势不无关系。定边县传统的"老三宝"为原盐、皮毛和甘草。原盐主要分布在县城西北部，预测储量 6000 万吨，形成每年产食盐 10 万吨的能力，是陕西唯一的原盐产生产基地。定边长期是羊皮和羊绒的集中产区，甘草产量曾经占到全省年产量的 80% 以上。但同现在的矿产资源相比，可谓小巫见大巫。高发热量的煤预测储量 400 亿吨，石油资源预测储量 10 亿吨以上，境内所在的陕甘宁气田已探明储量 3000 亿立方米。地底蕴藏的丰富能源，源源不断转换成巨额货币，城市建设突显了经济实力的强大。

第二天一大早出发，继续前行有两种路线。史念海师认为：秦直道在定边县南离开子午岭地区，再往北经过内蒙古高原的乌审旗之北至红庆河。在《直道和甘泉宫遗迹质疑》一文附带的《直道歧义图》中，从纪畔到红庆河标示为一条直线。《秦直道考察》则认为：到达纪畔后，转向东北，经安边镇进入靖边县境，抵达宁条梁镇后，向东北沿无定河西侧，经过乌审旗南境的河南乡至红庆河。好在史念海线和《秦直道考察》线经地相异的路段都不长，我对两条路线都进行了考察。

依史念海线考察，前行 30 余公里，到达毛乌素沙地南缘的白泥井镇，一路上给人的感觉就是地广人稀，查了一下资料，定边县人均土地 42 亩，比陕西省人均 9.5 亩高出 3.4 倍。白泥井镇种植的农作物以苞谷、辣椒、马铃薯为主。镇子规模相对较大，建有好多蔬菜批发市场，其中一个门前摆放了巨型红辣椒雕塑，如此荒远的村镇竟然显现出很浓的商业气氛，从一个侧面反映出改革开放以来农村社会经济发展的历史进程。白泥井镇距内蒙古自治区地界仅七八公里，跨界后就进入鄂尔多斯市境。由于数千年来饱受风沙的侵袭，这一段秦直道惨遭破坏，遗迹难以清晰辨认。

依《秦直道考察》线则自纪畔沿毛乌素沙漠南缘东行，约行 30 公里到安边镇。安边古名"深井儿地"，历史上归属多与县治地不一，明正统二年，始筑今安边城。清末民国初，这里商业繁华，山西、河北、甘肃、宁夏的商货多在安边集散，定边和靖边的坐商也须来安边进货，故一跃成为"三边"的贸易中心。1945 年设陕甘宁边区安边县，1949 年撤县并入定边县。由于曾经是县城，故镇内规模较大，旧城鼓楼、牌楼、庙宇等建筑遗址已被拆毁，虽然破坏严重，但城垣残墙保留至今，轮廓尚可辨认。

在安边镇民间传统的文化习俗中，吹唢呐远近闻名。唢呐是舶来品，由波斯、阿拉伯一带传入中国后，因深受老百姓喜爱而得以流行，凡遇婚丧嫁娶、开张庆典、乔迁新居、办庙会及各种庆祝活动都要吹唢呐助兴。明代王磐的《朝天子·咏喇叭》曾做了精彩描述："喇叭，唢呐，曲儿小，腔儿大。来往官船乱如麻，全仗你抬身价。军听了军愁，民听了民怕，哪里去辨甚么真共假？眼见得吹翻了这家，吹伤了那家，只吹得水尽鹅飞罢。"唢呐传入陕北后，经过演变和发展已成为地方文化的组成部分。陕北民间将吹唢呐的艺人叫"吹鼓手"或"吹手"，吹出的唢呐音色时而高亢激越，热闹嘹亮，有排山倒海之势；时而采用拟声，如泣如诉，有细腻委婉之情，可谓之刚中有柔，柔中有刚，与黄土地人的性格极为契合，其内心率真的情感宣泄，借助唢呐，得到淋漓尽致的发挥。

安边镇东为开阔的低平碱滩，耸立着南北向的明长城，其沿线是陕西省地带性气候中平均气温最低、降雨量最少的地区，具有寒冷和半干旱的特点。长城虽然历经风雨侵蚀和人为破坏已千疮百孔断断续续，但依然不倒，向世人昭示着中华民族不屈不挠的精神底蕴。沿307国道穿过长城豁口后，再行10公里余就抵达了郝滩镇。

在明末农民起义中，陕北造就了两个领袖式人物，一是米脂

图 4-49　安边镇城垣残墙

第四章　兴隆关西北的路线考察

图 4-50　安边镇依然不倒的明长城

人李自成，建立了大顺政权，另一个是公元 1606 年出生于郝滩镇刘渠村的张献忠。公元 1630 年，陕北旱灾严重，张献忠在家乡揭竿造反，此后转战南北，屡立战功，队伍发展到几万人。1644 年以成都为西京，建立大西政权，登上了皇帝宝位。1646 年，清军南下，张献忠决心以死相拼，尽杀妻妾，甚至连幼子也不例外。他对养子说："我亦一英雄，终不令幼子为人擒。"在北上西充县凤凰山迎击清军时，张献忠被清将雅布兰射中坠马而死。

历史上有关"张献忠屠蜀"的争议由来已久，一些文献指控张献忠毁成都城，进行过多次大屠杀，造成四川人口锐减。但在明人顾山贞《客滇述》中有这样的记载："清将梁一训驱残民数千，北走至绵州，又尽杀之，成都人殆尽。"由此有人认为屠蜀的真凶是清军。相传张献忠还把打劫来的千船金银珠宝从成都顺水南下，在四川彭山县江口镇"老虎滩"一带，遭到突袭而沉落江中。2005 年彭山县城开建引水工程，在岷江"老虎滩"河床上用挖掘机开挖时，铲出一捆共十枚银锭，银锭身上"崇祯十六年八月，纹银五十两"字样清晰可见，从而证实了三百多年前在此沉银之说并非是空穴来风。

从郝滩镇继续东行就进入了靖边县境，这里古为白翟所居。

白翟亦作白狄，始见于《左传·僖公三十三年》："晋侯败狄于箕，郤缺获白狄子。"西晋杜预注："白狄，狄别种也。"《史记·匈奴列传》记载："晋文公攘戎翟，居于河西圁、洛之间，号曰赤翟、白翟。"王国维在《鬼方昆夷猃狁考》中认为："春秋庄闵以后，戎号废而狄号兴。……而狄之姓氏见于《左传》者实为隗姓。……然秦汉以后之隗姓，皆出白狄故地。"

秦统一六国后，靖边县域属上郡。东晋义熙三年，赫连勃勃建大夏国，在今靖边县境北部筑统万城。明洪武六年，设靖边卫，是年又设靖边道。明成化三年，又设靖边营。清康熙元年，撤靖边道，原所辖营、堡统归榆林道管辖，同时设靖边所。雍正九年，置靖边县。

由于这里矿产资源丰富，靖边县享有中国"科威特"之誉。以靖边为中心的天然气田控制储量3200亿立方米，属世界级整装大气田，已探明石油储量约在1亿吨以上，已探明优质煤储量达35亿吨。2004年9月6日新疆至靖边天然气管道建成通气，新疆来气需在靖边加气加压，靖边成为"西气东输"的重要枢纽。

不仅如此，靖边县境水利资源也很丰富，有红柳河、芦河、大理河等八条较大的河流，多发源于靖边县南部白于山区。现已探明靖边县储水总量为3.53亿立方米，目前淤地坝和水库的总库容量10亿立方米，居陕西省第一位。

靖边县为陕西省马铃薯的主产区，年产量高达50多万吨。马铃薯原产于秘鲁安第斯山区，人工栽培可追溯到公元前五千多年前，后被西班牙殖民者带到欧洲。因花朵呈白色或蓝紫色，非常艳丽，被人们当作观赏花卉种植，后来发现能食用，便开始大面积种植。17世纪时，马铃薯成为欧洲的重要粮食作物并传播到中国，由于马铃薯适合生长在高寒地区，很快在中国境内得到普及并成为主食，对维持中国人口的迅速增长起到了重要作用。

马铃薯因酷似马铃铛而得名，但各地都有自己习惯的叫法。东北三省、河北省和鄂西北称土豆，华北地区称山药蛋，西北地区和两湖地区称洋芋，江浙一带称洋番芋或洋山芋，广东省称为薯仔，粤东一带称荷兰薯，闽东地区则称为番仔薯。

宁条梁镇位于靖边县城西45公里处，地处交通要冲，北通内蒙古，南达省城，东趋太原，西控银川，历来为兵家必争之地。清光绪《靖边县志稿·杂志》记载："夙称繁富，客商辐辏，民人数十万。"历史上曾是"三边"最大的贸易中心，一向有"驮不完的宁条梁，填不满的安边城"之说，故此赢得了"旱码头"的美誉。时至今日，宁条梁镇虽然达不到以前的繁华程度，但也并非铅华落尽，仍为四周乡村的物资集散地，镇子里的街道长达一二公里，你买我卖商业交易氛围较为浓厚。

从定边县纪畔至靖边县宁条梁镇，有七八十公里，两千多年来人们过度垦殖和放牧，导致水土流失严重，地貌有了很大的改变。定边孟家沙窝至靖边高家沟的连续沙带是毛乌素沙地带最初起沙的范围，当地景象正如民谣所言："山高尽秃头，滩地无树林，黄沙滚滚流。"秦直道遗迹已被切割得七零八落，遗迹难以辨认。

秦直道抵达宁条梁镇后，继续东行就会碰到无定河的横阻，这对两千多年前辎重木车的通行形成了难以克服的天堑。无定河发源于定边县白于山长春梁东麓，古称朔方水、朔水、生水、奢延水，唐五代以来，因流域内植被破坏严重，流量不定，深浅不定，致使河身不定，故有恍惚（忽）都河、无定河之名。无定河全长491公里，其上游因为两岸长满了摇曳多姿的红柳，所以被称为"红柳河"，河宽三五十米，河岸崩塌严重。流经靖边新桥后称为无定河，河流切入白垩系砂砾岩中，局部形成跌水。沿途纳榆溪河、芦河、大理河、淮宁河等支流，在清涧县由西北向东南注入黄河。

依照《秦直道考察》附图所绘的路线，为了避开横渡无定河，秦直道沿无定河西侧转向东北方，从而离开靖边县域的中部梁峁涧区，进入了北部风沙草滩区。这一区域地势平缓，气候干旱，风大沙多，冷热剧变，一些小型湖盆滩地低洼之处由于常年集水而被称为"海子"，周围沙丘多已固定或半固定，由于沙地质基松散且不稳定，大部分植被难以发育，所以这一地区形成了以狗娃花、沙打旺、沙柳等沙生植被为主的生态系列。

狗娃花一年或二年生草本，茎高四五十厘米，有时数个丛生，花浅红色或白色。有垂直的纺锤状根，适宜于沙地生长。作为中药材有解毒消肿的功能，用于对疮肿、蛇咬伤的治疗。沙打旺属多年生草本，植株高2米左右，丛生，主茎不明显，由基部生出多个分枝，花紫红色或蓝色。由于其具有抗旱、抗寒、抗风沙、耐瘠薄、耐盐碱等特性，可在风沙危害严重的地区种植，可用于防止水土流失和改良土壤，还可直接做牲口的青饲料。

沙柳属多年生灌木或小乔木，植株三四米高，生长迅速，枝叶茂密，根系繁大，向下深扎四处延伸形成根网，筑起一个个防线，一株沙柳就可将周围100多米流动肆虐的沙漠牢牢固住，还能像割韭菜一样，越砍越旺，任何的蹂躏和侵吞，都无法削弱其对绿色生命呵护的意志。老百姓总结出其有"干旱旱不死、牛羊啃不死、刀斧砍不死、沙土埋不死、水涝淹不死"的"五不死"特性。因为固沙保土力强，利用价值高，沙柳成为中国沙荒地区造林面积最大的林种之一。沙柳可谓浑身都是宝，可用于造纸，所含的热量和煤接近，可发展成绿色生物煤田，还是一种中药材，具有祛风清热、散淤消肿的功能，用来主治皮肤瘙痒、慢性风湿、疮疖痈肿等病症。

继续向东北方向前行，就逐渐到中国四大沙地之一的毛乌素沙地。其名字源于陕西省靖边县海则滩乡毛乌素村，蒙古语本意为"坏水"，这里地处陕西省榆林市和内蒙古自治区鄂尔多斯市之间，历史上一直处于农牧交错地带。沙地和沙漠在地理上是有差异的：沙漠主要是指地面完全被沙覆盖而空气干燥植物稀少的荒芜地区；沙地则是指地表被固定或半固定沙丘覆盖，气候半干旱或半湿润，多风少水流和植被较少的地区。

古时候这片地区水草肥美，风光宜人，是很好的牧场。北魏灭夏国时是从内蒙古自治区托克托县附近渡过黄河直趋统万城的，从北魏行军路线上看是必须要经过今乌审旗的，可是文献里并没

图 4-51 沙柳

有他们走过沙漠的记载，可知当时这里没有沙漠。唐初"六胡州"昭武九姓在这里滥牧，由于整个鄂尔多斯高原的浅层地表都是由地质时期形成的沙砾物质组成，不合理开垦致使草皮破坏，就地起沙就形成了沙漠，加之冬、春季多强劲的西北风，又从蒙古高原搬运来很多沙粒，使流沙不断扩大。唐代末年初见沙漠，到两宋时期，毛乌素沙漠化继续向东南拓展，在明朝中后期，为长城城墙"扒沙"一直是一项国家大事，但收效甚微。正如清代《榆林府志·兵志·附边防》收录的明人刘敏宽《榆镇中路论》文中所言："沿边积沙高与墙等。时虽铲削，旋壅如故，盖人力不敌风力也。"清初沙漠推进速度就更快了，经过一两千年的持续扩展，终于形成了今面积达 42000 余平方公里的沙地。

前行百余里，进入鄂尔多斯草原，这一段从景观的角度看，非常壮观，几种自然地貌交错相汇，植被和土壤反映出过渡性特点，大部分为栗钙土干草原地带，向西北过渡到棕钙土半荒漠地带，向东南过渡到黄土高原黑垆土地带，既能观察到黄土高原的雄浑苍茫之景，又能领略出沙地草原的浩瀚无垠之势。尤其是经过多年的治理，封山育林和退牧还草等措施发挥了功效，裸露的黄土和沙地，大部分已被针茅、沙蒿、柠条、沙柳等植物覆盖，在蓝

221

天和白云的覆遮下变幻着色彩，那紫艳艳的红柳、青翠翠的牧草、黄灿灿的土沙，让观者享受到了没有丝毫雕琢的粗犷自然美。

史念海线和《秦直道考察》线之所以出现差异，究其主因，显然是进入风沙草滩区后，平坦的地形对路线的限制小，人们有了选择的余地。经实地考察后，两条路线都有可能是秦直道。《秦直道考察》附图虽然不太详细，但大致可看出，进入毛乌素沙地后就逐渐远离了红柳河谷。对此，我认为不能排除沿红柳河边继续前行的路线。因为在大方向一致的前提下，茫茫沙海中顺红柳河边行走是最好的选择：一是不会迷失方向，二是可提供人畜解渴的饮水，三是干燥的夏天河边相对凉爽。如果采取顺红柳河边前行路线的话，将会从大夏国都统万城遗址旁擦身而过。

建造统万城的刘勃勃，是匈奴右贤王去卑的后代，属铁弗匈奴，即父为匈奴人母为鲜卑人的混血族，后因"耻姓铁弗，遂改为赫连氏，自云徽赫与天连，又号其支庶为铁伐氏，云族刚锐如铁，皆堪伐人"。赫连勃勃在生父被北魏攻杀后逃奔后秦，封为安北将军、五原公，镇守朔方。赫连勃勃在并吞了岳父后秦高平公部众后，自认为是夏后氏之裔，故称国号为大夏，并自封天王，年号龙升，设百官。几年间拓疆开地，终于跻身于列国对峙的行列中。

踌躇满志的赫连勃勃口吐狂言："今都城已建，宜立美名，朕方统一天下，君临万国，宜以统万为名。"但也有专家认为是胡名汉译，原名应为"统万突"或"吐万突"。统万城的将作大匠叱干阿利虽精于工巧，却生性残暴，蒸土筑城，凡铁钉刺墙入一寸者杀。营建的统万城非常壮观，殿阁池园极为华丽，宫中装饰异常奢侈。

公元418年，赫连勃勃趁东晋内乱，夺取长安并登上帝位，作为游牧民族后裔的赫连勃勃在其羽毛未丰时不敢贸然深入农耕之地太多，同时也为了防止劲敌北魏的攻击，留太子赫连璝镇守长安，自己北返发迹之地统万城。赫连勃勃暴虐无比，视民如草芥，"常居城上，置弓剑于侧，有所嫌忿，便手自杀之。群臣忤视者凿

图 4-52 红柳河谷（2000 年拍摄）

其目，笑者决其唇，谏者谓之诽谤，先截其舌而斩之"。赫连勃勃晚年欲废太子赫连璝，太子赫连璝被迫从长安起兵谋反，后被其弟太原公赫连昌所杀。

公元 425 年赫连昌继位。在劲敌北魏的连年打击下，赫连昌败逃上邽，北魏兵入城，获大夏"王、公卿、将、校及诸母、后妃、姊妹、宫人以万数，马三十余万匹"，并将统万城降格为统万镇。逃至上邽的赫连昌被北魏生俘，其弟赫连定逃至平凉称帝，公元 431 年被吐谷浑生俘，大夏自立国到覆灭共计二十五年。

2000 年我来时，一路上的景色和这次看到的不一样，尚处在未开发的原生态状态，川道宽坦，水流潺潺，水田一畦一畦像棋盘，塞外旱柳簇拥下的农舍散布在两岸，这壮丽的北国风光远胜秀丽的江南景色。宋代诗人苏轼曾有诗句赞曰："应知无定河边柳，得共江南雪絮春。"红柳河在这里像个调皮的孩子，在内蒙古自治区玩了一段又折回到陕西省境内。爬上被河流深切的北岸陡坡，便看见仍未被流沙吞噬的残垣断壁，这就是历史上大名鼎鼎的大夏国都统万城，距内蒙古自治区鄂尔多斯市境也就四五公里路程。

当时整个统万城无人管护，时隔十几年后已大变样，建起了大门，围起了隔离栏，成了文化景区。统万城分为外廓城、内城，内城又分为东城和西城，当地群众称头道城、二道城、三道城。

外廓城依红柳河北岸塬边地势展开，城垣破坏严重，轮廓不太明显，东城周长566米，西城周长2470米。当年我曾经步行过一圈，需要四五十分钟时间。

城垣上有墩台，西北角的尤为高大，目测有二三十米，版筑每隔十余层有平列椽孔，尚有未全朽的木椽头。墩台的中部有后人开挖的洞窟，站在洞口向外俯视，城内沙土地已被沙柳、沙蒿、荒草等植物覆盖。内城中部稍偏西南有一座形状不规则的土墩，下有一口枯井，深数十米。土墩周围经常出现瓦当、花纹砖等碎片，推测是宫殿的建筑中心。东垣依城有今人开挖的几十孔窑洞，羊栏、猪圈依然可见，但已无人居住。

城墙为白色，是由石英砂、黏土和石灰掺和而成的三合土。北魏地理学家郦道元曾说："统万城蒸土加功，雉堞虽久，崇墉若新。"其实是因生石灰加水变成熟石灰溢出大量热气，蒸雾冲腾，遂讹传为"蒸土筑城"了，又因土中加有石灰，色呈白色，故老百姓又称之为"白城子"。城墙虽历遭人为破坏和风沙侵蚀，但仍矗立在毛乌素沙地，足可见其土质之坚硬程度。

面对风雨剥蚀的历史陈迹，在凭吊之余便有疑问涌上心头，一座成为废墟的古都，为何从盛至衰走到了尽头？然而遥远的岁月已抹去了许多痕迹，我们无法完全再现已逝的年代，只能凭借科学考察和文献记载，去解读历史的神奇音符，逐步勾勒出一千五百多年来的基本轮廓。

有一种说法认为统万城变为废墟和逐步干涸的湖面沉积沙有直接关系。毛乌素沙地现有湖泊海子两百多个，古时更多，有资料表明，统万城不远处古时有一个100平方公里以上的巨大湖泊，郦道元记载为奢延泽，隋唐时称长泽，而现在点缀在这一带滩地上的沙那淖尔等十几个小湖，只不过是它最后的残迹而已。因气候日益干旱，逐渐干涸的湖泊，还有靖边的海则滩，榆林的刀兔滩、金鸡滩等。从巨大的湖泊由大到小逐渐堙塞成湖泊沉积沙的演化中，可窥视出统万城成为废墟的自然原因。

另一说法认为统万城变为废墟是人类不合理的经济活动造成的。赫连勃勃曾言："美哉斯阜，临广泽而带清流，吾行地多矣，未有若斯之美。"这番话不免有夸大之嫌，但至少说明营建统万城时这里是草木畅茂农牧兼宜之地，这从北魏兵袭统万城掠得马三十万匹的文献记载中也不难看出。夏国灭亡之后，北魏于其地建立夏州，历经西魏、北周，文献上没有沙漠出现的记载。隋唐时由于不断垦荒和过度放牧，草原衰退沙化严重。从唐人马戴《旅次夏州》中的诗句"繁霜边上宿，鬓改碛中回"可得知，那时夏州已在碛中了。这一状况从唐人许棠《夏州道中》"茫茫沙漠广，渐远赫连城"的诗句中也得到印证。到了宋初，这里已是"深在沙漠"了。明清两代不顾自然条件继续自然放垦，以致靖边境内长城沿线植被遭受破坏后，由于强风吹扬，原有的暗沙变成明沙。光绪《靖边县志》记载："明沙、扒拉、碱滩、柳勃居十之七八，有草之地仅十之二三。明沙者，细沙飞流，往往横亘数千里；扒拉者，沙滩陡起，忽高忽陷，累万累千。"最后终于导致草地沙漠化的景象出现。

图 4-53　统万城的残垣断壁

还有一种说法是政治军事的需要。隋唐以后，统万城成为与中央王朝分庭抗礼之地。隋末梁师都在统万城僭登帝位，宋初党项族李继迁占据统万城。宋淳化五年朝议："奸雄因以窃据，乃诏堕之，迁其民于银绥"。统万城从修建至堕废共计五百八十一年，往后再无文献记载。

直至清道光二十五年，怀远县知县何丙勋曾进行考察，在呈榆林知府徐松的调查报告中称：至清道光年间横山县令曾进行考察："渡无定河即登彼岸，西行二里许，进头道城，又西半里，进二道城，一、二箭许，进三道城。头二层城内，仅有瓦砾。其第三层城内南面，西有钟楼，东有鼓楼，鼓楼仅存基础。坚筑白土墩，高约六五丈，无级可登。其钟楼尚堪登眺，高约十余丈，白土筑成，鸡笼顶式大厦一间，半间已坍，半间悬钟，屋顶形迹苑然，屋外飞檐八层，插椽孔穴，层层可数，穴内尚有松椽三、四橛，闻椽之长出者悉为鞑子猱升拨用。南面列有白土墩七座，亦坚硬如石，似系台楼已圮而其基尚存者。然北头有白土坪坡，似系殿基。北城东西两角俱有十墩，想即所谓拐角楼者是，三道城内自东至西不及一里，自南至北约一里有余。"这可说是历史上最详细的记载。

复合促成的说法是目前占上风的观点，统万城变成废墟不是单一因素，既有人类政治军事的需要，又有自然环境的变迁，还有农牧作物结构的影响，在诸多因素的复合作用下演变成今天的模样。各种议论可能还会继续争论下去，但不管怎样说，风沙地貌的逐渐发育，生态环境的不断恶化，使这一地区失去了人类聚居生活的条件，从而动摇了统万城作为城市的基础而被废弃，这是不争的事实。

统万城的残垣断壁在夕阳下是那样深邃、那样沧古，使我们巡视之余徒生一种悲壮的感慨和反思意绪。我想起了秦国丞相吕不韦组织编写的《吕氏春秋》中的一段话："今之于古也，犹古之于后世也；今之于后世，亦犹今之于古也。"凝视着沉淀了旧日辉煌的故都废墟，不由得沉思，我们会留给后人什么样的记忆呢？

第五章  兴隆关东北的路线考察

图 5-1 县域内最高点的墩梁

一、改走古道岭至桦沟口

富县周属白翟,春秋属晋国辖地,三分晋地以后属魏。魏惠王十二年,在今富县茶坊镇黄甫店村南西侧,为抵御强秦而建造雕阴城池。清道光《鄜州志·山川》记载:"山多土穴,雕鹰所居,故名。"秦惠文王八年,秦国公孙衍率军大败魏军,俘大将龙贾,斩八万余人,史称"雕阴之战"。战后,魏献黄河以西十五座城池于秦,被设为雕阴县。公元583年,隋割洛川、三川县辖地北部,在"三川交会,五路襟喉"的五交城(今富县城)设洛交县。公元618年,唐置鄜州,因县境内有鄜水而得名。民国初,废鄜州设鄜县,1964年因鄜字生僻,改为富县。

富县东部位于渭北旱原与黄土高原过渡地带,属大陆性暖温带季风气候,土塬开阔平坦,土层深厚,年降水量600毫米左右,无霜期一百七十天左右,昼夜温差大,海拔高,光照充足,无工业污染,自然环境适合苹果的生长,和洛川、白水、礼泉等二十七个县构成世界上苹果最佳优生区,种植面积达40万亩,果业已发展成为当地农业的支柱产业,荒凉的黄土地貌也被茂密的绿色植被所代替。

富县西部与东部自然景观差异较大。属子午岭的一部分,最近几十年来,我国由于人口的快速增长及经济的高速发展,对野生动植物资源和生态环境的需求不断增大,人与自然之间的矛盾日益加剧,自然资源严重透支,生态平衡惨遭破坏,野生动植物栖息地破碎化,甚至大面积消失,大量野生动植物处于濒危状态。子午岭所在的黄土高原是水土流失最严重的地区。在4.5万多平方公里的土地上,形成了千沟万壑、光山秃岭的荒凉景观。

为了保护好黄土高原的"一叶肺",桥北林业局槐树庄林场整体转型为陕西子午岭国家级自然保护区。保护区现存植被是立体分布的,分为森林、灌丛、草地、森林湿地四个互为交错的类型。区内动物种类繁多,在弱肉强食的丛林法则支配下,现有鱼类十七种、昆虫五百三十四种、脊椎动物一百八十八种,其中国家一级保护动物有金钱豹、黑鹳和金雕三种,国家二级保护动物有豺、水獭、鸳鸯、灰鹤、大天鹅、红脚隼、燕隼、红隼等十六种,它们都在这一方天地里留下了足迹,这里遂被称为黄土高原上的天然物种"基因库"。

豹属猫科动物,皮毛呈橙黄色,亚洲的亚种多为金钱豹,在中国分布范围广。豹喜欢单独活动,平时没有固定的巢穴,黄昏时出来游窜,白天则爬到树上或在草丛中以及悬崖石洞中睡觉。豹勇猛矫健,敏捷机警,奔跑起来时速可达70公里,嗅觉、听觉和视觉都很好,发现猎物时便隐蔽在草丛中,借助树木的掩护,轻轻地逐渐接近,潜至一定距离时,突然跃起,几经蹿跳,即能捕获猎物。豹子和狮子、老虎相比,虽然体积小,但本领却比狮子、老虎高,狮子不善水更不会爬树,老虎仅能游点泳也爬不了树,而豹子既会游泳又善爬树。其高超的狩捕技能,被古代兵家引申为用兵之术,兵书《六韬》中就有"豹韬"八篇。清代武官补服上,一品麒麟,二品狮子,三品为豹子,四品才是老虎,可见豹子地位已上升到老虎之上。

豹子20世纪50年代比较多见,还不时伤害牲畜,由于栖息环境的改变,特别是"打虎除害"的同时也除"豹害",以致豹的数量急剧减少。20世纪70年代末,金钱豹还被列为国家三级保护动物，1981 年升为国家二级保护动物，1983 年又紧急升为国家一级重点保护动物，连升三级，意味着金钱豹处境堪危，据说数量已低于老虎。

近年来，保护区内一直流行着金钱豹出没的传说，但对这种神秘灵异的大型猛兽，始终没有找到其真实存在的确凿证据。2012 年林区视频监控分别拍摄到一大一小两只野生金钱豹，这说明随着大范围植树造林，禁伐、禁猎、禁牧，陕北森林植被得到了有效恢复，越来越多的野生动物开始重新回到黄土高原繁衍生息。

但让人感到痛心疾首的是，2014 年 1 月 17 日黄陵县上畛子森林派出所民警发现有人猎杀雌性金钱豹，两天之后，该县腰坪派出所民警又发现一只被猎杀的雄性金钱豹。三天两起案件，立即震惊全国。这些盗猎事件说明保护野生动物的工作还任重而道远，人类必须善待共同生活在地球家园中的伙伴。

金钱豹虽然是子午岭顶级食肉动物，但按照民间说法，豺、狼、虎、豹中豺名列第一。豺属于犬科，外形与狼相近，体型比狼小，其毛长而密，背毛红棕色，毛尖黑色，为典型的山地动物。据说豺是猎神即二郎神的狗，听觉和嗅觉很发达，晨昏活动最频繁，稍有异常情况立即逃避。虽然单打独斗时豺并非豹的对手，但豺以群体围捕的方式猎食，互相呼应和配合作战的能力却比豹要高出一筹，最终多半获得胜利。

由于自然环境受到破坏，豺不仅失去了栖息和隐蔽条件，所能捕食的各类野生动物数量也日渐减少，它们不得不窜向村落盗食家畜，被人们以"害兽"加以捕杀，致使豺处于濒危状况。虽然豺国家保护的等级比金钱豹低，但金钱豹还偶有所闻，豺却似乎已从大地蒸发而了无身影。愿豺有一个好运气，在不久的将来和金钱豹一样，能再现身于子午岭森林之中。

保护区森林覆盖率为 90% 以上，地处陕北南部森林向草原植被的过渡带，正处于演替过程中。落叶阔叶林以辽东栎、山杨、白桦和麻栎为优势品种，针叶林以油松和侧柏为优势品种。林区中之所以动植物种类繁多，在于这片山地对生命的宽容和尊重，竟然容纳了六十余种大型真菌、五百九十六种种子植物，为黄土高原生态脆弱地区演化出最完整的天然次生林生态系统。植被中最稀有的是国家保护植物核桃楸、紫斑牡丹、刺五加，地方保护植物杜松、陕西鹅耳枥、文冠果以及一般保护植物柴松，这是特定历史时期和历史条件下保留下来的一份极其珍贵的自然遗产。

子午岭较大的支脉北有分水梁，中有古道岭。古道岭作为子午岭众多支脉中重要的一支，既是黄陵县和富县的分界岭，也是沮河和洛河的分水岭。古道岭又称蚰蜒岭，名称暗藏的信息似乎告诉人们，这是一条很早以前就存在的道路。

靳之林推测由秦林光宫循子午岭径直向北，伸向内蒙古包头西南秦九原郡的古道（陇东群众称"大古道"）是秦直道。另一条沿子午岭主脉折向甘肃的古道，可能是秦通向西北的故道（陇东群众称"小古道"）。《"秦直道"新探》记载："出沮源关沿子午岭西侧北去，也有一条古道，即史念海教授所认定的'秦直道'路线，靳之林所说的宋代路线。"

史念海师认为：靳之林并未提出宋代路线，所谓秦通西北的故道，未见说明，可能是说秦始皇以前就有的道路。秦昭王在北陲修筑长城隔绝南北，可以通行的主要道路只有两条，即经过肤施的大路和经过北地郡所属朝那县北行的大路。所谓秦通西北的故道，也许只是想当然的说法。宋与西夏长期对峙，边防重镇主要是延安和庆州。由庆州前往西夏溯马莲河道，由延安前往西夏有三条道路，皆与子午岭无关。子午岭北段有白豹城、荔原堡等堡寨，为宋夏两国争夺的战地，可是双方进兵的路线，却皆不取子午岭。可知所谓宋代古路也是揣度之辞，于史无证。

《"秦直道"新探》中记载："看到子午岭东侧的古道路基，其规模远比子午岭西侧的古道路基宽一至三倍，因此，我们认为'秦直道'至沮源关后，是折由'古道岭'东北行，经富县槐树庄西侧北去。"但感到难以理解的是，对支持其东线说如此重要的节点即已认定为分歧点的沮源关,居然因为"林深草密,无法走入沮源关一段察看"而没有进行实地考察。其实,沮源关并非林深草密,一直住有两户人家,除下雨道路泥泞外,一直是开通的。只是根据道听途说,就简单地判定了秦直道的走向,其结论是否严谨让读者不得不在脑海中浮现出"问号"。

从兴隆关老袁窑洞前出发,沿古道岭东行。几年前我曾经对这条路线进行了实地考察,当时由于东行路口被土堆封死,皮卡车无法进入,只能用脚步丈量大地。前行不久,看到路上一处人工探方,靠近路边部分塌陷,仔细观察,原来是因为路崖下有一古窑洞被打穿了。这一段道路靠山一侧的剖面有深达1米的新茬口,是推土机留下的痕迹,可能是为了方便挖大树而拓宽的,路面已经为原生土层,没有考古价值。再前行因岔路太多又无法找人打听,只好放弃。

这次请防火门林业管护站的老方做向导再来探寻,我们乘皮卡车东行,虽还是在子午岭山脉,但已不在主脊而是下到支脉上。这一段道路弯道较多,路面略宽,植被相对稀疏一些。但始终没有看到"比子午岭西侧的古道路基宽一至三倍"的现象。从《"秦

图 5-2 古道岭东塌陷的人工探方

直道"新探》记载无法走入沮源关的文字推测,当时没有进行过实地考察,不知道是不是道听途说得出的结论。

东行到阅兵台后,进入密林区域,道路开始收窄,皮卡车无法继续前行,我们开始步行,花费了三个多小时的时间,经过月亮坪、东马槽到达上畛子石油通道。老方对这一段路非常熟悉,带我看了他发现的一个盗墓洞,还有两块疑似古人用来接水的方石槽。一路上植被茂密,基本上全部覆盖了山体上的每个角落,其中的黄刺玫最惹人眼。黄刺玫因为喜生在向阳山坡或灌木丛中,山脊上的道路两侧阳光充足,提供了良好的生境,故分布比较多。

黄刺玫属落叶灌木,枝稠密丛生,小枝褐红色,有散生皮刺,对土壤要求不严,耐干旱和瘠薄,一般五六月份为花期,满树的黄花点缀出一片美丽。人们常说,好花尚需绿叶配,黄刺玫小叶近圆形或椭圆形,在温暖的气息中,浓密的叶片涂上了洋溢着诗意的嫩绿色,衬托得黄花尤为好看,一派生机勃勃的模样特别容

图 5-3 阅兵台附近的道路

图 5-4　惹眼的黄刺玫

易引人遐思。正因为黄刺玫是一种洋溢着浪漫情怀的花，人们赋予它的花语是"希望与你泛起激情的爱"。花瓣还含有玫瑰醚香，可以提取芳香油。果实像小石榴，可以食用，酸甜可口，含有多种维生素以及人类身体所必需的微量元素，还可以制成果酱食用。花、果可以药用，能理气活血、调经健脾。

老方告诉我，前方进入核心保护区，再加上上畛子石油通道的开通，这条路已经好多年无人通行，茂密的林木将道路完全封死，只能走上畛子石油通道。老方拨开茂密的枝梢，离开位于主脊上的古道岭，沿羊肠小道斜插了约100米，进入上畛子石油通道。继续东行10公里，在防火门以南的丁字口和黄陵县上畛子至富县槐树庄农场的简易公路处相会，这里距离兴隆关约为30公里。

实地考察后，我颇有疑问和不解。从地理形势上判断，如果要从兴隆关折回东边，为什么不从云阳经三原县直接走延州道，而非要上子午岭主脊趋向西北绕百里大弯，再折回东下支脉翻山

图 5-5 防火门南的丁字口

涉水北行？对一扫六合的大统帅秦始皇来说，做出这样令人匪夷所思的决定是不可能的。

《"秦直道"新探》提出的路线图，进入上畛子至富县槐树庄农场的简易公路后，和孙相武所说的路线相重叠，几乎成直角转向北行，经八面窑、油坊台抵槐树庄。八面窑是一段很长的山梁，下梁的坡度不仅陡峭，而且弯道多，下到谷底后，抵达东西流向的川子河南岸。

川子河流穿过千百年来精心打造出的宽敞谷底，经直罗镇南川后，注入葫芦河。由于流域植被好，水土流失现象比较少，河水清水质好，人们又称其为"清水河"。过河后到达槐树庄。据清道光《鄜州志·市镇》记载，当时全县有十六座市镇，其中的槐树庄、张村驿、直罗镇等八座城镇有集会，应为商贾云集之地。清同治年间，战火不断，旱涝灾害频繁，疾病流行，百姓纷纷逃亡，槐树庄繁华落尽而成为无人区。但对被破坏的植被而言，则意味着生机的出现，逐渐恢复成大面积的天然次生林。

槐树庄在行政上属富县直罗镇管辖，曾经为农场和林场所在地，零零散散分布着一些建筑物。从已颓败的房屋上写着"坦白

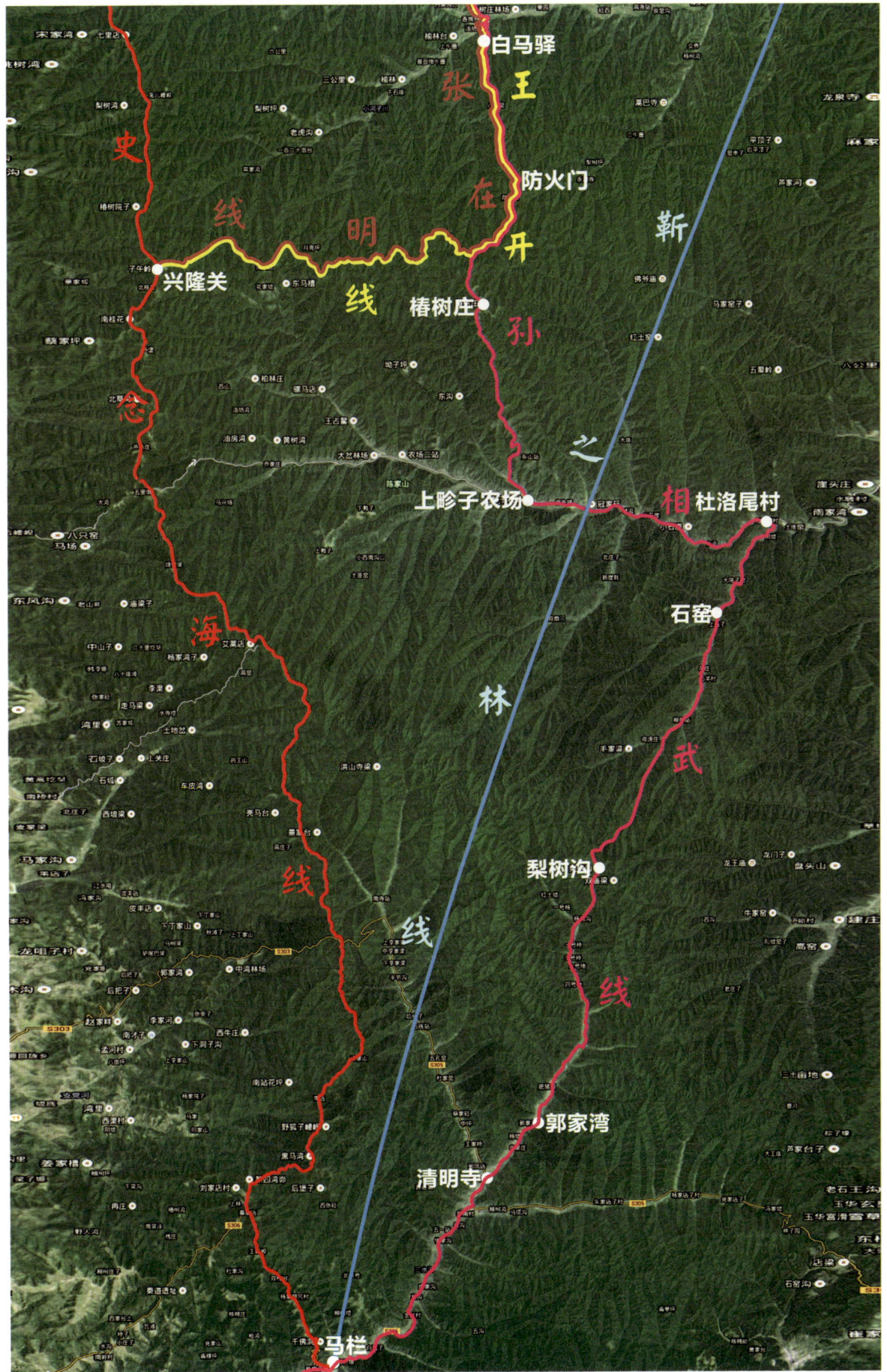

图 5-6 马栏、兴隆关至白马驿卫星图

图 5-7 陕甘交界处的天王岭

从宽，抗拒从严"的标语上不难看出，槐树庄农场以前是一个劳改农场。在槐树庄农场劳动改造的犯人已全部被转移走，谷底地势较为平坦的地方大都被开垦成为农田，田地里有许多人在干农活。据地里干活的人说，农场被外地一家公司承包了。

原来的槐树庄林场已分为两个管护站，场部原址现为槐树庄林业保护站，负责槐树庄以北的区域。旧房已被拆掉，盖起新的办公楼，为林场职工提供了一个良好的工作环境。在西边 5 公里处另外成立了榆林林业保护站，负责槐树庄以南的区域。这次来事先已经和刘站长联系好，直接下榻于榆林林业保护站。

晚饭后在院子里转，院子面积不大紧贴着山，院子花园中种植了很多芍药，正在怒放着，丛中有一株没开花，仔细一看原来是珍稀的紫斑牡丹。刘站长告诉我，这是前几年从深山里移植来的，花期较晚。大门外种植了几十亩药用的粉斑牡丹，才长了二三十厘米。山里的天气凉，西安已经开始用空调了，这里睡觉还必须盖厚被子。

《"秦直道"新探》提出的路线图，从槐树庄西侧 3 里处的白马驿北坡上梁，经过白家店、大麦秸、芦毛坪、麻黄沟至后和尚塬（院）。其实，槐树庄北行的岔道很多，极难辨认，上次考

图 5-8 无路可攀的白马驿北坡

察时稍没留神走入了西边的岔道,沿二公里、杨家河、后沟前行。山里的路转来转去一会儿方向就混乱了,我一直认为往东北方向走,后来察看地图,才知走的是西北方向。这条路除沟口有开垦的痕迹外,里面人迹稀少,梢林密布,路三四米宽,覆满了茂盛的草,路面常被路边小河的水浸泡。

上一陡坡,眼前一亮,出现高山草甸,宽阔平坦的山顶上,盖了两间活动房,开垦出了一片地。毕竟地处干旱的黄土高原腹地,稀稀疏疏的绿色小草遮不住大地的本色,羊群散布其间静静地吃着草,苍山像巨龙盘旋到远方,可谓之别样的风景。看见我们的小车,牧羊人急忙赶着羊群往山那边跑。追上时一打听,才知道这里是陕西省和甘肃省交界处,地名为天王岭。牧羊人是甘肃省人,偷着放羊,误把我们当成陕西省的林业执法人员,他急忙把羊赶往甘肃省境内,如果看见从甘肃省一侧上来人,就把羊赶往陕西省境内,他就用这样的方法躲避罚款。

从这里可以通往甘肃省合水县太白镇,但这几年雨水多,路被冲毁,已经很长时间不通了。我们只好原路返回,快到沟口时,车出了故障,离合器不起作用,开不动了,只好派人徒步出山求援,找到一台拖拉机牵引到槐树庄。这里没有修车的,好在有手机信号,可以向周边联系救援。这时已到了半夜两点，静谧的夜幕笼罩了大地，太白金星格外醒目，站在这空旷的山野仰头望天，感觉到维度空间被无限放大，人益发显得渺小，时不时会有一些说不清道不明的恍惚或幻觉掠过脑海。

山里昼夜温差大，外面冷得受不了，只好钻进车里等天亮，不知何时竟迷迷糊糊睡着了。"喔喔喔"——山野里的鸡鸣声嘹亮而富有穿透力，将我从睡梦中唤醒，看窗外，天刚麻麻亮，起雾了，雾气向四方弥漫，山峰时隐时现，谷地一片迷蒙。东方破晓，晨曦初现，太阳冉冉升起，映红了半边天，雾障也在渐渐消退，只有谷底的雾气还久久不肯消散。等到快九点时，昨晚联系好的拖车才从上畛子赶过来，将故障车拉到黄陵县城去修理。

这次来吸取经验教训，请在林场已干了十几年的刘站长和老方做向导，第二天七点半就走出榆林林业保护站大门，先来到白马驿北坡，这里与经八面窑抵槐树庄的道路相直对。刘站长告诉我山梁顶有一条路就是公认的秦直道，他曾经走过一次，耗时近一天才到达桦沟口。老方用斧子披荆斩棘开路带我上山，前行了三四十米，虽已气喘吁吁，但仍无道路痕迹，全是断崖无法攀登。

再往东走就是杀人沟，我问老方为什么叫如此恐怖的名字，老方说过去曾在沟里枪毙犯人，人们顺口就叫成杀人沟了。谷底被茂密的灌木丛封死，无法踏进。谷口沿着山坡有一条羊肠小道可以上到山梁上，但道路太窄，坡度很陡，草木横断，可以判定和古道路没有关联。

继续东走为桦树沟，沟底相对宽敞，有一条道路一直通到月亮山，翻过山就是大麦秸。我问刘站长秦直道是不是走桦树沟底。他直接否定了，因为月亮山是沟掌，换句话说月亮山是这几条沟梁的汇集点，沟掌全是无法攀登的断崖，故上山梁一般都会选择谷口。

《"秦直道"新探》记载："'古道岭'是沮河和洛河的分水岭。据黄陵县文化局兰草副局长说，岭上有一条古道，直通黄陵县道南、

图 5-9　灌木丛封死的杀人沟

图 5-10　沟底宽敞有路的桦树沟

道北村，达古坊州，是直道的一条支线。……据富县文化馆干部陈耀邦在'地名普查'时考察，槐树庄农场西侧三里上山、下山处，有一个名'白马驿'的地方，……白马驿是古代流传下来的地名，很可能是汉代沮源关至'直路县'（在今富县直罗镇附近）驿路中的一个驿站。白马驿西南行，即至沮源关。根据白马驿和古道岭这一线索，知'直道'至沮源关后，即折由'古道岭'向东北方向走去，进入今富县境。"此段行文明确告知，是据兰草和陈耀邦的考察，才得知古道岭和白马驿的，又根据这一线索才得知"直道"进入今富县境内的。显然作者没有实地考察过古道岭和白马驿。

从槐树庄一带的地形判断，我觉得秦直道如果真选择走这条路线，将要面临一个秦代无法解决的技术性难题，从南面山脊下到槐树庄所在的川子河谷，道路弯道多坡度大，再北登到现在都难以攀登的陡峭山梁上，没有刹车系统的牛拉辎重车能不能安全通过呢？结论显然是否定的。从《"秦直道"新探》记载中不难窥出，其所谓的这一段路线可能是纸上谈兵在地图上画出来的，这也是与实际情况产生较大差异的原因。

白马驿附近徒步上山难度太大，硬要上一是体力不支，二是风险太大，在刘站长和老方的劝阻下，我们绕道直罗镇改从大麦秸沟新开挖的旅游通道上山。前行20公里，久闻大名的石泓寺映入眼帘，坐落在川子河北岸，门前立着全国重点文物保护单位的石碑，寺院大门正上方雕刻有"石泓寺"匾额。

石泓寺面向南依崖而凿，始建于隋代大业年间，历经唐、宋、元、明，断断续续建造了一千余年，最后建成一字排列的七个洞窟，规模都不大，由东至西依次编号。石泓寺尽管名气很大，观赏性和文物价值都很高，但由于其处在深山僻壤，交通的不便使游人望而却步。寺院大门虽然紧闭，但没有挂锁，估计里面有人，敲了很长时间，门才打开，寺院里居住着一对中年夫妻看管。

六号窟为主窟，门前有座木结构三开间二层楼房，风格既朴素又简单。我一抬脚仿佛就穿越了时空，进入了古人的精神世界。窟中央凿石成基，坛基四角各有一根连顶接地的石柱，坛基正面造像为释迦牟尼佛，头端螺髻，两耳下垂，右手抚膝，左手放在小腹前，双目微闭，像貌既祥和又庄严。弟子迦叶和阿难侍立左右两侧，双手合十做祈祷状，神态颇为谦恭。佛上方窟顶藻井装饰华丽，刻有"释迦如来""香花供养"八字。石柱四壁所刻佛像高达三千三百多尊，主要造像均彩绘，排列有序，神态各异，

图 5-11 石泓寺主窟门房

图 5-12 主窟释迦牟尼造像

雕刻刀法也极为细腻，比例准确，衣纹线条流畅舒适。

窟内造像开凿年代较为复杂，从所见题记上看，一号窟正面为释迦、老子、孔子造像，有明嘉靖年间题记，记载此窟为"三教洞"。二号窟坛基上为一佛二弟子，窟东壁龛旁有题记，"宋开宝二年，李庭宝造释迦牟尼佛、菩萨共三尊"。三号窟坛基上为一佛二菩萨二弟子，东侧菩萨背屏上刻有宋开宝元年敦士元等三人共造菩萨像题记。东壁有两龛相连，旁有唐咸通五年郑君雅造像题记，并有唐咸通三年陈公造像题记一处。四号窟中央佛坛上有文殊骑狮圆雕造像一尊，窟两壁开二龛，龛旁有后周显德元年造像题记三处。五号窟有隋大业二年、唐景龙年间、唐贞元二年造像题记。六号窟有唐贞元元年、唐贞元二年、金皇统元年、金皇统二年造像题记。七号窟顶有八角藻井，浮雕有二龙戏珠纹图案，另有龙蛇凤麟及花草纹图案。从形制和风格上看，五号窟年代较早，有北朝余韵，七号窟全是粗劣等泥塑像，大多已残，当为明雕无疑。

这里既没有僧人念经，也没有香火缭绕，更没有抽签算命，在静默、庄严且无人打搅的氛围中，不由得联想起以静虑和冥想作为超度救世法门的禅宗。王维在《饭覆釜山僧》诗中抒发了自己以寂为乐的思绪："一悟寂为乐，此生闲有余。思归何必深，身世犹空虚。"仅寥寥数语竟描绘了悟得静寂真谛后全身解脱束缚的那种极乐感觉，再现了身体虚幻的顿悟境界。禅简单来说就是用宁静的心去参透人生，从而回归质朴无瑕的本真。按照禅宗的本意，出家人须"跳出三界外，不在五行中"，佛寺就应该建在远离滚滚红尘的地方，便于僧人静静地修身养性，汲取日月精华的力量，改造已受到尘世污染的灵魂，从而大彻大悟。

再前行就是直罗镇，唐高祖武德三年置直罗县，因城为名。这个曾经置县八百多年的古镇，地处葫芦河与其支流交汇处的阶地上，一向为陕甘要冲，南经黄陵至关中地区，西北通陕西省志丹县、甘肃省华池县。公元618年，秦王李世民北征突厥，驻足直罗，命修粮道，直至陇东，被称为"唐古道"，元世祖至元四年辖地并入鄜县。

《"秦直道"新探》认为：据《元和郡县图志》记载，直路县东汉时废掉，隋开皇三年，户部尚书崔仲方奉命筑直罗城，就是在古直路城的基础上重修的。《中国古今地名大辞典》也疑唐之直罗县本汉的直路县，后人将"路"讹转为"罗"。县以"直路"名，必当在"直道"附近，或"直道"经过其县境。之所以未称"直道县"，是由于当时在今黄陵县西北40里处另设有一个"翟道县"，属左冯翊辖，两县毗邻接壤，"翟道"与"直道"读音极为接近，因而命名为"直路"县。

史念海师经过对文献资料的缜密梳理，对《"秦直道"新探》的说法，进行了符合实际的反驳：《汉书·地理志》于直路县注："沮水出东，西入洛。"沮水源头在原耀县柳林镇的西北。沮水流经的地理既明，自可进而求直路县的所在，当在柳林镇的西北。《元和郡县图志》记载："直罗县，本汉雕阴县地，后汉因之。魏省雕阴县。……隋开皇三年，使户部尚书崔仲方筑城以居之，城枕罗原水，其川平直，故名直罗城。武德三年，分三川、洛交于此置县，因城为名。"李吉甫去隋未远，所言当属翔实。《汉书·地理志》中有翟道县，名称和直路县相似。但《穆天子传》有"南征朔野，径绝翟道"。可见远在直道以前，就已经有了翟道这个地名，两者是没有任何关系的。

直罗镇夹在南北两条连绵不断的大山之间，为典型的河川坪地。葫芦河从西向东流过，土地肥沃，物产丰富，气候温和，能种稻谷。以前直罗镇人口很少，住在街镇上的居民只有一百多户人家，如今街镇居民已经发展到一千多户，人口三千多人。近些年，直罗镇不断调整农业结构，大力发展水稻、大棚蔬菜、松苗、烤烟、果林、木耳、香菇、药材等作物，形成了一系列具有地方特色的生产加工基地，老百姓的收入得到了极大提升。站在山坡上极目眺望，川宽地平，楼房连片，林草丰茂，郁郁葱葱，颇有"塞上江南"之韵味。

直罗镇西北有一座柏山，满山皆柏树，原有柏山寺，寺在柏间，因以名也。清道光《鄜州志·祠宇》记载："唐太宗为秦王时，出征突厥，次直罗县病疽，梦金人敷药，愈后，遣使建寺。"又

图 5-13　直罗镇柏山塔

明人石星《登柏山寺观唐文皇遗像有感》曰："古佛尚存唐世像，残碑犹勒宋时文。"从中得知，明代柏山寺尚在，且存唐太宗遗像及宋代残碑。现在寺院地面建筑全部坍塌，在遗址废墟的南部仅留一塔，依然挺立在山顶处东苍松翠柏之间，成了直罗镇醒目的标志性建筑。

塔八角十一层砖砌，塔高43.3米。塔身用青砖磨沿对缝，塔身底层正南辟拱券门，内筑小方室。塔身外每层均饰唐宋门窗斗拱，门两旁各饰一卧棂窗，有的门又做小龛，内置各种雕工精细、造型优美的罗汉、天王圆雕造像，是唐宋时期的作品。柏山寺塔为仿木楼阁式结构，做工细致精美稳健，从塔基到塔顶，呈一定的弧形收敛，体现出宋塔秀逸隽雅的特征，应当是宋代重修过。

从直罗镇驶入青兰高速公路到张家湾镇下，穿过拥挤的街道向南进入大麦秸沟。此沟宽敞，一些地段达到六七十米，但路基也就5米。大约行驶14公里经过芦毛坪到达大麦秸，这里设立了一个柴松省级自然保护区，面积348公顷，是清同治年间兵乱后萌发起来的天然次生林，距今约为一百五十年。

柴松为油松的一种新变种，常绿乔木，据目前所知，主要分布于和尚塬林场大麦秸沟的很小范围内，其他国家和地区未见报道。其主要特点是树冠呈锥伞形，枝条灰白色，树皮浅裂甚至不裂而相对光滑，球果较小。现存柴松平均年龄达一百二十五年，平均胸径24.4厘米，均高18米，不仅是黄土高原上的一种珍稀树种，也是优良的用材和防护树种，树脂含量低，耐贫瘠，天然更新能力强。仔细观看，树体高大通直，加之密度大，一棵接一棵，跟周边伴生的辽东栎、山杨、白桦相比，犹如鹤立鸡群，在阳光下淡绿色的叶子发出亮光，显得生机勃勃，真像走进了大兴安岭的原始森林。

从大麦秸沟继续前行不远，谷底道路终止，本没有上梁的路，近几年为发展旅游业开挖出两条路，一条是3公里长的药王庙沟路，一条是4.7公里长的李老汉沟路，相会于行宫遗址。我们选择李老

图 5-14 大麦秸珍稀的柴松林

汉沟上山梁,道路崎岖,弯道多,路况不好。山梁上有一处高亢之地,道路旁立有一块木牌,上写"行宫遗址"四个字。为何称行宫遗址,未见简介,不得而知。说是行宫其实就是几孔旧窑洞,周围生长着一些老龄橡树,顶部为一个较大平台。

以行宫遗址为中点,道路向南行 20 余公里,下白马驿北坡与南下槐树庄的道路衔接,向北 10 余公里出桦沟口。这一段森林覆盖较好,老龄大树多,道路也就 5 米余宽,没有发现《"秦直道"新探》记载的"宽度均在三十米至五十米间"的道路痕迹,但在一些局部地段确实山梁比较宽。

从行走路线上看,白马驿北坡上梁后,经过白家店,到窝壳梁出现岔路。《中国文物地图集·陕西分册》一路偏北方沿桦树梁出桦沟口,过葫芦河东行经坡根底上山。《"秦直道"新探》一路偏东北方走大麦秸、芦毛坪、麻黄沟,出大麦秸沟过葫芦河经党家渠直接北行。之所以出现路线分歧这种现象,很可能是《"秦直道"新探》对桦树梁上的道路并没有进行实地考察,而是沿着沟底前行,这样出沟口后还须西行约 10 里才能抵达桦沟口,在地图上就会呈现出三角形状。

图 5-15 山梁顶的行宫遗址

图 5-16 行宫遗址向北行道路

2009 年，承担国家文物局大遗址项目的陕西省考古研究院秦直道考古队，对陕西富县桦沟口段进行了考古发掘，发掘报告称：桦沟口段直道是自南而北沿盘山道下子午岭支脉后过葫芦河前的一段，地处葫芦河与其支流桦沟河交汇地带，呈西北—东南走向。咽喉处的关卡地势极为险要。靠山一侧的西南方，紧贴人工开凿的高 10 余米的陡峭堑山面；靠河一侧的东北方，下临高出葫芦河 20 多米的绝壁。关卡上方转弯处的路宽仅 5 至 6 米，残存的一段路面的车辙距堑山面山根仅 1 米余。发掘中心区向上转弯后，进入上山的"之"字形盘山道。盘山道一共五条。第一条向西，尽头后转向东，进入第二条。前行，再转向西，再向东，再向西，盘山道结束，向南，攀上子午岭支脉的山脊。

我认为上述说法大有值得商榷之处。盘山道呈典型的"之"字形，靠河一侧为高出葫芦河 20 多米的绝壁，比高速公路上的电子显示屏还高。发掘报告确实描述出了极为险要的地势，但似乎忘记了秦代车辆制作技术条件的落后，当时连秦始皇陵铜车马那种最高级别的车型，也不具备制动装置。如此大的坡度，如此多的弯道，如此险的地势，不仅限制了辎重牛车上坡的通行效率，更不能保证辎重牛车下坡的安全。

陕西考古研究院秦直道考古队在 2009 年考古时，还发现三个发掘地点都有人为破坏直道的现象，三处现象分布范围在 300 平方米以内。考古人员认为:"两千年来,长城和直道的有效,仅仅限于秦汉两朝,说到底,仅仅限于秦始皇和汉武帝时期。"考古人员推测:"道路的破坏者,很可能是中原(汉族)一方。原因是:两汉至南北朝的数百年间,他们基本处于被动的守势。另外,作为修路和道路养护的一方,他们更了解直道的弱点。"考古人员还从更广阔的文明史背景做了宏观分析:直道更应了"福祸相依"的古语,中原汉族可以利用直道进攻,北方异族更可以利用直道反攻,加上北方异族地处高原,具有高屋建瓴之势,此时,优势反转成了加倍的劣势。东汉以后,虎狼之师的角色彻底转换,匈奴等异族多次利用直道向汉族发起进攻,匈奴族的一支赫连勃勃甚至摧枯拉朽般地占领了长安,防守和退却,成了中原汉族政权的唯一选择。秦直道一线有多个地点发现中原一方破坏直道的现象,就是对这一历史现象的最好注脚。

读完上述恢宏大论后,总有一种悬在半空落不到地的感觉。北方游牧民族向南进攻,多喜适宜于骑行的川道,这从道光《榆林府志》引马文升《请选差主事赴榆林拣选官军》中可窥出,"贼马之来,必由大川而行,宋人御夏,俱于川口修筑城堡"。这虽然是明人论述宋明两代军事问题,但秦汉时期匈奴向南进攻也是如此。秦直道的作用主要用于车行的需要,没有文献记载适宜于骑行川道的匈奴直接利用秦直道南侵的事例。

立都长安的秦汉王朝向来注意陕北的防御,蒙恬曾亲率三十万大军长期驻扎于上郡,这样往往使匈奴采取避实就虚的战略,渡过黄河后一般不正面从陕北高原深入关中,而是选择向西迂回的路线,以避免受到来自局部区域的汉军伏击,甚至被隔断退路瓮中捉鳖的围困。这样,川道平坦、水草不缺的清水河谷道就受到匈奴青睐,可以说是游牧民族由西套平原侵入汉地的主要路径。

匈奴以骑行为主,中原以战车为主,双方对道路的要求是不同的,前者受地理条件限制少,易于开辟,后者受地理条件制约大,

图 5-17 桦沟口比电子显示屏还高的绝壁

修筑困难，一旦建成不会轻易改变。匈奴骑兵沿河谷道前进，使其行军迅速快的优势得以充分发挥，一路上不仅解决了饮水问题，还可以为人畜提供众多的猎物和丰美的水草。汉军则以步兵和战车为主，就木制车辆而言，走在河谷，冰冻冰消、遇雨或暴发山洪，潮湿松软的地面易于坑洼不平，从而导致车轴变形而对行进造成地理上的限制。选择在高亢且平坦的子午岭主脊上行进，受季节影响和地理阻碍少，利于承载兵士的战车和装满粮草的辎重牛车迅速通行。

更何况，在东汉王朝的进攻和天灾人祸的影响下，匈奴已进入衰败期，成了强弩之末。公元 46 年，时值匈奴连年旱蝗灾害，赤地千里，人畜饥疫，死亡大半，导致匈奴南边八部归服中原。公元 50 年，设单于庭于五原塞西 80 里的地方，形成南北两个对立的政权，又把八部之众分驻北地、朔方、五原、云中、定襄、雁门、代、上谷等郡，协助汉朝郡县防守边塞。公元 73 年，东汉明帝派遣四路兵马伐北匈奴。公元 87 年，鲜卑入左地击北匈奴，大破之，斩优留单于，北庭大乱，二十万人投降中原，充满暴戾之气令人生畏的苍狼已演变成毫无斗志的丧家之犬。

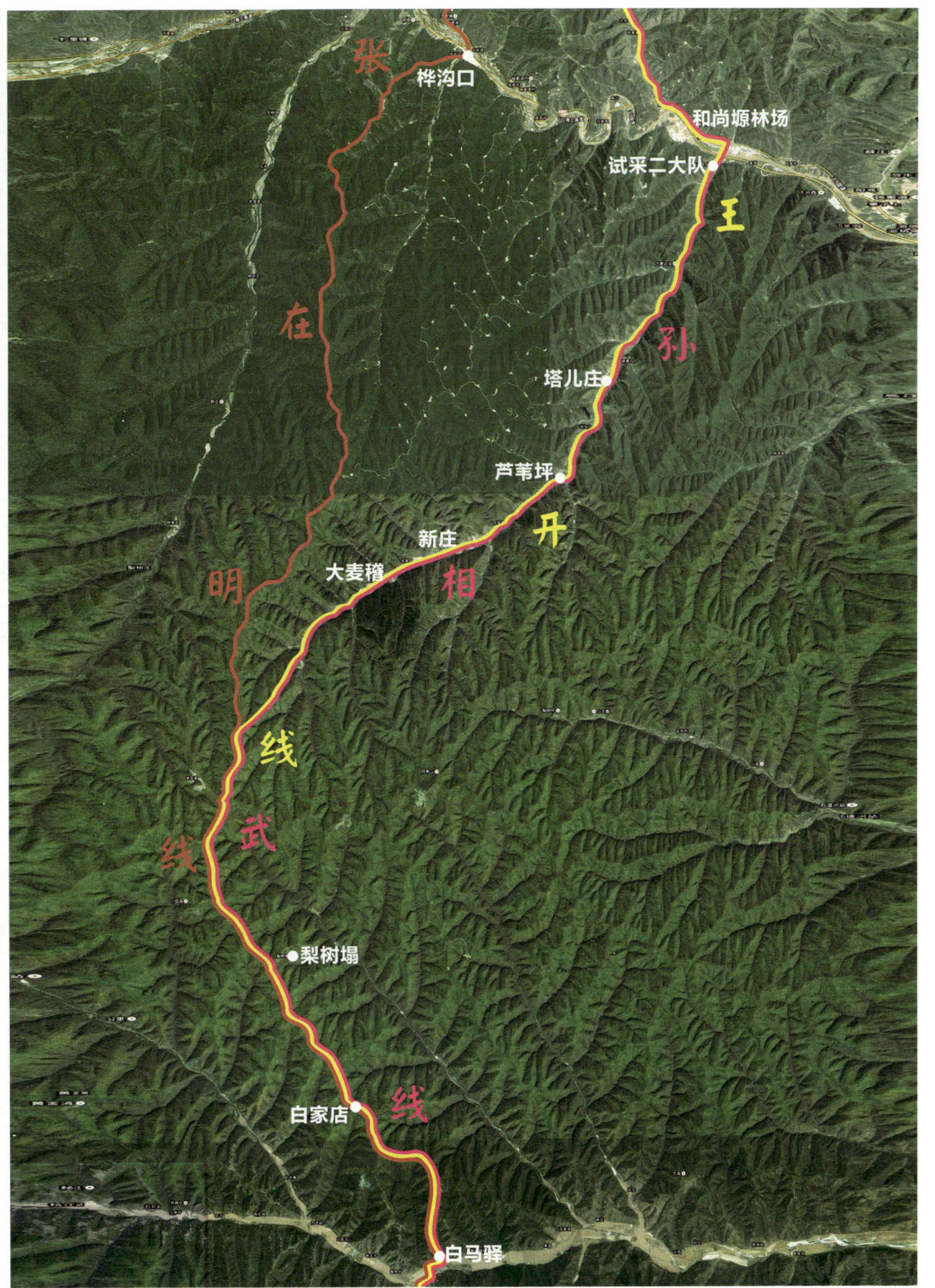

图 5-18 白马驿至桦沟口卫星图

要知道，正是在东汉时期，朝廷派车骑将军窦宪率北军五校、黎阳、雍营、缘边十二郡骑士及羌胡兵出朔方，大攻北匈奴，北单于逃走，斩获敌二十余万。窦宪登上远离边塞三千里的燕然山，刻石记功。尽管取得了辉煌战果，但和汉武帝时充满风险的硬仗相比，无论是战争的规模、对抗的强度，还是造成的后果，都不可同日而语。东汉王朝打仗的部队中，许多都是战斗力较差的地方部队以及羌胡杂牌军，即使这样北匈奴仍然不堪一击。

从考古人员撰写的《九原—甘泉：秦直道的构建》行文来看，这一人为破坏行动似乎不是孤立和个别的，而是中原一方采取自上而下的军事策略，以阻拦匈奴长驱直入。那么就产生了一个问题：分布范围仅在区区300平方米以内能有效吗？答案是否定的。何至于要采用国家军事策略，因为即使没有路，马都能从田野上自由穿行通过，又不是现代交通工具火车或汽车对路况要求得那么高，对骑兵为主的匈奴并不能起到阻挡作用。之所以能得出这样的推测，是用现代社会的意识去观察古代发生的事情，往事已千年，如今的火车或汽车对道路的要求和古代战马或战车对道路的要求是完全不同的。

《九原—甘泉：秦直道的构建》文中还提出：秦直道（含秦直道中段西侧的古道路）自秦以来，尽管整体在宋废弃，但局部沿用至民国，是北方经济文化交流、民族融合的重要纽带和通道。如果认真思考，这个观点也会让人产生许多疑问。庆阳境内的秦直道沿线两侧，至今尚留烽燧的一百二十六处，每个烽燧的选址都是严谨审慎的。甘肃省文物局《秦直道考察》认为："是在秦代将领们极为高超的军事战略战术思想指导下完成的。烽燧的建造形制、地理位置和用材方面，均从实际出发，就地取材，与汉、明长城线上的烽燧有明显的区别。"既然这些烽燧也是秦朝修筑，为什么兴隆关以西就不能是秦直道，而兴隆关以东就必然天生注定是秦直道？这是一种悖论，但目前还没有看到相对应的文字分析，产生这种奇怪现象的原因不得而知。在兴隆关以西设置有如此严密完整的军事防御设施,说明这里自秦以来就是一条重要通道,除非是甘肃省考古人员凭空捏造。这显然不可能,因为烽燧实物尽管经过两千余年的风雨侵蚀,但遗迹依然矗立在原地。那么,在兴隆关以西兔儿嵝岭探沟为什么没有出土秦和西汉的遗物,而只出土了宋元至明代之间的白釉冰裂纹瓷片、黑釉瓷片、瓦片以及东汉至南北朝之间的三片灰陶器物残片等遗物?无独有偶,兴隆关以东蚰蜒岭探沟为什么没有出土隋、唐、宋、元、明、清、民国的遗物,而只出土了西汉中晚期和西汉中期的几片板瓦?这不能不让观者对论证的严密性和客观性产生疑虑。

在富县秦直道遗址发掘中发现,多处路面叠压有秦代和西汉时期的绳纹筒瓦、板瓦,两处路面上还出土了战国晚期至西汉年间使用的"三翼铜镞"和西汉末年的"大泉五十"钱币。由此,考古工作者认定,这为道路的绝对年代提供了可靠依据。出土的铜镞,为三棱三翼形,铜镞方向向上,指向宋一方,据此判断,"为北方(匈奴或其他少数民族)军队发射。一般说来,此类三棱三翼铜镞出现在战国晚期,沿用至两汉,考虑到铜镞使用者是北方少数民族,比起中原有一个时间差,结合铜镞的出土地层,时代定在两汉之间"。

仅就考古发掘本身来看,只能说是发现了一些遗迹遗物,并未见到怎样结合历史文献分析的过程,因而缺少论据的有力支持和科学的严谨性,容易让读者认为此结论是想当然得出的主观臆断。铜镞俗称就是铜箭头,即箭的锋刃部分,因为铜镞方向向上,就认定指向宋一方,甚至可以判断为北方(匈奴或其他少数民族)军队发射,此推论更让读者疑窦丛生,无法信服。

如果真是北方军队发射的铜镞,深入腹地的军队人数绝不会少,那也绝不会只发孤独的一支铜镞,否则,那还算打仗吗?如果只有一个人或少数人,那还称得上军队吗?即使假设整个军队只发一支铜镞,在没有射中目标坠落的过程中,由于本身重量轻,受气流风向的影响很大,落地后怎能保持和射箭时的方向一致?

如果说北方军队发射了很多铜镞，长达两千年的地质地表的变化，使坠落在路基上的大量铜镞隐没在沧桑岁月里，那怎么可能只留下一支铜镞呢？就算碰巧只留下一支，那铜镞方向还能保持向上指向宋一方吗？如果答案是否定的，那铜镞使用者是北方少数民族的推测则无法成立。

从世界范围上说，公元前两千年前的陨铁制品在埃及、土耳其、伊拉克等地区都有发现。中国中原地区河北藁城台西商代遗址和北京市平谷刘家河商代中晚期的铁刃铜钺最为古老，铜钺年代约为公元前13世纪前后，含有较高成分的镍，这正是陨铁制品的特征。目前国际学术界都没有根据陨铁制品的出现而确立铁器时代的开始年代。从人工冶铁制品的出现来看，世界上最早制造铁器的是小亚细亚（今土耳其境内）的赫梯王国，年代在公元前1400年左右。中国新疆地区人工冶铁制品出现于公元前10世纪甚至更早，中原地区人工冶铁制品出现于公元前8世纪的西周晚期。欧亚草原为迄今人类所发现最早的欧亚之路，新石器时代就已是东西往来的通道。英国著名学者赫伯特·乔治·韦尔斯在《世界史纲》中甚至认为："在亚述、埃及和欧洲普遍习惯于使用铁器之后约二三百年，或更晚一些，中国人才开始使用。铁大概是匈奴人从北方输入中国的。"

目前考古发掘的成果本身也不支持所谓"铜镞使用者是北方少数民族，比起中原有一个时间差"的说法。蒙古国学者策·道尔吉苏荣在《北匈奴的坟墓》中指出：从公元前3世纪至公元前2世纪匈奴方形石墓中出土的铁马衔，制法精致，质量也高……如果和乌兰巴托博物馆所藏的铜柄铁头器具联系起来观察，可以断定在公元前5至公元前4世纪的时候，匈奴人就已经使用铁器了。

林幹在《匈奴史》中认为："从出土的匈奴文物可以看出，匈奴人对于铁器的制造和使用，从公元前3世纪前后开始……从铁器能自行冶炼及出产铁器的种类和数量各方面推断，当时匈奴人的冶铁业可能已经成为一个独立的手工业部门。"从目前出土的铁器制品来看，也证明了这一观点的正确性。1980年在对准格尔旗西沟畔汉代匈奴墓的清理和附近居住址的调查中，发现铁器十五件，包括铁小刀四件、镞三件以及空首斧、锄板和铠甲片等，其年代可早到西汉初期。1980年在东胜县补洞沟发掘清理汉代匈奴墓九座，各墓均有铁器出土，共计三十五件，包括铁小刀四件、锼三件、镞七件以及环首长剑、鼎、带饰等，其年代为西汉末期东汉初期。白云翔在《先秦两汉铁器的考古学研究》中指出："西沟畔的铲形双刃镞和补洞沟两种形制的锼、环首中长剑、三翼镞以及带饰、马面饰等，则具有鲜明的地域特色，与当地先秦时期的铁器具有明显的承袭关系，其来源应当是在本地。"

秦代中原地区虽然有大量铁制生产工具出现，但兵器仍然以青铜为主。陕西省考古研究所的《秦始皇陵兵马俑坑一号坑发掘报告（1974—1984）》记载，1974年至1984年发掘的兵器，"计出土成束的铜镞280束，零散的铜镞10896支，镞1束即一箙，约100支左右……已出土的箭镞除1件铁镞和2件铁铤铜镞外，其余均为铜镞"。白云翔在《先秦两汉铁器的考古学研究》中认为：直到"西汉中晚期，即汉武帝元狩四年实行盐铁官营至王莽新朝灭亡……兵器武备中铁铤铜镞趋于消失"。这说明草原游牧地区使用铁镞并不比中原农耕地区晚，而铜镞从历史舞台趋于消失的状况，也大体在同一时期，这说明少数民族比汉族有个时间差的推论显然不能成立。

要说能为道路的绝对年代提供可靠依据的，只能是"大泉五十"钱币。但这一枚孤零零的钱币何时散落在道路上，谁也说不清楚，即使推至其上限铸造于西汉末年王莽朝，也比秦直道修筑的时间晚了二百多年。由于铜镞和"大泉五十"钱币的时间跨度都很长，如此看来，仅凭一件铜镞和一枚新莽时期的钱币根本无法为卡住道路的"绝对"年代提供可靠的依据。如果陕西考古研究院秦直道考古队的《富县秦直道遗址》中的说法能成立，那么西线午亭子遗址出土的一筐重达七十斤的铜镞和一百九十八斤的古钱币该当何论？那发掘出的遗物为"道路的绝对年代提供了可靠依据"的结论就难以让人信服。

二、从和尚塬至郑石湾村

从桦沟口下山梁的道路，必须渡过二三十米宽的葫芦河，才能再次上山北行。葫芦河是渭河一条较大的支流，因河床蜿蜒曲折，宽窄悬殊形似"葫芦"而得名，古称有瓦亭水、陇水、华水、华池水等。发源地有宁夏回族自治区和甘肃省境内几种说法，河道全长290余公里，在洛川县交口河附近注入洛河。由于流域内植被覆盖良好，河流含沙量少，冬、春季基本为清水河流。但从20世纪80年代开始，径流量急剧减少。

据《"秦直道"新探》记载，过葫芦河经后和尚塬（院）、党家渠、水磨坪到八卦寺，这百余里间，"直道"路基遗存很多，宽度均在30米至50米间。"直道"遗迹保存最为完好的是后和尚塬（院）至望火楼这一段道路，这段山岭名为"车路梁"。从五里铺上山，一直到望火楼，约有8公里路程，路基宽度都在30米至45米间，望火楼宽度达60米。由八卦寺沿子午岭支脉东北行，至富县、志丹、甘泉三县交界处的墩梁。《中国文物地图集·陕西分册》记载：桦树梁过葫芦河，再经坡根底、牙路梁、水磨坪、山西沟、架子梁等地，在墩梁进入甘泉县，路面一般宽30至40米，最宽达58米。

道路从青兰高速公路桥墩下穿过，在五里铺上山前行，看到位于葫芦河北的"车路梁"山脊确实很宽，一些地段甚至超过60米，但梁宽并不等于路基宽。如果以宽度判断是否为秦直道的话，则结论刚好相反。秦直道最南端据《淳化县文物志》记载为："宽约二十米左右的道路，再北行约一公里，沟道逐渐消失，宽度相应变窄，局部地段不足十米。"最北端据内蒙古自治区考古所发掘，东胜境内的漫赖乡、海子湾二顷半村南仅存秦直道路面百余米，残宽22米。一边在平地一边在沙漠，且宽度在22米以下，在山脊上何来一般30米之说法？

许多媒体报道说，秦直道是世界上最早最宽的高速公路，全长700公里，路面宽约30米。究其源头，大都出自《"秦直道"新探》的说法。之所以出现道路宽度被放大的现象，对《"秦直道"新探》原文进行仔细阅读推敲后，从两条记载中就能发现产生问题的症结。第一条记载："子午岭东侧的路线，一般都在30米至45米间。"第二条记载："就'直道'穿行的众多垭口来说，其宽度都不少于50米。这与内蒙古自治区考古工作者近年在伊克昭盟东胜县西南九十里处所发现的'直道'遗迹，南北四个豁口（垭口）遥遥相对，连成一线，都宽约50米的情况是一致的。这决不是巧合，而是当时修筑'直道'时规定的统一标准。"

从第一条记载的行文看，主要是指子午岭东侧，但经过演绎似乎成了整条路的标准，而被广泛引用。客观来讲，"一般"的提法含混不清，全程路宽30米以上的路程到底占了多大比重，容易让人们产生误会。第二条记载从叙述上来看，原本仅指穿行的众多垭口宽度都不少于50米以及伊克昭盟南北四个豁口（垭口）连成一线都宽约50米。但却认为这决不是巧合，而是当时修筑"直道"时规定的统一标准。这里显然将垭口宽度转换成了全路的统一标准。但这又产生了新的问题，《"秦直道"新探》记载了三个统一标准，30米、50米和艾蒿店、五里墩至沮源关间四五米宽的林区道路，让读者无法判断到底哪一个是统一标准。

换一个角度考察，如果"王开线"是30米宽，以全长约1800里，夯土路基厚50厘米计算，那么夯土土方量应当是1350万立方米，是4.5米宽道路工程土方量的6.66倍（如果换算成秦尺土方量会略微减少）。要在两年半内完成如此巨大的土方量是令人难以想象的。

陕西考古研究院秦直道考古队《富县秦直道遗址》记载，发掘出的车的轮距分别为110厘米、130厘米、140厘米，下层路面的轮距多为110厘米和130厘米，上层路面的轮距多为140厘米，其中上层路面的轮距与西汉景帝阳陵陵园发现的轮距大致相当。这几个数据反而证明了康熙《鄜州志》中直道"可并行二三辆车"的记载具有一定可信度。

秦始皇为什么要把直道、驰道修得那么宽？对此，《"秦直道"新探》给出的答案是："秦始皇'治直、驰道'，其目的主要在军事方面。秦朝的军队编制有步兵、骑兵、车兵、辎重兵等，出征时各兵种齐头并进，以垭口宽50米说，如果往返部队各利用一半，路宽只有25米。这25米路面，要让骑兵飞奔，车兵疾驰，步兵快行，辎重运输不受阻碍，各兵种可利用的路面就很有限了。如果中央三丈为皇帝独行（御道），可利用的路面就更小了。所以，秦、汉的道路宽得出奇，并非全出自皇帝的好大喜功，而是为驰道制度所决定。"

直道和驰道是不同的两条道路，为什么用"驰道制度"去决定直道宽度？其依据文中未提，让读者难以判定。对于"出征时各兵种齐头并进"之说，在古今中外的历史中，似乎没有，因为部队行军时，为了保持整齐以及能迅速地转换成战斗队形，一般采用两个士兵前后重叠而成的纵队形态，即使到了现代化的今天仍然如此。中国人民解放军《步兵战斗条例》规定，行军时，分队应按规定的序列，成一路或二路纵队行进。1973年又规定，行进时，一般成三路纵队。从实战的角度仔细想一想，"齐头并进"实际上是行不通的，步兵、骑兵、车兵、辎重兵行军节奏完全不同，齐头并进岂非自乱阵脚？

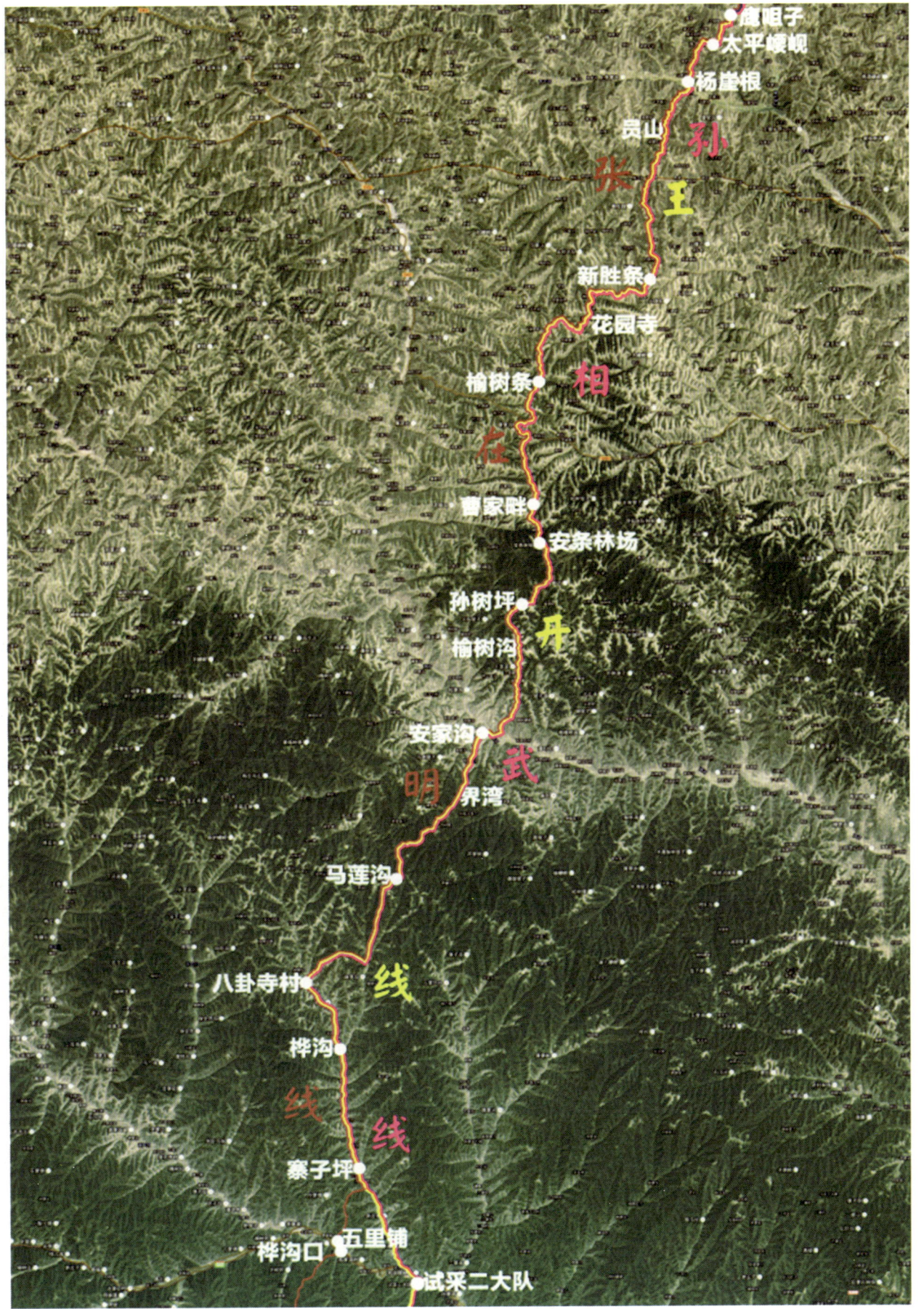

图 5-19 桦沟口至鹰咀子卫星图

秦直道修在人烟稀少的子午岭上，用于打仗和在长达1800里的路程中部队往返相交的频率都非常低，四五米宽的道路基本上是可以满足军事行动需要的。合情合理分析一下，又不是汽车时速达百里的高速公路，根本无须隔离出两条道来，只利用25米，另一半处于等待使用的状态，难道仅仅为了讲气派，就要付出天文数字土方量的代价？秦始皇虽然残暴，但作为一个统一了六国的军事统帅，无法想象他能做出这样务虚草率的决定。

对于秦直道一般30米宽的说法，国外主流汉学家也难以接受。英国崔瑞德、鲁惟一《剑桥中国秦汉史》认为："在其地形多山的南部，旧路一般只有约五米宽，但在北部平坦的草原上，有的地方宽达二十四米。"其实，欧洲古代也采用道路较窄的原则，有名的罗马大道宽也仅4至5米，相应的古罗马战车军团的轮距也只有143.5厘米，现在变成了国际公认的铁路标准轨距。自新中国成立以来所修的战备路也大都采用道路较窄的原则。

在所谓的东线实地考察中发现，有些自然形成的崾岭、垭口本身的确较宽，修筑路时可能是借山势而筑，用于部队行进中的休息、吃饭或集中。除此个别地段以外，映入眼帘的路基略比子午岭西侧宽一点，并没有看到路基宽到一至三倍的现象。如果从自然条件角度审视，山脊上也不可能出现如此宽度的长距离地貌，否则，还能叫山脊吗？路面宽的部分也并不等同路的标准，现存的路面使用情况也从侧面证实了这一状况，在平坦宽阔的地段，如所谓秦直道东线的"车路梁"，从现场拍摄的照片来看，人车经常通行且不长草的路面依然很窄，最多也就5米宽，其他地方被草丛覆盖，并未出现路宽人车漫走的情况。

从史念海师以及甘肃省文物局的实地考察来看，从梁武帝村到沮源关绝大多数路宽为4至6米，过了沮源关后进入甘肃省境一直保持着基本相同的路宽标准。而"王开线"认为沮源关东北行的路线一般都在30米，不仅和沮源关西行的路线而且和梁武帝村至沮源关的路线差异也巨大，已不是《"秦直道"新探》所说

图 5-20　4.5 米宽的车路梁道路

的一至三倍了，应为五至七倍。显然沮源关东北行的路线与整条道路的标准不一，这在客观上已经说明了两者根本不是同一条路。

秦时从关中平原通往鄂尔多斯高原的古道，不可能只有一条，但秦始皇修筑的直道绝不会再有第二条。没有见到《"秦直道"新探》对诸条古道的形成以及它们之间的关系做对比研究，可能受职业或专业限制，误把不同历史时期建筑的古道混为一谈并贴上了秦直道的标签。

车路梁一带现在已成为旅游景区，前来观赏的游人络绎不绝，可知秦直道已被人们所熟知。道路抵达望火楼后中断，路基被雨水冲刷成巨大壕沟，将道路完全吞噬，以致道路痕迹消失。从老龄的橡树从沟顶密密麻麻覆盖到沟底，不难看出这段道路已经历了漫长的历史岁月，只能绕路走羊肠小道下到位于山脚的水磨坪村。经党家渠直接北行的《"秦直道"新探》路线，到水磨坪村后与《中国文物地图集·陕西分册》记载的路线相会，跨过埝沟水后，又出现岔路。

沿《"秦直道"新探》记载的路线，继续走埝沟谷底至八卦寺村，村名得名于地处村旁的寺院原有八座塔。寺院已毁，现存三座实心砖塔。北塔现存九层，平面呈八边八角，塔身每层以砖叠涩收檐，塔顶以砖叠涩收分。中塔为砖砌楼阁式，平面呈四边四角形，八层，无塔刹。南塔为砖砌八角八边形，现存八层，无塔刹，塔身各层以砖叠涩出檐，每层转角处和中间均饰斗拱。从八卦寺再上山梁至马莲沟，但这条走谷底的路不符合秦直道一直沿山脊走的特点。

从水磨坪村上对面的山岭的路，即被当地人称作"直路岭"，沿山脊前行再经寨子坪到马莲沟。一路上山脊较宽，道路平坦，确实有一些山脊达到了五六十米，但路基仍然只有五六米。道路两侧植被覆盖较好，与和尚塬以南的植被相比，一个明显的不同之处是，灌木少了，植被密度开始减小，大树多了，甚至出现成片的老龄橡树群，从观景角度看，视野更开阔，景色更壮丽。

沿马莲沟继续前行到达架子梁，这里距离富县、志丹、甘泉三县交界处的墩梁仅有1公里，山梁顶部宽达六七十米，已被开垦成苞谷地，现居住有一对夫妻。从闲聊中得知，他们本为甘泉县人，因为富县相关部门收钱少，才移居过来。孩子都成家了，不愿待在山上，只是过一段时间给他们送一些米面油盐等生活必需品。他们现在养了三百多只羊，种的苞谷主要是做饲料用的，一年到头收入挺好。从说话的语气来看，他们对目前的生活状况是满意的。

图 5-21　水磨坪村下梁口

图 5-22　水磨坪村上梁处

甘泉县属陕北黄土高原低山丘陵沟壑区。初属翟国，后为晋国，北魏时始置因城县，辖今境西北部。公元484年，又设石城县，辖今境东部。西魏改石城县为银城县，后原辖地并入因城县。唐置伏陆县，辖今境东、南部，后改因城为金城县。公元742年，改伏陆县为甘泉县，因县城西南5公里处神林山麓有水质甘甜的泉水而得名。

位于县西的墩梁是洛河与葫芦河分水梁上一座凸起的主峰，海拔1625米，是县域内最高点。道路从墩梁脚下蜿蜒而过，由于相对高度不大，直道至梁顶也就二三十米，站在路上看，墩梁像一个大土丘。沿着从直道分出来的羊肠小道，上梁顶向四处眺望，那种特有的辽阔山景尽收眼底。

一道道山梁匍匐在广袤的大地上，伸展到与遥远的苍穹相会处，天空中飘浮的白云即兴创作出启发无尽遐思的仿真形体，山体上绵延的草木集体装扮成吸引人们惊叹目光的绿色图景，身临其境的真实体验，让寥廓宏大的印象深深地留在了脑海中。

从墩梁经过寻行铺到达赵家畔，这里虽然还是行走在林区，但那种置身于植被环绕的绿色屏风中的感觉渐渐消退，林木相对变得有些稀疏。继续前行海拔高度明显降低，碰见一条自然形成的大壕沟，跨过崾崄就是界湾。

图5-23　直路岭道路遗迹

图5-24　直路岭老龄橡树群

路旁土崖上挖有几孔窑洞，居住有一户农家，大门紧锁，门前围栏里养了一头猪，野地里则放养着十几只羊和一群芦花鸡。附近平坦的地方被开垦成苞谷地，有六七十亩。山居的生活相对是简单的，只要有猪、羊、鸡、苞谷和窑洞，就能满足过日子的基本需求。

从界湾开始进入林木覆盖与荒山秃岭交错地貌区，往南看郁郁葱葱，往北看黄土漫漫，虽然距离墩梁不远，但映入眼帘的景观已迥然不同，一直延伸到高山窑子。这一带山梁较宽，甚至有些宽度达到五十多米，但路基仍然只有四五米。从遗留痕迹上可以看出，过去宽一点的山梁大部分被开垦成了苞谷地，现在一大半已退耕长出了漫漫荒草，道路两侧树木中山桃树非常多，青果虽然仅有枣子大，但很繁密，枝头上硕果累累。

过了高山窑子开始下长长的坡，途中看到一位老农坐在树荫下放牛，向其打听道路，他说这一带地名就以他头顶上的这棵"母树梨"相称，树名很奇怪，树型很普通，可能是老农地方口音太浓，树名听走音了，回来后没有查到相关资料。到达坡底安家沟走了3公里，由于道路弯道多，坡度陡，植被覆盖差，被雨水冲刷出的沟渠一道一道的，路况极差。安家沟的村民都住在洛河的二级台地上，从这里缓缓下坡直抵洛河南岸边。

图 5-25 山梁有些宽度达到 50 多米但路基仍然只有四五米

图 5-26 高山窑子开始下坡到安家沟长达 3 公里

图 5-27 界湾附近被开垦成苞谷地

洛河古称洛水，属渭河一级支流，发源于陕西省定边县白于山南麓的草梁山，为陕西长度最大的河流，河长达 680 公里，从西北向东南斜穿黄土高原和关中平原两大地形单元，至大荔县三河口入渭河。洛河是一条产沙能力很强的河流，年输沙总量为 9590 吨，占陕西省全年输入黄河沙量的 12.1%。河口在历史上有较大变化。明成化年间，朝邑河岸崩溃，洛河改为直接入黄河，至隆庆年间，又由大庆关溃出后复入渭河，后又直接入黄河。1933 年黄河东移后，洛河在黄河、渭河之间的三角地带徘徊达十余年，时而入黄，时而入渭，直到 1947 年才固定入渭河。

洛河历史上是一条与流经河南省境内洛河易混淆的河流。清王筠《说文句读补正》说："许君（许慎）但说陕西、甘肃之洛，是河南之雒本不从水也。"段玉裁《毛诗古训传定本》说："自魏黄初以前，雍州渭洛字作'洛'，豫州伊雒字作'雒'，绝无混淆，黄初以后乃乱矣。"《三国志·魏书·文帝纪》裴松之注引《魏略》说："魏于行次为土，土，水之牡也，水得土而乃流，土得水而柔，故除'隹'加'水'，变'雒'为'洛'。"民间还流传一种说法，认为两条河流之名同源于"隹"，《说文解字·隹部》说："雒，鸼䳎也。"据说是远古一种凶猛的鸟类,生活在黄河中游流域的山川河谷中,陕北洛河、河南洛河流域气候适宜雒的繁衍生息,于是,古人就把雒聚集而居的河流叫作"雒水"。也有人认为"雒"就是猫头鹰。

据说20世纪50年代初开始,黄河水利委员会水文科整编水文资料时,开始将伊、洛河汇流后的洛河河段称为"伊洛河";到了1955年,国务院副总理邓子恢在治理黄河泥沙会议上建议将陕北洛河称作"北洛河"。此后出版的一些地图册,开始这样标注。然而,"伊洛河""北洛河"都是水利专业用语,在地方上极少使用。因而近些年出版的地图册,则将两条河流均标注为"洛河"。

洛河引水灌溉农田的历史比较悠久,千百年来,哺育着一代又一代繁衍生息在黄土高原和关中平原上的秦人。汉武帝时就修建了龙首渠,引水灌溉蒲城县以东,因渠道穿越商颜山(铁镰山),施工困难,故采用井渠施工法,即类似于新疆的坎儿井。建成后由于井渠未加衬砌,黄土遇水坍塌导致工程失败。唐代又重新兴建灌溉工程,此后引水灌溉相沿不断。1933年在大荔县设引洛工程处,后改为泾洛工程局,主办洛惠渠工程。1950年开灌受益,

图 5-28　南看郁郁葱葱,北看黄土漫漫

灌溉区域涉及大荔、蒲城、澄城等县77万多亩农田。

洛河途经甘泉段属于上游和中游的过渡区，上游地质基础以白垩系及侏罗系的红色砂岩互层为主，质地疏松，极易崩塌，山大沟深坡陡，植被覆盖差，水土流失极为严重，是洛河泥沙的源地。中游地质基础为三叠系灰色砂页岩互层，上覆深厚的黄土，河岸上多为梢林分布，草深林密，塬面较为平坦，水土流失轻微，各支流清水长流。

从和下坡相遇的当地村民聊天中得知，以前洛河水量挺大的，二三十年前蹚河过去，水没过膝盖；近年来退耕还林，河水虽然有些清了，但水量越来越小，只到脚脖子了。来到岸边看到，洛河水依然有些发浑发黄，流量不大，许多河床上裸露着淤积的黄土。洛河南岸的山岩上，以前刻有的"秦直道"三个大字，已被红漆描过，蓝天白云下格外醒目。

《"秦直道"新探》认为：洛河河床较宽，是"直道"自甘泉宫北行途中最大的一条河流。以现在的水流量来说，马车是不能由水中越过的，两千两百年前更当如是。因此，直道经过洛河时，建有桥梁。"圣马桥"虽已圮毁，但洛河北岸的方家河却有"引桥"

图 5-29　渭河一级支流洛河

存在。"引桥"高出地面20余米，能清晰地看到夯土层，每层10至12厘米厚，看来当时是用小圆木做夹板，每层土厚相当于小圆木的直径。"引桥"上面宽约30米，和山梁上"直道"路基的宽度相近。

我对《"秦直道"新探》的说法产生了几点疑问：一是跨河后到达圣马桥北岸，这里确实有一处夯土层清晰可辨的非自然地貌的土台，连着河北岸的山体。但并没有看到正式的考古发掘报告，在《中国文物地图集·陕西分册》里也没有找到相应记载，属于秦代桥梁的依据是如何确定的？二是据《三辅黄图》引《三辅旧事》的记载：西汉都城长安交通枢纽中渭桥"广六丈三百八十步，置都水令以掌之"。折合现代尺度，桥宽也就13.8米，接近中国现代大中城市四车道桥梁15米的宽度，那么，秦代在人迹稀少的地区修建的桥梁仅引桥就宽30米左右，这可能吗？三是洛河现最宽

图 5-30　圣马桥北岸非自然地貌的土台

也就七八十米，即使古代流量大，河宽增加一倍，以中渭桥为例，按当时的技术条件来推算是具备修建梁桥能力的，那么，为什么没有发现一根残留的桥柱呢？四是建一座仅引桥就宽 30 米左右的桥梁，即使到了科技高度发达的现代仍然不是一个小工程，需要耗费数年时间。当时木制车辆是不能由水中越过的，在这里所修筑的桥，肯定是专门与秦直道配套的。秦始皇辒辌车经秦直道返回咸阳，说明秦直道修筑两年后，已经全线贯通行用。如果这里真是秦直道，那么，依当时的施工设备和技术条件，在如此短的时间里能建成桥梁吗？

陕西省考古研究院秦直道考古队通过对陕西甘泉县方家河秦直道的发掘，弄清了秦直道下山、过洛河的路线问题，即不是在圣马桥直接过河或向下游延伸过河，而是围绕圣马桥墩台下坡并转弯一百八十度后从上游过河，圣马桥墩台可认为是中国古代道路交通环岛的首次发现。

2013 年，全国秦汉史专家考察时，我曾站在山梁上仔细观察，引桥的墩台底部达七八十米，顶部平缓，种植有庄稼，如果真是所确定的"桥"的话，桥墩保存得益于河床地势高，水流无法冲刷的缘故。我发现洛河北侧山梁和河床之间落差很大，距离很近，从洛河北侧下坡的道路很陡。洛河南侧山梁下山的道路的走势则是直对圣马桥的引桥而来，也就是说洛河北侧和南侧的路，不是处在一条相对的直线上，而是偏向上游。那么，从地理形势上看，交通环岛之说应该是成立的。从洛河北侧下坡的道路很陡，没有制动装置的辎重牛车如何能安全过河呢？恰逢洛河南侧山梁下山的道路偏向上游，为了减缓坡度则采取了两项工程措施，一是设立交通环岛延长距离，二是使引桥高出地面 20 余米，这也是不在圣马桥直接过河或向下游延伸过河的原因。如果道路以及圣马桥本身经过考证真是桥，并非是被张冠李戴的秦时所修直道的话，那么这段桥可能属于距秦已六百余年的大夏国赫连勃勃下令修筑的圣人道的一部分。

方家河村临公路石崖上，开凿有一座小型石窟，高度距地面不到 1 米，窟口最大的 1 米余，呈不规则形状，窟内黑乎乎的，雕像残缺不全，从造像风格上判断，有北朝时期的余韵。从表面上看，石窟一片颓败，但它折射出了历史的真实，比起现在许多充盈着谋利欲望的宗教景观，其价值要大得多。正是这些不起眼的古代遗存，才构成了中国文化传承的坚实基础。

从方家河重新盘旋上山，道路也就 4 米宽，由于坡陡，路面出现许多被雨水冲刷的小沟壑。在路旁一块很大的岩石表面，有人工开凿的小窝槽，2013 年全国秦汉史专家考察时，引起了争议，有学者认定其是远古时期建筑物留下的，有学者则认定其是先民祭祀时用的。

继续前行到达老窑湾，由于一直上坡，道路蜿蜒曲折弯道多。山梁上比较宽阔，虽然不少地方因地势较为平坦已被开垦成为农田，水土流失严重，但从道路遗迹的走势仍然可清楚地看出，路基宽也就 5 米左右。路两旁柏树非常多，从山梁上往下看，柏树漫山遍野一直伸展到谷底，这种景观完全可以和甘肃省华池县境内的柏树林相媲美。

过了王李湾后，道路转了一个大弯，就到了榆树沟，之所以称榆树沟，是因为这里有一条巨大天然壕沟，以前长满了榆树，现在树种发生了变化，榆树看上去已不再是主角了。道路旁山崖上开挖了一排窑洞，住着几户人家，用树枝搭起的围栏里养了几百只羊。榆树沟与志丹县相接，再北行就出了甘泉县境。

志丹县经济实力比甘泉县强，在两边的乡村和道路建设上一目了然。甘泉县境农户居住在旧窑洞中，道路为土路。志丹县农户住上了统一规划的新院子，紧邻两县分界线的柏树畔是一个小村子，盖了一排新房，仅有的六户人家，一家一院。道路也铺上了柏油，路面宽 5 米多，比甘泉县境的土路宽 1 米余。和站在村口的一对夫妇聊，他们说新房是国家资助盖的，甘泉县比不上他们县，语气上充满了自豪感。

图 5-31 老窑湾道路遗迹

图 5-32 漫山遍野的柏树林

志丹县先秦时为少数民族西戎以及白狄部落居地。宋太平兴国二年，置相当于下州规格的行政建置保安军，不领县，军治在今志丹县城。金大定十一年，废保安军置保安县，二十二年，升县为州，仍领县地。元世祖至元六年，降州为县。1934年更名赤安县，1936年改名为志丹县。

志丹县地处黄土高原丘陵沟壑区，以洛河、周河、杏子河三大水系网形成三个自然区域，称西川、中川、东川。志丹县境内植被稀疏，林草退化，自然灾害频繁发生，水土流失面积占总土地面积的88.5%，是黄河流域水土流失最为严重的县之一。随着山川秀美工程的全面启动，退耕还林后山川大地的基色，逐步实现了由黄到绿的历史性巨变。

自然村的柏树畔距任窑子行政村7公里，现在是任窑子行政村的一个小组。前行中看见路旁立着一块石碑，上写"秦直道"，从柏油路分出一条土路蜿蜒北去，这应当是修筑柏油路时特意保留下来的一段土路。

继续前行10公里，经安条到达土门，这一带属于山地苹果试验区，沿途平坦的地方大多成为苹果种植地。山地在苹果开花结果期间容易出现冰雹，为了防止灾情的出现，现在都支起了防雹网，看上去很新奇。

安条是林场所在地，盖有一座办公楼，从安条林场开始道路出现慢下坡。土门路旁土崖上现存有几孔破旧的窑洞，从颓败的表象上看，似乎已多年没有人居住。这一带油井平台很多，窑洞对面修建了一座输送管道增压站。据《延安境内秦直道调查报告之一》记载，道路"最宽处土门村南一公里处，宽达50米"。实地考察没有发现痕迹，的确有一段山梁很宽，但现在已被开垦成庄稼地。

道路从土门抵达南梁村后，与延安至志丹县城的303省道在65公里处相交，再沿杨洼塌、陈庄科、东沟、白杨树湾、花园寺村一线东北行，过候腰子后出现很多称"条"的地名。何条是一个不大的村子，古道路痕迹已被柏油路面全覆盖，村委会办公地就在路旁，沿土崖修建了一排仿窑洞式平房，外观比较整洁。

靳之林在陕西省志丹县发现以"条"命名的村庄比比皆是，如安条、杨条、李条、何条、周条、刘条、新胜条、胶泥条等。《庆阳府志》记载："秦直道俗名圣人条，秦以天子为圣，故名。"《"秦直道"新探》记载：由甘泉县与志丹县交界处的云山寺至安条为灌木林区。林区道路基本上是在"圣人条"的旧路基上修筑的。《保安县志》和《鄜州志》，均记载了保安县东境的"圣人条"。由于"圣人条"纵贯志丹县（原保安县）东境，沿途以"条"命名的村庄

图5-33　甘泉县道路为土路，志丹县道路铺上了柏油

图5-34　柏树畔新村

图 5-35 任窑子附近的秦直道石碑

图 5-36 土门村南山梁很宽，但没有发现宽达 50 米的道路痕迹

比比皆是，它们都是位于"直道"沿线的居民点。

史念海师认为：康熙《鄜州志·记事》说"鄜州（今富县）西百余里，有圣人条。"《鄜州志》编撰人解释"圣人条"时只是说："疑即（蒙）恬所开者。"王开对《庆阳府志》记载"秦直道俗名圣人条"的说法，自己解释为：古人称皇帝为"圣人"，少数民族称道路为"条"，"圣人条"即为皇帝修筑、使用的道路，因而把《鄜州志》编撰人怀疑的问题肯定下来。

"圣人条"本称"圣人道"，始见于《太平寰宇记》："圣人道，在军城东七里，从蕃界末帤家族来，经军界一百五里，入敷政县界。即赫连勃勃起自夏台入长安时，平山谷开此道，土人呼为圣人道。"宋保安军即今志丹县。敷政县东北距唐延州即今延安市 150 里。这个县也在清安塞县即沿河湾西南 120 里。夏台即今统万城，《元和郡县图志》记载有夏太后城，"在（鄜州洛交）县西三十六里"。文献记载和王开所探寻的道路完全吻合，富县城西夏太后城的位置，显示出赫连勃勃所修筑的圣人道，就止于其地。富县槐树庄以北有圣人道遗迹那是不足为奇的。圣人道没有再向槐树庄以南延伸。槐树庄在子午岭东侧，在蚰蜒岭的北侧，距这两处山上都还有一段距离。因此它不可能和子午岭上的直道连在一起。

《"秦直道"新探》对圣人条的解释是望文生义的演绎，史

图 5-37 何条古道路痕迹已被柏油路面全覆盖

念海师已从圣人条的来龙去脉上做了精辟的分析,这里就不再赘言了。至于对以"条"命名村庄的解读,更是想当然的说法。中国有五十六个少数民族,《"秦直道"新探》所谓的少数民族是其中的哪一个,为什么用一个泛指的概念,而不直接指明,也许可能是对自己的猜测尚难以确定吧。

有些考察者将其进一步演绎成"蒙语",但是翻开内蒙古自治区地图,并没有发现有带"条"字的地名。著名匈奴史教授林幹认为匈奴语和蒙古语大不相同,而蒙古语与鲜卑语则完全相同。但是,历史上由于匈奴人和鲜卑人通婚产生了新的支族——铁弗匈奴,这样一些匈奴语就有可能通过鲜卑人的中介而融入蒙古语,但这是一个需要深入研究的很专业的语言学问题,希望将来能看到有专家研究出成果。

其实,"条"字在汉语里就是泛指道路、巷里、聚落的意思。一是街道通称,如北京市东单三条、长巷五条、安乐林头条;二是指小街道,如河北省石家庄市正东街北一条、天津市南开三条;三是与"巷""里"相同,如太原市吉林一条;四是指聚落通名,如武汉市赵家条。

道路至小河湾村北开始下山,从志丹县至延安市的高速公路桥墩下穿过,再跨过长尾沟水,沿公路东行3公里,在王南沟村北复上山,经南崾岘、寺湾,在张沟门下山,抵达杏子河边。这一带地下埋着大量的石油,山头高处有很多钻井,一排排磕头机不紧不慢抽着原油,有的平台还喷着高达数米的熊熊大火。

杏子河是一条发源于靖边县二里湾牛头坡的小河,全长约100公里,至沿河湾镇黄崖根汇入延河。其特征为河槽狭窄且深切,河床比降大,水流急,洪枯量相差很大。这一段河道宽达七八十米,但河水流经的地方也就四五米,潺潺流水为河道中开垦的苞谷地提供了生命的活力,庄稼长势旺盛。过河后到达候市村复上山,经太平崾岘村至曹老庄村后,开始下坡,这里弯道多,路面陡,至坡底为安塞县原王窑乡曹咀村行政村,道路一直保持着四五米的宽度。

安塞古为白翟地,秦汉以来设置高奴县,北魏太平真君十年置广洛县,隋仁寿元年为避隋炀帝杨广之名讳,改为金明县。隋大业十三年撤金明县,并入肤施县。唐武德二年复置金明县,治城在今沿河湾镇碟子沟,宋熙宁五年废金明县,宋以"安定边塞"之意设安塞堡。元初置安塞县,县从堡名。1919年,洪水毁坏碟子沟县城,县治迁至黄崖根村对面的新乐寨。后又迁李家塌、徐家沟,1942年迁至真武洞。

安塞地处黄土高原丘陵沟壑区,由于地面切割严重,1公里以上的沟道就多达一千八百零二条,其中积水面积在100平方公里以上的大沟有五条。境内有延河、大理河、清涧河三条水系,20

世纪初，次生梢林遍布安塞中南部，由于气候变化以及滥砍、滥伐、滥牧等不合理土地利用，森林逐渐稀少，天然次生林只分布在西川河以南地区。

安塞最为人们津津乐道的是安塞腰鼓，可谓这一方热土培育出的一朵奇葩，本是古代军旅以增军中士气及传递情报所用，后来演变为表达胜利和丰收喜悦的民间娱乐活动，已有两千多年的历史，由于交通的阻塞，古老文化艺术能够跨越历史时期保留至今。安塞腰鼓融合了黄土高原人憨厚实在、乐观开朗的气质和性格特征，充分展现了生长在黄土高原上男子汉们的阳刚之美，堪称"中国第一鼓"和"中国一绝"。

有一年春节，和几个朋友专程去安塞看腰鼓。表演时场面宏大，达百余人。打鼓者头系白毛巾，腰结红绸带，鼓系腰间，两手执槌，在大鼓、大锣、铜铙及唢呐的伴奏下，左蹦右跳，生龙活虎，变换着阵势，只见鼓槌挥舞，彩绸翻飞，鼓声如雷，震撼大地，声势逼人。鼓手们刚劲激昂、变化多端、流畅欢快的击鼓技巧和粗犷豪放、剽悍威武、气势磅礴的奔放舞姿，尤其是腾空飞跃动作，像掀起在黄土地上的狂飙，让观者产生英武激越的感觉。

安塞位于峁梁沟壑丘陵区，大量土地被开垦成农田，导致植被破坏，水土流失严重，两千年来的地貌已面目全非，直道的遗迹难辨，再加上大多数考察者都缺乏历史地理变迁的专业知识和田野考古的调查经验，面对漫长岁月中形成的众多古道路以及各个古道路之间的复杂关系无法做出正确判断，也没有形成较为一致的认识，这就为直道走向上的分歧埋下了伏笔。

《"秦直道"新探》认定："圣人条至侯氏乡后，折东北行，经胶泥条、刘砭、吕川入安塞县境。据说安塞县镰刀湾一带也有古道遗迹。"还根据志丹县境内"圣人条"的走向，及《史记》《汉书》有关记载认定，"直道"出志丹县东北境后，沿安塞、子长县北境、榆林县西境，进入鄂尔多斯草原，复经内蒙古东胜西侧、昭君坟东侧至包头市西。从行文中使用了"据说"两个字，就不难看出其所见所闻也仅止于志丹县。通过字里行间透露出的信息判断，作者对鹰咀子以北约占秦直道全线四分之一的路段没有进行实地考察，所以无法写出考察记录，致使此段到榆林市镇北台的路线无法衔接起来。

《"秦直道"新探》根据顾祖禹《读史方舆纪要·延安府》引用杜佑《通典》的话断定：汉代的高奴县在延州治所西北百里处，约今安塞北。"圣人条"的遗迹指向安塞北境，按照杜佑所说的高奴县位置，正在"秦直道"经地附近。如此，则汉文帝去高奴，是由"直道"顺路而往，没有折转其他路线。这时，距蒙恬修通"直道"只有三十五年时间，"直道"不会有大的破坏，汉文帝有利用的条件。

史念海师认为：自来舆地学者皆以高奴城在唐代延州治所即今延安市。仅杜佑谓在唐金明县。金明县距延州城只有48里，顾祖禹却谓在延州治所西北百里处，显然是没有根据的。王开因袭顾祖禹的说法，就把赫连勃勃修筑的圣人条和直道连在一起。王开发现圣人条由志丹县东北吕川延伸到今安塞境内。安塞县城本在沿河湾，移到其北的真武洞只是近数十年的事。吕川的位置在今安塞县城西北，由吕川向更东北的阳周县遗址伸延的道路，不经过今安塞县城及其南沿河湾旧县城，也就是说不会经过高奴。

针对《"秦直道"新探》的说法，史念海师提出不同观点：赫连勃勃由统万城南行，必然经夏州与延州间往来大道的今安塞西北镰刀湾。王开所说安塞镰刀湾一带有古道遗迹，这无疑就是赫连勃勃的圣人道。高奴、阳周之间本来可以画一条直线，添上镰刀湾，直线就变成三角形。由高奴故城前往阳周，为什么要绕道镰刀湾？王开没有做出解释。圣人道和高奴县城是不可能发生关系的，除非把高奴城址移到镰刀湾或把圣人道移到高奴城下。

史念海师还认为，文帝由甘泉经过高奴前往太原，不出南北两途：一由蔺（今山西省柳林县内）、离石（今山西省吕梁市离石区）东行可抵晋阳城下；一出今陕西宜川县西北的定阳，东隔黄河为

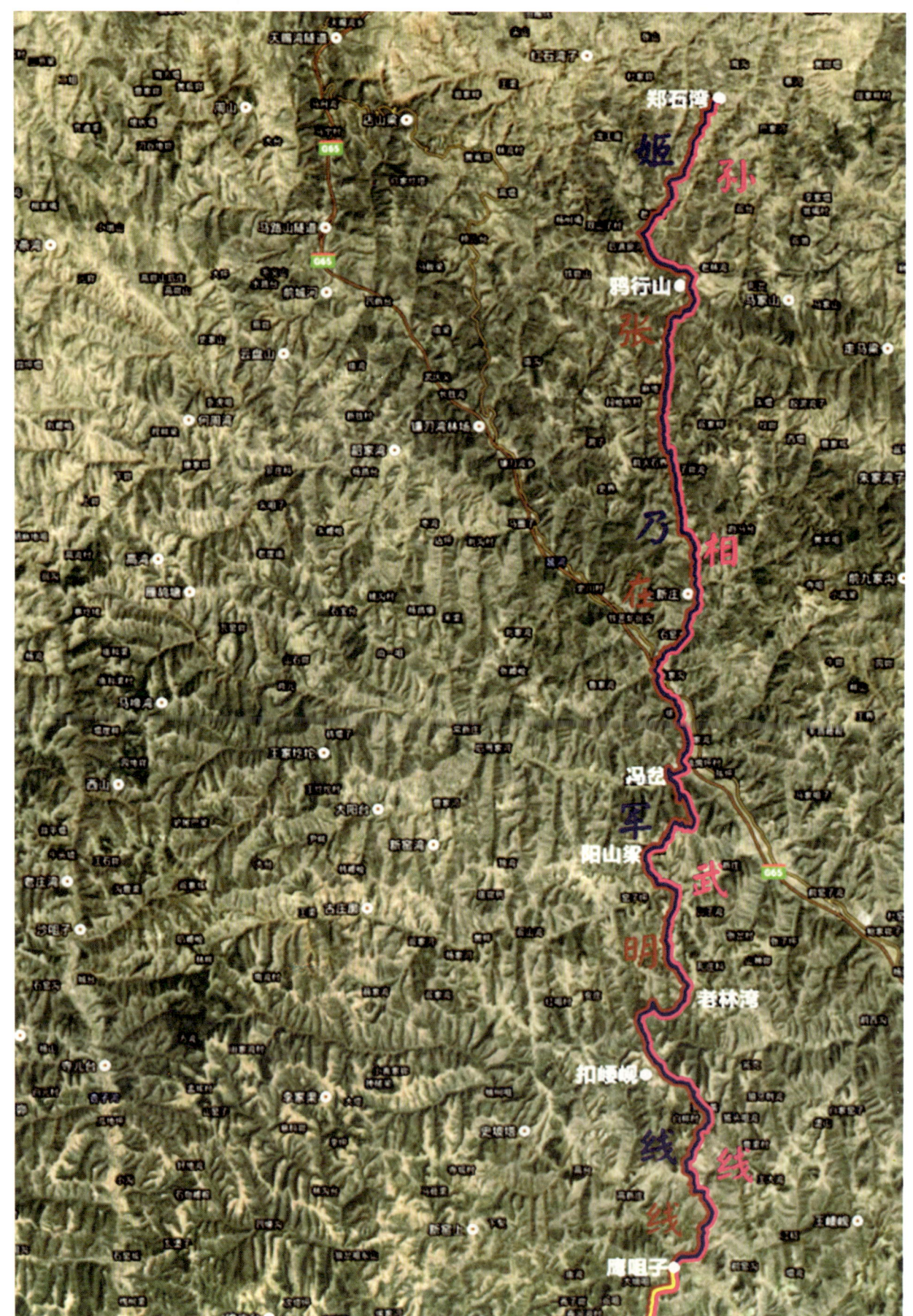

图 5-38 鹰咀子至郑石湾卫星图

晋通往黄河以西要道的北屈县（今山西省吉县以北）。文帝由高奴东行，不至于绕道北行，过肤施再折而趋向东南。不能因由甘泉首途，就以为他所走过的道路都是直道。

延安市姬乃军经过考察后，撰文《延安境内秦直道考察报告之一》给出了从鹰咀子至靖边县小河乡郑石湾村的具体路线图："直道"进入安塞后旋即下山，沿着鹰咀子沟南侧二级台地，经圆峁、背台、草圈台，过杏子河支流岔路川。又经后陵湾，在枣村阳湾复上山，经堡子山、阳山湾、桃嘴崾岘、卧虎湾、圣人条、红花园、白家畔、扣崾岘、杀人崾岘、七垧地崾岘、同沟等地，过延河支流新庄沟水后，直道分为两路。东路经哈巴崾岘，到达冯岔村，路线较直，但坡度较大。西路经阳山梁村，路线呈弧形，但坡度较平缓。两条路在冯岔村重新会合后，沿着延河西岸二级台地向北延伸，经徐家沟北上，进入镰刀湾乡境内仍沿着延河西岸二级台地延伸，在罗居村南过延河，沿着张家沟西侧台地北上，经石窑滩、康家河等地，在前火石涧上山，沿着山梁北行，经麻地渠，穿过鸦行山，在黄草塌村西北拐了一个"之"字形弯，经宋家洼（圪）村继续向北延伸，进入靖边县小河乡郑石湾村境内。

《中国文物地图集·陕西分册》对安塞县古道路走向的记载，采用了姬乃军的说法。其行文中的王窑乡今已合并到安塞招安镇。曹咀村是王窑乡的一行政村，规模不大，沿川道零零散散分布着一些农家，现在为油田的保安队所在地，鹰咀子则是曹咀村下辖的一个小组。

继续前行经阳山湾、圣人条等地，走完镇内约6公里的路程。这一带的退耕还林力度大，全镇历年来累计退耕近10万亩，并积极发展大棚蔬菜、养羊和种植果木三大产业，其中人均果园面积近4亩，已成为当地农民脱贫致富的有力抓手。

道路经扣崾岘、同沟等地过新庄沟水后，分为两路至冯岔村重新会合，在罗居村南过延河。延河是陕北第二条大河，昔名区水、去斤水、清水等，发源于靖边县天赐湾镇周山，在延长县南河沟凉水岸附近汇入黄河，全长286.9公里。历史上延河干流的洪水灾害较多，宋太平兴国六年七月，延洲水丈余入城，坏仓库庐舍；清顺治十六年六月，延安大雨三日，洪水发三关尽没，死者百余人；1977年延安特大洪水倒塌房屋五千多间，死亡一百三十四人。现在的延河已经被赋予了新的含义，"巍巍宝塔山，滚滚延河水"成为延安精神的象征。

过河后沿着张家沟西侧台地北上，经石窑滩至前火石涧村，这一带的道路总给人难以捉摸的感觉，走着走着就出现了岔路，让你无法确定选择哪一条分支，好在不像子午岭林区无人打听，只要勤问路，一旦出现偏差，马上就能得到纠正。由于地处黄土

图5-39　对面山梁上放声唱起了信天游

丘陵沟壑区，一路上愈向北行，梢林便愈稀疏，耕地却渐渐多起来，同时水土流失也越严重，沟壑纵横，梁峁密布，呈现出陕北黄土高原的典型地貌景观。

前行中碰见一条大沟横在面前，站在沟崖边望对面，由于近在眼前，双方之间说话听得清清楚楚，但因沟谷深切，想彼此牵手却很难，必须绕到远远的沟头，或先下到深深的沟底后再爬上山梁才能实现。身临其境，见景生情，让人心底陡然升起一股悲壮苍凉的意绪。

正好对面山梁上有老少两人戴着红帽，在蓝天映衬下特别吸人眼球。老的牵着毛驴，少的扶着犁在耕地，他们可能是父子俩，家就在这附近的某一处，可能只是几间简陋的土房或窑洞而已，但在物欲横流的今天，仍能安身于田间耕作，过着阳光闲散风儿自由的逍遥生活，真叫人好生羡慕。

也许是看见我们路过，忽然，他们放声唱起了信天游。那高亢悠长的曲调，在空旷的野地上激情奔放："羊啦肚子手巾呦三道道蓝，咱们见个面面容易，哎呀拉话话的难。一个在那山上呦一个在那沟，咱们拉不上个话话，哎呀招一招个手。瞭得见那村村呦瞭不见个人，我泪格蛋蛋抛在哎呀沙蒿蒿个林。"这是陕北人在繁重的劳作耕耘中或赶牲灵爬沟壑时，为了排遣心头的忧愁和孤独，信口随心编唱以抒发自己对爱情和美好生活追求的一种民歌形式。由于信天游是唱给天地的，剥掉了面对人际时虚伪说教的面纱，歌词中的情欲如此圣洁，爱情如此奔放，喊出了人性的至真至纯，虽然离得远看不清谁在唱，但传递出充满凄然、悲壮、沉郁、刚毅的情愁，让听者回味无穷。

从前火石涧村开始上山，不到10公里，到达鸦行山。这个地名很有意思，向当地老百姓打听，说法不一，有的说一个小伙救了一只受伤乌鸦，形影相伴成了朋友，后来乌鸦被县官抢走，小伙又气又急不久丧命，被埋在山上，一日乌鸦冲出笼子飞回化成了一座山，人们就把这座山叫成鸦行山。有的说鸦行山十二座山峰相连，远看像十二只排成一行的乌鸦，但我怎么看，也没有发现一点像乌鸦的影子。

鸦行山山体比较高，四周空旷，风力资源丰富，现已被开发成风力发电站。高高的山巅上巨大的风叶缓缓转动着，一峰一座首尾相连，蔚为壮观，不仅提供了绿色能源，还为当地平添了一景。道路随着陡峭的山形盘旋而上，穿过巨大的垭口，下山进入王家湾，继续向北延伸，复上山再下山，就进入靖边县郑石湾村。

郑石湾村是一个不大的村子，由于石油开发，大多数村民离开了祖祖辈辈厮守的土地，当上了采油工人，陆陆续续搬走了，全村仅剩下老郑一个人坚守在自己的家园。老郑说他本身也打算搬走，太寂寞待不下去了，从语气中不难听出无奈与伤感。老郑指着从他家房子旁边蜿蜒而过的道路说，这就是所说的秦直道，来考察的人可多了。

姬乃军给出的路线止于靖边县小河乡郑石湾村。在《中国文

图 5-40　鸦行山巨大的风叶缓缓转动着

图 5-41　郑石湾全村剩下老郑一个人坚守家园

物地图集·陕西分册》所绘的《陕西省秦汉遗存图》中，道路连续线也止于郑石湾村，再北行则为道路不连接的子长县阳周段。陕西省考古研究院秦直道考古队虽然主张秦直道从兴隆关沿蚰蜒岭东行，但从目前能看到的资料得知，似乎仅发掘了富县桦沟口遗址以及兴隆关附近的几条探沟，由于没有深入西线进行实地考察发掘，无法进行科学的对比分析，对东行路线也似乎并未进行更深入的考古发掘，故也只是方向性的说法："经富县、甘泉、志丹、安塞、榆林等地延入内蒙古自治区。"实地考察的缺失，在认识上就难免产生偏颇，致使研究成果不完整而大打折扣。

从兴隆关至郑石湾村近300公里的实地考察中，不难看出，下子午岭主脊的东线完全颠覆了秦直道循山脊线前行的特点：从八面窑梁下山，过川子河，再从白马驿上山北行。在桦树沟下山过葫芦河，再在五里铺复上山，至望火楼复下山，过葫芦河支流捻沟河，经水磨坪村复上山。在高山窑子下山，过洛河，从方家河重新盘旋上山。在张沟门下山，过杏子河后，从侯市村复上山。在罗居村南过延河，沿着张家沟西侧台地北上。不算长尾沟水、新庄沟水等称"水"的沟壑小溪以及许多不过河的上下山路，光上下山的过河路就达六条。所经过区域内河流都近乎东西向，在秦代由于人烟稀少不必要也不可能都架设桥梁，对木制车辆而言，

图 5-42 鸦行山道路随着陡峭的山形盘旋而上

图 5-43 郑石湾村道路遗迹

河底坑洼不平和水泡极易导致车轴变形或损坏。秦始皇修筑直道，是出于军事目的，若行军于河谷之中上山下坡迂回曲折，不仅加大了总工程量，更为重要的是难免贻误军机。因此，从军事地理学的角度上也不支持顺"丁"字形岔道转九十度直角东走蚰蜒岭的说法。

三、自子长县经榆林市至陕蒙交界处

子长县春秋时期为白翟地，秦统一六国后，全国实行郡县制，在境内设阳周县。王莽改为上陵畤，东汉初，废上陵畤，子长县为上郡肤施县地。三国时期境内为羌胡占据，未置县。北魏中叶设魏平县。公元518年，在今县东北部设城中县，境内分属城中、魏平两县。隋代开皇元年为避文帝杨坚之父杨忠名讳改称城平县。元宪宗二年为安定县。1942年改为子长县。

子长县地势由西北向东南倾斜，地形峁梁起伏，沟壑纵横，为典型的黄土高原丘陵沟壑区，由于地处东部季风湿润区与内陆干旱区之间的过渡区，植被带具有过渡特色，以华北区系植物占主导地位。秦汉以前，境内草丰林茂，经过多年战争、垦荒，植被破坏严重，原始森林和草原自清代已荡然无存，现有草木多为次生植被。

《"秦直道"新探》认为："汉代高奴县东北，为阳周县，在今子洲县南境，大理河上游东南侧，为上郡属县。……从扶苏死于上郡，蒙恬被囚于阳周，秦始皇的棺柩由'直道'归于咸阳等一连串事件看，'直道'是经过上郡、阳周。……根据《汉书》有关记载，知道汉武帝北巡朔方归来时，曾在'桥山'祭黄帝冢……汉武帝北去或南归，都经由上郡、阳周。"

史念海师认为：扶苏在上郡为监军，阳周正处于由上郡治所肤施南行的道路。李斯和赵高伪造遗诏何敢经过上郡。而秦始皇诏书中也应让扶苏迎道上郡而不会下诏"与丧会咸阳而葬"，从中不难看出秦直道和上郡肤施至咸阳道实非同一条道路。汉武帝北巡抵五原的路程绝大部分是在经过肤施的南北大道上，所不同的是由上郡绕道西河，再至五原。由肤施至今内蒙古准格尔旗西北的西河郡治所美稷县，可以由今神木、府谷两县前往。汉武帝和汉文帝都是由直道北行的。但并不是说非要遵循这条道路走到尽头不可。经过肤施的南北大道属驰道，和直道无关。汉武帝由高奴绕道西河到五原，如果这条道路真是直道，是不是由西河至五原也就都算作直道数内？

吴宏岐在《秦直道不经过上郡及其属县阳周的证据与原因》中则提出四条证据：第一，《史记》凡是提到修筑或行经直道的时候，均不见涉及上郡；反之，凡是提到行经上郡之时，也均不见言及直道。这不是司马迁的疏忽，而只能说明直道并不经过上郡。第二，秦二世一行从直道抵咸阳的同时，另派使者到了上郡和阳周。否则，《史记·李斯传》不会有"使者还报"之笔。秦二世等人如《史记·秦始皇本纪》所说的，"行从直道至咸阳"，但并未至上郡和阳周。可见直道确实不经过上郡和阳周。第三，《史记·蒙恬传》载蒙恬行将就刑之前，曾经说过："今臣将兵三十余万，身虽囚系，其势足以倍畔。"蒙恬掌握重兵，在其未死之前，二世及李斯扶着始皇的灵柩，虽有意诛杀蒙恬，但绝无取道于上郡南归陷于不利环境的可能。第四，秦直道在始皇活着时并未完全竣工，证明是一条新修的大道，由九原直通云阳，没有绕道经过上郡。

至于秦始皇辒辌车本应循太行山前大道，转经函谷关，返回咸阳或者是西越太行山，取道蒲阪，西入关中，为何以鲍鱼臭尸，舍近求远，绕行千里，沿北边代郡、雁门、云中至九原郡循直道南归咸阳？清代学者顾炎武在《日知录·史记注》中合情合理地诠释了令人们困惑数千年的谜底："回绕三四千里而归者，盖始皇先使蒙恬通道，自九原抵甘泉，堑山堙谷，千八百里。若径归咸阳，不果行游，恐人疑揣，故载辒辌而北行，但欲以欺天下，虽君父之尸臭腐车中而不顾，亦残忍无人心之极矣。"看来秦始皇出巡天下时，原本可能有视察直道工程进展情况的打算，但东游途中暴崩沙丘则为其始料未及。秦二世为避天下疑揣，选择秦直道绕道南归，确为当时具体情势所迫而为之。

《中国文物地图集·陕西分册》记载，子长县发现秦直道支线遗址石家湾段。从石家湾乡黄草墕向东北延伸，经周家墕、麻皮梁、徐庄子至横山白狼城，全长 7 公里。行文中所说的石家湾乡现已并入李家岔镇。黄草墕村是李家岔镇的一个小村，只有一二十户人家，房屋建在沟底，向村里的老乡打听秦直道，没有人知道。

我们沿着一条三四米宽的柏油路翻越山梁，我推测记载中的道路可能就是脚下这条已被柏油覆盖的小路，因为将封闭的小村与东北方向的外部联系在一起的，就这一条路。我们沿途仔细观察，一直到横山白狼城村，也没有找到道路遗迹，向见到的人询问，没有人能说清楚。白狼城老村现在已从山梁上搬到了沟底，307国道从新村穿越而过，道路旁有油井，磕头机不紧不慢地转动着，阴晦的天空开始淅淅沥沥下小雨，此处人烟稀少，这种寂静的氛围，益发加重了没有找到道路遗迹的失落感。

位于支线道路中部的徐庄子近旁，有一座高柏山，是大理河与淮宁河的源头交接处，发现了大量的文物古迹和遗址。《汉书·地理志》记载："桥山在上郡阳周县，山有黄帝冢也。"《水经注》载："奢延水（今无定河）又东，走马水注之，水出西南，长城北，阳周县故城南桥山。"根据上述文献，有一种意见认定高柏山即上郡阳周县南之桥山，是轩辕黄帝冢所在地，于是当地政府投入资金开发成旅游景点。

现在，已修成了仿古式山门，宽敞的道路长达10公里，穿过山门直抵海拔1527米的山巅，在栽植的松柏簇拥中，盖起来一座轩辕黄帝庙。但可能是因为交通不方便，也许是宣传力度不够，冷冷清清，没有看到一个游人。

《中国文物地图集·陕西分册》记载，阳周故城在石家湾乡曹家圪村西250米。位于直道支线东侧约2公里处，城址平面略呈长方形。东西长约1500米，南北宽约1000米。姬乃军也认为位于子长县石家湾乡曹家圪村的遗址是阳周城。

曹家圪村是一个小村，只有十几户人家，位于石家湾河两岸的台地上。我们向路边房子里的老农打听时，他指着河对岸的石碑说，那就是阳周县古城遗址。当我们进一步询问细节，他说什么也没有，就是立了一块碑。河道虽然较宽，但有潺潺流水的地方仅1米多。我们跨过小河爬上山坡仔细观察，似乎能看出一些痕迹，但又不能完全确定，之所以出现这种情况，在于无人看护，被风雨侵蚀得面目全非。

《中国历史地图集·关中诸郡》图中，对阳周的地望做出了明确的标识。具体位置大约在今子长县境,和当时的肤施、高奴二县基本上在同一条直线上。张泊在《上郡阳周县初考》一文中记载:王北辰到子长县曹家圿村进行了实地调查后,结论是这里"并没有足以与阳周相当的古城址",而那座高柏山,"被清人指为桥山乃是一个错误"。

吕卓民在《秦直道歧义辨析》中对此做出了合理的辨析:所谓阳周城,可能也是一段长城遗迹。因为在此发现的仅是一道东西长1000多米的城墙,其他遗迹、遗物不多,当地群众称之为城墙梁山,城墙东向为石家湾河截断,南北面为山坡沟谷。若说此处是阳周城址,似与《水经注·河水》记载的走马水"出西南长城北,阳周县故城南桥山"的地理环境也不符。如果说此为长城遗迹,则正好西与靖边县南周河乡、大路沟乡、天赐湾乡所发现的长城遗迹连接成了横山岭脊一线。长城除主体建筑外,其侧还会兴建一些辅助设施和许多短期居民点,这些都可能使用砖瓦,

图 5-44　高柏山轩辕黄帝庙

图 5-45 曹家圪村阳周古城遗址

与直道不直接相关。

曹家圪村地处深山僻壤，四周沟壑纵横，交通极为不便，即使到了现在，也只能通过一条和石家湾河并行的土路和外界沟通联系。从交通位置、地理环境和遗址规模来看，我认同吕卓民的观点，所谓的阳周古城遗址和直道支线，与秦直道确实没有直接相关。

王北辰在《古桥门与秦直道考》中认为：红柳河南岸的支流今称芦河，从地理形势看，相当古之走马水。芦河与红柳河汇口西南方的山地今名白于山，即古之桥山。今山上明长城旧迹，即秦长城的后身。芦河穿白于山而出，出谷即是平地，长城至此中断如阙，形成隘口，口外即今靖边县镇靖，其势正与桥门相符。《水经注》记载走马水"出西南，长城北，阳周县故城南桥山"，据此认为：阳周古城址在芦河谷口外今靖边县一带，但"遗址尚

图 5-46 阳周及其支线卫星图

未发现"。

史念海师在《与王北辰先生论古桥门与秦直道书》中提出不同观点：今淮宁河的流向完全和《水经注》所说的走马水相符合的。今芦河由源头起就是偏东北流，并非东流。今靖边县城东诚然有一段东流，可是已在王北辰所说的隘口以下，未能与《水经注》所说相符合。《水经注》说："门即桥山之长城门。"如果说当时修筑长城要经过一段谷道，也应是桥山上的谷道，不应是芦河所流经的河谷。否则，桥门名称就不容易做出解释了。阳周为上郡属县，通过上郡的南北大道，若不经过治所肤施，是没有任何理由的。阳周应在肤施和高奴之间。若把阳周置之今芦河谷口之外，则由高奴北行，势必由今延安市西北行，越过白于山，再沿芦河而下，而后循无定河东行，到达肤施。这样说来，肤施、高奴、阳周三地实际上成为一个三角形。这样的行道方式，可以说是比较少见。阳周的所在仍当于《水经注》所说的走马水流域求之。

王北辰依据《史记·封禅书》和《汉书·武帝纪》记载的汉武帝北巡史料，推定汉武帝北巡路线是经过桥门阳周的直道。并据《续资治通鉴长编》所载宋琪言边事及杜甫《彭衙行》，得出如下结论："现在名为白于山的一片山相当于古之桥山；从而也就认为《汉书·武帝纪》所载'还祠黄帝于桥山，乃归甘泉'的桥山指今白于山，武帝全军是通过上述道路回到甘泉。"王北辰还认为：夏军南下曾"自统万入桥门，经鄜（富）县趋长安，这正是秦汉以来直道之一段"。

史念海师认为：汉武帝北巡途中经过直道北端五原，终点回到直道南端甘泉，因而使人联想到行经直道。其实并非如此。直道和由咸阳或长安北去上郡的道路大致是平行的。中间不可能完全没有相互连接的地方。武帝北巡由甘泉发轫，而转到其东的另一条道路，至于上郡。《史记·封禅书》和《汉书·武帝纪》皆没有说走直道，何得以直道称之？武帝所经西河郡，郡治在今陕西神木市东北和内蒙古准格尔旗之间，远离由上郡至九原郡的道路。若汉武帝所行为直道，而直道如果真的要经过肤施和阳周，也不会在上郡折向东北行，又由西河折向西北行。司马迁说到直道，只说堑山堙谷，并没有提到上郡及其属县。这就显示直道没有经过这些地方。司马迁和班固在《史记》和《汉书》中，都没有提到九原和云阳或甘泉之间的其他郡治和县城。这不是疏忽，因为直道的南端是修筑在子午岭上，其北段是修筑在鄂尔多斯高原上。高山之上和草原之中本来就未曾设置过什么郡治和县城。

史念海师还认为：桥山、桥门在今淮宁河之南，就是阳周县故城所在，亦可据桥山、桥门推断，当在其北，而不能相距过远。《汉书·地理志》记载："上郡，阳周，桥山在南，有黄帝冢。"这里说的桥山乃是黄帝冢所在地，桥山为大山，绵延较广，距阳周县和走马水较远的地方也有桥山的名称，那是不足为怪的。杜甫《彭衙行》所描写的芦子关，和传说的黄帝冢所在桥山无关。桥山的位置能够得到确定，则汉武帝归来，当是由肤施南行，稍折向西南，至于走马水上。桥山即在走马水之南。汉武帝于祠桥山后，归于甘泉。

有一种说法，阳周设于甘肃省的正宁县。阳周为秦时所设的县，属上郡。但北魏时期，在赵兴郡也设置过一个阳周。《魏书·地形志》记载："阳周，前汉属上郡，后汉、晋罢，后复属。有桥山、黄帝冢、泥阳城、高平城、秋水。"赵兴郡的阳周县在《中国历史地图集》第四册标得很清楚，在今甘肃省的正宁县，和秦汉时期的阳周本来风马牛不相及，只是沿用阳周的旧名而已。

主张秦直道从兴隆关下子午岭主脉东行古道岭的路线，从地图上看，是无法避开横山区的，但具体经行哪些地方都没有说，只是提出一个大致的方向。横山区地处黄土高原向鄂尔多斯草原过渡带，以芦河、无定河为界，北部为风沙草滩区，地貌由连绵的黄沙地和断断续续的草滩组成。由于毛乌素沙漠南缘扩移的流沙自西北部进入长城内外，横山区西北部变为毛乌素沙漠南缘地段，风蚀作用强烈。南部是黄土覆盖的丘陵沟壑区，处于黄土高原的北缘地带，水土流失严重。

横山区春秋时属林胡地，北魏时设岩绿县，唐更名为朔方县，清雍正九年取"怀柔边远"之意，置怀远县。1914 年，为和安徽省怀远县相区别，遂依境内白于山东段东北向延伸部分构成的横山山脉更名为横山县。白于山是陕北的一座大山，主梁海拔 1700 余米，东西延伸长 100 余公里，次一级梁地分别向北、东、南三面倾斜，构成泾河、延河、清涧河、大理河、无定河的分水梁地。

从这里汩汩流淌出的山泉最终汇成了众多支流，滋养着一代又一代的陕北人民。

《山海经·西次四经》记载："上申之山……下多榛楛……汤水出焉，东流注于河……号山，其木多漆棕……端水出焉，东流注于河……白于之山，上多松柏，下多栎檀。"汤水和端水皆见《水经注·河水》。杨守敬《水经注疏》卷三谓上申之山在米脂县北，号山在佳县西北。可见春秋战国时期森林不仅已经北及于横山山脉和其东北的一些地方，而且树种繁多，有榛树、楛树、漆树、棕树、松树、柏树、栎树和檀树。《宋史·宋琪传》记载："自鄜延以北，多土山柏林。"宋代鄜延路治延州，即今延安市。鄜延以北的土山，即指横山山脉。可知北宋时，横山山脉上柏林最多，尤其是横越山上几条大路的侧旁更为稠密。

明清以来，人类不顾自然规律代代乱垦乱伐，造成县域内水土流失严重，梁面植被稀少，沟谷切割严重，风蚀作用强烈，以致黄土裸露沙地连片的景象比比皆是。"直道"被纵横的沟谷和茫茫的风沙连年侵蚀而几乎消失殆尽，像子午岭那样明显的道路遗迹没有能保留下来，使得考察工作更加困难。从现状来看，因为没有组织大规模的专业考察，现得出的结论仅基于个人对秦直道和对某局部地域的认识，不仅众说纷纭，也没有被多数学者所接受。看来，要想达到认识上的统一，必须通过众多考察者今后的继续努力才能实现。

王富春在《榆林境内秦直道调查》中提出一条路线：从小河乡郑石湾村，北经柳湾村、石峁则村、坪庄村进入沙漠地区，再经常塔村、草沟村进入横山县境内，经塔湾镇清河村到赵石畔镇的水掌村，穿越秦长城，再经雷龙湾乡酒房沟村、沙峁村，再经榆阳区红石桥乡柳卜台村、闹牛海子村，再经巴拉素镇大旭吕村，北上再经小纪汗乡大海子村，最后进入马合镇，经杨家滩村，从达拉石村西侧入内蒙古境，穿过乌审旗黄陶鲁盖乡黄陶鲁盖村，斜东北向达红庆河。

张泊在《秦直道在榆林境内的遗迹与走向》一文中提出了一条路线：秦直道由靖边县小河乡进入龙洲乡，再北上进入位于杨桥畔镇镇政府附近的龙眼水库边，称龙眼古城。从龙眼古城即阳周出发，行不及远，就进入横山县境，走完秦长城以东，芦河以西的狭长地带，越过战国秦长城，便抵达了无定河畔。在无定河北岸红石桥乡肖家峁村西有一条山梁叫硬地梁。其走向恰好与子午岭段和内蒙古段的秦直道的连接线相吻合。本着"正南北相直道"的秦直道最主要特征，用直尺在地图上将内蒙古段直道向南延伸，又从陕境的子午岭向北延伸，南北两条直线恰好在榆阳区的马合镇交会。在这个交会点上有一个叫"瓦渣梁"的地方，曾是一处秦汉古城的遗址，叫"杨家滩古城遗址"。初步确认这里是陕蒙直道的相接点。

鲍桐在《鄂尔多斯秦直道遗迹的考察与研究》中认为：瓦片梁无疑又是一座汉代古城遗址。而且又恰好处于上述鄂尔多斯高原秦直道遗迹分布的城梁、二顷半、掌岗图、公尼召外加红庆河的一条直线上。那么，秦直道从马合乡或其附近北上，穿过鄂尔多斯高原，尔后北渡黄河，直抵秦九原郡治所在地九原，今包头市郊麻池古城，不就是"正南北相直道也"吗？鲍桐对于自己提出的观点似乎并不确认，在结尾写道："当然，这是鄂尔多斯高原境外的问题，不在本文范围之内，是对是错，只能留待陕西榆林地区的同行们去查证。"

文中所说的榆林县现已改称榆阳区，商代为鬼方栖居地，西周至春秋初，境内先后为猃狁、翟人占据，春秋归晋国，战国三家分晋属魏国被置为上郡。秦国打败魏国，按旧置设上郡，治所于肤施（今陕西省榆林市东南），秦灭后匈奴占据了上郡肤施"旧塞"。汉武帝北逐匈奴后屡迁关东贫民并安置归降的匈奴人、西域龟兹人。明始筑榆林城堡，明成化七年置榆林卫（治所设在今榆林市）。清雍正九年改置榆林府，1949年建立榆林县，2000年改为榆阳区。

榆阳区地处鄂尔多斯台地东部，全新世晚期，北部开始风沙堆积，逐渐形成黄土风沙草滩区。地势总体东北高，中南部低，形成两大类型地貌：明长城以北风沙草滩区，地势较平坦，沙丘、草滩、海子交错分布，地下水储量丰富。明长城以南丘陵沟壑区，梁峁起伏，沟壑纵横，有山梁、峁三千多个，榆溪河、无定河沿岸至镇川八塌湾的狭长地带，地势较平坦。榆阳区煤炭资源储量达三四百亿吨，是榆神府煤田的重要组成部分，具有煤层厚、储量大、品质好、易开采的特点；岩盐储量超过1万亿吨，为氯化钠含量高达90%的盐矿；天然气探明储量800多亿立方米，而且含气面积大，纯净度高。

榆阳区马合镇杨家滩村东3公里处以前是一片沙丘。几十年前，日益肆虐的大风将地表的流沙逐渐刮走，露出层层叠压的瓦、陶片，这才被人们称为"瓦片梁"。曾经发现一段古城残墙，与红庆河镇古城残墙比较接近。我们到达瓦片梁四处探寻，并无踪影。这里和河口水库相连，脚踏着绿茵茵的草地来到岸边，水位很浅，沙滩的黄色成为水面的主色调。碰见一位老汉在放羊，拉家常时意外得知，老汉姓白，当了杨家滩村三十年的老支书，中央电视台来采访时就是他带的路。

真应了"踏破铁鞋无处觅，得来全不费工夫"这句话，我们请他带路，他怕羊跑，我们留下一个人帮他看着，可能是我们的真诚打动了这位好心老人，他什么也没有说就带我们去。返回柏油路旁，指着一条长10余米的土堆告诉我们，就是这里，以前土堆比这大多了，修筑柏油路和盖蔬菜大棚时被破坏了。

其实，我们在寻找时已看见，因为在《中国文物地图集·陕西分册》记载遗址达10万平方米，这也差太远了，我们想都没想就绕过了。仔细观察表面看不出任何痕迹，也许残存的土堆里面还隐藏着古代流传至今的信息，但我们不能破坏性地去挖，只能望洋兴叹。我对瓦片梁与上郡以及郑石湾村的位置做了对比分析后认为，在所谓的东线说能成立的前提下，作为陕蒙直道相接点的"瓦片梁"有两个无法解答的难题：

一是秦直道经过上郡是东线说的支撑点。《"秦直道"新探》认为：秦始皇死后棺柩指明经"直道"运回咸阳，这条路即赵武灵王所窥探的"直南袭秦"之路。当时，除这一条大道外，没有另外的南北大道。杨家滩村位于上郡治所肤施西北100多公里，靖边县小河镇郑石湾村则位于上郡治所肤施西南100多公里，小河镇与杨家滩距离达100多公里，如果直道从郑石湾村出发至肤施，本来可以画一条直线，添上杨家滩，直线就变成了三角形。从道路走向来看，和杨家滩是不可能发生关系的。但通过榆阳区境内，

图5-47 杨家滩村东瓦片梁遗址

不进入上郡治所肤施在政治军事层面是说不过去的,这样就会出现绕道和避开两种情况,为什么要走三角形经肤施再绕到杨家滩呢?要知道不是一点路,多绕道100多公里则是秦直道全程的七分之一,也难以想象出令人信服的绕道理由。如果避开肤施而直接去杨家滩,那东线说则失去了支撑点。

二是秦直道一路北上,经过像七里川、马栏河等数条小河,由于水浅,均可过沟涉水,或搭便桥供牛车行驶,但像洛河、无定河这样的大河怎样渡过?当然,洛河上架设了圣马桥,虽然尚存疑问,但毕竟有这样的说法,而无定河至今没有发现任何大桥遗迹。张泊在同一文章中还认为:秦直道在何处渡过无定河,是一个争议颇多的问题。观点大概有四五种之多。如果在渡过乌兰木伦河时架桥,那么跨度100米以上的大桥对于两千多年前的秦人恐怕不是一个简单的问题。而且直到今天还没有丝毫的线索来回答这一难题。其实,张泊无法解开的疑惑,也正是秦直道不走子午岭支脉而选择主脊北上以避开大河的理由。

贺清海和王开在《毛乌素沙漠中秦汉"直道"遗迹探寻》中认定的路线图:仅发现北段,位于毛乌素沙漠中,其南端从榆林县红石峡东的走马梁西出长城,溯榆溪河东侧800余米的南北路并行北上,经头道河、二道河、三道河至四道河,再经过早留太村和神木县昌鸡兔,直道直北至红庆河。出长城后的道路宽度均为164米,即古制一百步。《中国文物地图集·陕西分册》的记载与贺清海和王开的观点相一致。

按照贺清海和王开认定的路线出榆林城,北行七八公里,就到了长城口上的红山脚下。穿越不大的门楼,进入红石峡,红石峡是明成化年间由延绥巡抚余子俊开凿成的。映入眼帘的是东西相峙的赭色石崖,东崖上的雄山寺依山傍水,壁上有二十余个石窟。东西崖共计摩崖石刻一百六十余处。峡谷内树木青翠,流水潺潺,黄沙像一条彩带横过,实为长城线上不可多得的文化景观。

与红石峡相距不远的镇北台是明长城中部的要塞之一,为明万历三十五年四月至次年七月，延绥镇巡抚涂宗濬为保护设在附近长城边上蒙汉互市的红山市，在红山之顶修筑成明长城上最大的军事瞭望台。城体为正方形，四层，外砌砖石，内筑夯土，底大顶小，逐层收进，各层边均砌砖垛口。四百余年的风吹雨打让墙体苔痕斑驳，耸立在沙漠边，显得格外古朴巍峨。

国家实施再造山川秀美工程以前，毛乌素沙地黄澄澄一望无际，沙丘随燥风游走，难以见到绿色，到了沙地的深处，真像进入了大海，一排排沙丘连绵似浪，一波推一波，铺展到那遥远的天际线。贺清海和王开认定的上述路线，穿越毛乌素沙地约70公里，由于风沙侵蚀和人为破坏，他们所说的道路痕迹大多早就隐身于沙石与草丛之中，难以寻觅。

这次实地考察，我们发现这一带景观大变，尽管人烟还是稀

图 5-48　依山傍水的红石峡

第五章　兴隆关东北的路线考察

图 5-49　古朴巍峨的镇北台

少，但柠条等适应沙地生长的绿色植被肆意蔓延，在一些地段几乎接近全覆盖。柠条作为水土保持和固沙造林的重要树种之一，具有广泛的适应性和很强的抗逆性，在肥力极差的流动沙地和丘间低地以及固定、半固定沙地上均能正常生长，即使在年降雨量100毫米的年份，也能正常生长。柠条好像是造物主专门用来阻击沙漠化的植物，当狂风涌着流沙进攻时，它总是冲在最前线，一排又一排，形成击不垮的绿色长城。

柠条为豆科锦鸡儿属灌木，株高一般为40至70厘米，枝黄灰色，叶椭圆形，花单生黄色。柠条全身都是宝，枝条含有油脂，燃烧不忌干湿，是良好的薪炭材。根瘤有肥土作用，嫩枝、叶含有氮素，是沤制绿肥的好原料。种子含油，可提炼工业用润滑油，根、花、种子均可入药，具有滋阴养血、通经、镇静等功效。花开繁茂，是很好的蜜源植物。枝、叶、花、果、种子均富有营养物质，都是良好的饲草饲料，特别是冬季雪封草地，就成为骆驼、羊的"救命草"。

我们一路行走发现了一种现象，起初用柠条枝杈组成的方格状沙障几乎看不见了，表面上似乎已经实现了植物的天然生长，今年雨水比较好，沙地上一片郁郁葱葱，让我不由得想起大夏国君赫连勃勃的话："美哉斯阜，临广泽而带清流，吾行地多矣，未有若斯之美。"这番话不免有夸大之嫌，但至少说明营建统万城时这里是草木畅茂、农牧兼宜之地，这景象的出现可以认为是毛乌素沙地久违的历史时代周而复始了。

史念海师在《黄土高原及其农林牧分布地区的变迁》中认为：历史时期之初，黄土高原分布着广大的森林，森林之间，间杂着草原，应该说是属于森林草原地带。森林面积相当广大，所有的山地几乎都布满森林。子午岭北端和陕西北部的横山山脉相连，子午岭南部和中部，现在仍为森林地区。如果说有草原地带的话，可能仅限于子午岭北段以西以及六盘山的东西两侧，也就是由甘肃庆阳、环县向西至于靖远的黄河岸上。那时农业虽已有所发展，但农业地区所占的比例相当微小，不能和森林草原相比。随着岁月的流转、生产力的发展，农业地区就逐渐扩大。中间经过几度的变化，农牧更迭交替占较为重要的地位，后来农业还是超过了牧业，而森林地区逐步缩小，几乎到了无足轻重的地位。

有一些观点认为，黄土高原从来就没有森林，理由是在黄土层中未能检验出远古时期的孢粉。这固然是一个重要依据，但必须考虑黄土的特殊性能。黄土疏松易被侵蚀，随着黄河流水堆积到华北平原，如此严重的侵蚀致使孢粉究竟能存在多少，值得考虑。朱志诚在《对黄土地层古植被研究中困难问题的探讨》中得出以下结论："受黄土中一些特殊微生物及其碳酸钙的影响，黄土中化石孢粉的含量减少，有时甚或找不到。"当然，还可以继续进行学术探讨，但必须肯定的是，不能轻易否定文献记载，不能因

图 5-50 全身都是宝的柠条

为现在这些地方没有森林，就认为历史时期也根本没有。如果当时没有森林草原，何来再造山川秀美之说，也不可能出现今日植被恢复良好的局面，实践也证明了史念海师提出的学术观点的正确性。

尽管这是无数人多年奋进的结果，但在大自然面前，人类永远都只是配角，这一区域植物怎样生长，塑造的力量取决于年降水量的多少，年降水量高于 400 毫米就可生长出森林，低于 200 毫米则生长出草和灌木，再低就只能生长出荒漠植物。或许可以这样认为，造物主被生活在这一区域民众不屈不挠的精神所感动，大发慈悲之心，降下了更多的甘霖，暗中配合民众的努力，才造就了这一番宏伟的大业。

治理好沙地的标准是控制住沙害,控制沙害并不等于消灭沙地,有专家认为,植物覆盖率达到70%就够了,超过合理程度就会出现反弹,导致沙地含水量减少,草木枯死。牧民们在生产实践中认为两者都不能少。沙地草虽然长得稀疏,但草质非常好,吃沙地草的羊肉很香,其缺点就是碰见干旱羊没草吃。河滩上的草绿茵茵,水分大,但好看不好吃,其优势是干旱时最起码羊有草吃。这种现象深刻地揭示了一个道理,一切都不是绝对的,在一定条件下优势和劣势是可以互换的。

毛乌素沙地属于农牧交错区,除畜牧业之外,还有农业生产。许多水资源较好的局部区域,田地上种植着苞谷、土豆等耐旱农作物。农耕文明和游牧文明的长期融合,反映在现实中就是既种地又养羊的生活形态的出现。虽然养羊但不住蒙古包,而像关中平原的农民一样,住在用砖瓦盖起的房子里。

房子的周边种植着不少的树,最多的树种是砍头柳,粗大纵裂的树干上,呈放射状笔直地向上伸出胳膊粗的枝干,枝头挂满了茂密的绿叶,形成一道亮丽的风景线。由于形体上活生生像一把倒立的扫帚,当地人又称之为"扫帚柳"。在树种上有人说这是在干旱盐碱地才长的一种旱柳。由于陕北树木少,人们就琢磨如何在保住原有树木前提下,能反复取得枝干使用,长期实践终于摸索出了给旱柳砍头的规律。旱柳被从树干以上处"砍头",失却了树冠。当伤口部位生出的新枝长到胳膊粗时,砍刀又一次举起,每死一次就预示着新生一次,命运就这样在生与死之间轮回着。

砍头柳有着顽强生命力,虽然屡遭人类摧残,但从不抱怨,当来年春回大地时,仍然充满热情地蹦出绿芽,让砍伐者感受到寒冷过后万物复苏的温暖气息。在人们的概念中,柳树一般是长在水边的,被比喻为绝色女子,因为其细细的枝和弯弯的叶容易

图 5-51　养羊不住蒙古包而住在用砖瓦盖起的房子里

让诗人联想到妩媚的水蛇腰和迷人的柳叶眉。但砍头柳在严酷的生存条件下，锲而不舍地坚守着自己的阵地，其展示出的坚忍不拔的气节，完全颠覆了传统的形象，犹如一个壮怀激烈的伟男子，让观者不能不产生敬畏之心。

贺清海和王开路线所经过的榆阳区旱留太和神木昌鸡兔，都位于210国道旁，现在正在大开挖，重修并扩宽，通行艰难。在路面推平尚没有铺柏油的路段，由于沙子多路基疏松，车经常陷进去。我们不幸也中彩，只好请压路机牵引出来。道路出陕西省境后，至内蒙古自治区红庆河与"史念海线"相会。

对贺清海和王开认定的上述路线，史念海师从历史地理学专业角度给予了否定：这里本来有一条旧道，秦始皇曾经走过，秦始皇三十五年修直道时，距秦始皇由北边归来仅两年，刚修好的驰道不会在使用两年后就改建为直道。贺清海和王开还指出这条道，比《汉书·贾山传》记载的驰道宽一倍，但是不能仅根据这一点就说这条道路和驰道不同。在广袤的草原上修道路和内地不同，何况这条道路比子午岭的直道宽三至四倍，如果认为路迹过宽而不是驰道，那么用同样理由也可说它不是通往子午岭的直道。

如果对东线说的观点进行仔细分析，均缺少有力的证据来支撑自己的观点，也没有充足的理由去否定史念海论证的直道路线，如在靳之林、孙相武、王开、姬乃军等人的文章中，多处运用自己认定的秦汉遗迹、遗物来证明所谓兴隆关以东的直道。尽管这样，仍然不能自圆其说，明显存在着问题。

据卜昭文的《靳之林徒步考察秦直道记》记载，靳之林发现"子午岭西侧即甘肃境内的古道上分布的都是宋代遗留下来的古窑、古城、古墓，而没有秦汉时期建筑物的遗址；而东侧，即陕西境内的古道经行之处，则存在有大量春秋战国和秦汉时期的墓群、遗址、古驿站等。很显然，史籍记载的'秦直道'是在子午岭东侧的陕西境内，而不是在西侧甘肃境内"。但专业文物工作者在《甘肃庆阳地区秦直道调查记》中认定，在甘肃一侧的"罗山府、卢邑庄、桂花园、老爷岭等地，近直道处发现了多处汉墓群，出土了大量的汉代灰陶罐、盆及釉陶壶、灶、奁等器物"。烽燧至今尚留有一百二十六处。这些与秦直道修建或者使用同时代建筑的遗址与墓葬，距离直道很近，尽管不是直道本身，但作为旁证，可以对道路的时代及其使用给予有力的支撑。由此而言，甘肃境内的古道上没有秦汉时期建筑物遗址的说法显然属于主观臆断。

图 5-52 贺清海、王开线毛乌素沙地卫星路线图

靳之林等人所说的陕西境内古遗存，当属秦汉时期先民们开发建设陕北遗留下来的遗迹。项羽灭秦后，封原秦旧将董翳为翟王，驻高奴（今陕西延安市），管辖着今陕北范围中的广大区域。之所以设翟王，说明当时陕北地区已有了一定的人口需要行政管理。进入西汉时期，朝廷多次徙关东贫民以实之，《汉书·地理志》记载：上郡当时"户十万三千六百八十三，口六十万六千六百五十八，县二十三"，人口与设县数已达到相当的规模。据《后汉书·段颎传》记载，东汉时，在陕北抗击先零羌南侵的张奂曾说过一段话，"自桥门以西，落川以东，故宫县邑，更相通属"。要相通就必须开辟道路，在一条道路修成之后，沿途会增建居民点，必然能留下一些遗物。在没有考证出秦汉时期遗迹与遗物本来出处之前，是不能用来证明直道的，否则，就难免引起把秦汉时期甚至秦汉以后的遗迹与遗物嫁接成直道遗迹的嫌疑。

孙相武发现的高奴宫据说在今榆阳区北，并列举位于今安塞与靖边交界处的黄毛塔至沈家园子一带有"五里一墩"的烽火台。对此，史念海师从三个方面剖析了出现误判的原因：第一，秦汉宫苑多以地命名，如果当时确以高奴为宫名，似不应远离高奴县。秦汉时今榆阳区尚非县治，西汉为安置龟兹国降人始于其北置龟兹县。如果当时确有高奴宫，奈何置于荒漠之地？即使的确有行宫，也和直道说不上关系。第二，称之为"当为兵站遗址"的四处，"似为兵站遗址"的一处，显示出不能完全肯定就是所谓兵站遗址。仅凭发现的秦汉瓦片及其他文物，根本不能证明它们和所谓兵站遗址之间的关系，更难以说明经过这些地方的道路就一定是直道。第三，安塞从黄毛塔下到沈家园子一段，据当地群众的说法为"五里一墩"，这些没有举出建筑年代的烽火台，如果是出自后世，如何能够证明就是直道，如果不是出于后世之手，可能还是有来历的。秦昭王曾筑长城，这条长城就在今安塞镰刀湾北横山山脉上。黄毛塔、李家塔、沈家园子皆在长城经过的地方，长城附近有烽火台自是合理的。以秦昭王时的烽火台证明秦始皇时的直道，自是不能成立的。

《太平寰宇记》是宋太平兴国年间由历任知州、三馆编修、水部员外郎的乐史撰写成的，卷帙浩博，采摭繁复，考据精核，广泛引用了历代史书、地志、文集、碑刻、诗赋以至仙佛杂记，计约两百种，且多注明出处，保留了大量珍贵的史料。由于所引诸书今多已散佚，故其记载对于研究自汉迄宋，特别是唐与五代十国史，具有重要的资料价值。《四库全书总目提要》对其给予了高度评价："后来方志必列人物、艺文者，其体皆始于史。盖地理之书，记载至是书而始详，体例亦自是而大变。然史书虽卷帙浩博，而考据特为精核。"《太平寰宇记》编纂中对各种资料的要求，使得各地地方志书的编修兴盛起来，后来渐渐成为一种制度，这也成为明清时期地方志兴盛的一个重要原因。

对于《太平寰宇记》记载的圣人道遗迹与秦直道遗迹的区别，靳之林、王开、孙相武等人均采用置若罔闻的态度或主观猜测的方法来规避，顾左右而言他。据《靳之林的延安·发现秦直道》记载，靳之林认为"榆林地区秦直道是怎么走的，最重要的是到青阳岔是去西北还是北上。如果是去西北，那《太平寰宇记》记载的是对的，这路是大夏赫连勃勃进攻长安所开；如果继续向北，那就是秦始皇所开的直道，那么宋代的《太平寰宇记》关于这一段是大夏赫连勃勃进攻长安所开凿的论断就成为无稽之谈"。靳之林还认为：大夏国是个小国，怎么能开凿这么大规模的工程，这绝不可能！后来他从一位村民口中得知北边有一条30米的大道，从路的宽度和走向判断这正是秦直道。于是，靳之林对同行的人说："那就证明《太平寰宇记》记录的是错的。这可不得了！你知道，这下我们可是推翻了一千年的历史地理权威著作哪！"

推翻了一千年的历史地理权威著作而感到兴奋的心情是可以理解的，但是客观来说，不按专业的标准评判，权威不是轻易能推翻的，细想一下也是说不通的。赫连勃勃修筑的南下道路被称为圣人道，经过宋代保安军即今志丹县。秦汉时期经过上郡通向咸阳或长安的道路，要经过高奴县即今延安市，延安市距志丹县还是相当远的，是不能合而为一的。赫连勃勃的圣人道见于《太平寰宇记》的记载，和《元和郡县图志》的记载相符合。这是一条新路，既不同于秦汉时期经过上郡、阳周、高奴、雕阴等地通向咸阳或长安的老路，也不是秦汉时期直道的一段。从夏州统万城南行至延州的往来大道必经安塞镰刀湾，唐时为塞门镇，其北18里有芦子关，因两崖峙立如门，形若葫芦，故谓之"芦子"。从杜甫《塞芦子》"延州秦北户，关防犹可倚"诗句中不难看出其作为关隘的重要性。青阳岔位于镰刀湾东北近四五十公里，和途经镰刀湾以及芦子关的赫连勃勃道完全不搭界，因此肯定找不到赫连勃勃所开的圣人道。靳之林向东边移位的原因和依据何在，可能是写传记者的疏忽，未见其说，读者不得而知。

靳之林对大夏国先入为主的偏见也导致了他对大夏国的低估。大夏国疆域四至为"南阻秦岭，东戍蒲津，西收秦陇，北薄丁河"，大致包括今陕西渭水以北、内蒙古自治区河套地区、甘肃东南部以及山西的一部分。大夏曾以"叱干阿利领将作大匠，发岭北夷夏十万人，于朔方水北、黑水之南营起都城"。客观地说，大夏利用人力资源的能力是很强的，修筑都城一个点都可以征集十万人，可想而知修筑一条路能调集的人更多。大夏国不仅修筑了统万城，还趁东晋内乱，夺取了长安，连皇帝宝座都能收入囊中，怎么能说其无力修筑一条道路呢？如果乐史连这一点学术素质都不具备，其撰写的《太平寰宇记》何以能被后世奉为地志典范。当然，并不是说《太平寰宇记》没有疏漏，十全十美是任何文献都难以企及的高度，真的发现记载有误，应从学术角度分析误在哪里，不宜随意下结论。

无论靳之林、孙相武、王开、姬乃军，还是陕西省考古研究院秦直道考古队，从实际考察及描述与所绘制的直道路线图看，所见道路遗迹大致皆到今安塞与靖边交界的地方，往北似乎均无清楚的介绍，或反用虚线条标出。靳之林的调查路线，报道简略，语焉不详。孙相武《秦直道调查记》所绘直道路线图也是出安塞境，进入靖边县以后，往北皆用虚线条表示，谓之"不完整秦直道"。尽管王开在《"秦直道"新探》以及所附《"秦直道"路线示意图》，都涉及鄂尔多斯和包头境内的秦直道遗迹问题，但从字里行间透露出的信息判断，对志丹县以北并没有进行实地考察，故无法写出考察记录。姬乃军描述的"直道"路线也是在安塞与靖边交界处终止。陕西省考古研究院秦直道考古队虽然主张秦直道从兴隆关沿蚰蜒岭东行，但似乎并未对东行路线进行更深入的考古发掘，在安塞以北没有指明任何一处直道遗迹。

《宋史·李继周传》记载：宋太宗淳化五年，宋廷谋划讨伐党项族首领李继迁，遂命祖孙三代皆为金明镇使的李继周"开治塞门、鸦儿两路，又招降族帐首领二十余人，率所部入夏州，败蕃兵数千于石堡砦。以功转供奉官，复加恩赏，仍赐官第。继周以阿都关、塞门、卢关等砦最居边要，遂规修筑砦城"。宋金明县即今安塞南沿河湾，塞门、鸦儿两路皆是自延州通往夏州（今靖边县白城子）的道路。李继周所修筑的道路和寨城，必然会留下遗迹。

吕卓民在《秦直道歧义辨析》中指出："李继周所开凿的鸦儿路，当即是通过位于今安塞县北境的鸦行山的道路。鸦儿与鸦行音近，可能互为转音，这从今天当地人在读鸦行的发音中所带的'安'音中可找到说明这一现象的根据。孙相武、姬乃军的文章中均提到经过鸦行山的'直道'及其旁侧的军事设施即所谓兵站遗址，如果这些遗迹与遗址果真与直道有关，无疑当是重大发现。反过来说，如果对李继周所修的宋代道路不加察辨，误指为直道，那就大谬不然了。……无论是赫连勃勃入长安时修筑的道路，还是宋李继周为讨伐李继迁所开凿的道路，大致都是由南往北翻过横山以后，折向西北通往统万城或夏州的。而横山的山背线恰好在今安塞县与靖边县交界处。"

不仅靳之林、孙相武、王开、姬乃军以及陕西省考古研究院秦直道考古队在横山岭脊以北，沿着直北方向再没有发现古道遗迹，就是1987年春季陕西省文管会组织的庞大文物普查队也没有在此一线找到任何道路痕迹。这绝不是偶然，这一现象恰恰反映了历史真实，那就是这条所谓向北延伸的秦直道根本没有修筑过。为什么热衷于在兴隆关以东一定要找出一个直道来，应当和文献缺失、政治环境和地貌变迁不无关系。

司马迁在出行时的一些记述中，对所经之地一般都会提到郡县治所和名山大川，如公元前210年秦始皇最后一次出游，"十一月，行至云梦，望祀虞舜于九疑山。浮江下，观籍柯，渡海渚。过丹阳，至钱唐。临浙江"，重要地名皆娓娓道来，但他对经过直道途中的地名却没有留下一处记载。司马迁一生治学严谨，行文周密，若直道果真经过上郡、阳周那样重要的地方，他是绝不会疏忽漏记的，以"直通之"来概括，正说明了秦时子午岭地区的荒僻，故无从记起。由于文献只记载了直道的起讫点，这就为各种推测或假设提供了可能性。

靳之林后来成为中央美术学院油画博士生导师，是一位专业造诣极高且让人敬重的艺术大师，他一面深入领悟西方油画艺术的奥秘，一面以狂热的延安情结，追寻中华艺术的源头，终于融汇中西创造出了自己艺术的新高度。为了探索历史本来面貌，他不畏惧困难，甚至冒着生命危险徒步考察的精神非常让人感动。但毕竟隔行如隔山，在历史地理学考证和古道路考察上对他来说显然是非专业性的，他对自己提出不同经行地点的路线图，没有写考察报告，也在情理之中。但经新华社记者采访，《光明日报》报道，尽管内容非常简略，还是产生了极大的社会舆论效果，紧接着《陕西日报》在第一版以《徒步三千里考察秦直道》为题进行了新闻报道，对靳之林的观点给予了充分肯定，认为"靳之林在考察中，发现了直道两侧丰富的历史遗迹和文化遗存，获得了不少一手资料，为研究两千年前的这条古道提供了珍贵的依据"。据《靳之林的延安·发现秦直道》记载，记者卜昭文在新华社《国内动态清样》上发表《画家靳之林自费徒步考察秦始皇"直道"》一文后，更是受到了各级领导的关注，陕西省委领导做出批示，加以鼓励，副省长和省文化文物厅的有关领导很快约靳之林到西安，听取并肯定了他的考察成果，准备给靳之林报销考察"秦直道"的费用，还特别提出要调他到省上工作。

这一系列事态的发展，对一些从事地方史地的人来说，无疑激发了巨大的工作热情，由于富县兴隆关东行的路线也得到了沿途各县旅游和文物部门的支持，于是一些人继踵其后，又是考察，又是撰写文章，开始探讨所谓的陕北境内的秦直道。

这从王开《"秦直道"新探》开篇行文中也得到验证："画家靳之林认定的路线，只限于粗略的新闻报导，未见到他写出任何考证性论文。……为了编写《陕西古代道路交通史》的需要，陕西交通史、志编写委员会办公室，组织有关地区（市）、县的编史人员，于1986年6月中旬至7月下旬，对画家靳之林认定的路线进行了重点考察。"既然已经知道靳之林没有写出任何考证性论文，为何还要对靳之林认定的路线进行所谓的"重点"考察，显然是受了社会舆论的影响。

古代从关中经黄土高原通往鄂尔多斯高原的南北向道路，绝不会只有一条，而陕北地区就在直道起讫点云阳和九原之中，一些与秦直道大致平行的古道，很容易被与直道联系起来。再加上秦直道所经过的以峁梁沟壑地形为主的黄土高原腹地，两千年来的地貌已面目全非，大量被开垦成农田，导致植被破坏，水土流失严重，古道的遗迹难辨。大多数考察者都缺乏历史地理变迁的专业知识和田野考古的调查经验，面对漫长岁月中形成的众多古道路以及各古道路之间的复杂关系无法做出正确判断，这是导致意见分歧的症结所在。由于不同路线的考察者并没有能够提出科学合理的依据和意见，相比较而言，史念海师和《中国历史地图集·关中诸郡》所提出的观点更专业，更符合历史的本来面貌。

第六章 内蒙古自治区的秦直道走向

一、经乌审旗至伊金霍洛旗

鄂尔多斯高原与匈奴关系密切，传说夏桀儿子獯鬻逃到鄂尔多斯西南部避难。司马迁在《史记·匈奴列传》最早指出匈奴是华夏族："其先祖夏后氏之苗裔也，曰淳维。唐虞以上有山戎、猃狁、荤粥，居于北蛮。"虽然现在无法知道司马迁是出于哪些资料来定义的，但这段话清楚表明了战国至西汉时期中原人的认识观。

《史记·匈奴列传》司马贞《索隐》引述了一段话："张晏曰：淳维以殷时奔北边。又乐彦《括地谱》云：夏桀无道，汤放之鸣条，三年而死。其子獯鬻妻桀之众妾，避居北野，随畜移徙，中国谓之匈奴。"张晏指出了避居北边在殷商的时间段，乐彦则说明了避居北边者是夏桀的儿子獯鬻，在这里孕育出了华夏民族和游牧民族的混血儿。

经过魏晋南北朝至隋唐学者的补充完善，司马迁观点得到了中国传统正史的认同。直到19世纪末，国学大师王国维在《鬼方昆夷猃狁考》中才对司马迁的观点进行了修正，否定了匈奴是汉族苗裔的说法，肯定了匈奴源于猃狁、山戎的观点，并对匈奴名称的演变做了系统概括："其见于商、周间者，曰鬼方、曰混夷、曰獯鬻；其在宗周之季，则曰猃狁；入春秋后，则谓之戎，继号曰狄；战国以降，又称之曰胡，曰匈奴。"王国维的观点对以后的匈奴史研究产生了极大的影响。

鄂尔多斯是一个构造隆起剥蚀高原，除了准格尔黄土丘陵区起伏较大，其余皆为较平缓的波状地形。其东南部以古长城为界和陕北黄土高原相接，西、北、东三部分被黄河湾怀抱，面积约12万平方公里。常年有水的河流基本上都分布在高原边缘地带，中心地带的一些小河，大都为时断时流的季节河，缺水加上来自蒙古高原风沙的吹蚀，土壤条件很差，从发育程度上而言，大部分地区属于"初育土"，顾名思义，也就是处在"石—土"转换阶段的土壤。

地表水资源的缺乏，不仅使得对水资源要求较高的农耕文明无法得到开展，也使得对水资源要求相对较低的游牧民族，亦无法找到高质量的草场，因此无论是游牧民族，还是农耕民族，他们控制鄂尔多斯高原的方法都是争夺前套、后套、西套平原。谁控制了这三个平原，就可以声称自己控制了鄂尔多斯高原，乃至整个河套地区。

商朝建立后，这里被划为鬼方之地。战国时属林胡活动的地区，胡人以"林"字冠于其本来的名称之上，应该解释为林中的胡人，说明当时是有森林的。秦昭王修建长城时的榆溪塞，就是人工种植的榆树林，西汉时卫青补缀过，却已延伸到窟野河上游，即今伊金霍洛旗附近。鄂尔多斯高原当时没有现在这么干旱，其森林分布在北部、东部和南部，其西部、西南部未见文献记载，只能暂时阙疑。

秦时，大将蒙恬北击匈奴，尽收河南地，秦设置了几十个县城，将农耕区域扩展到了阴山脚下。秦亡后，河南地复被匈奴夺去，直至汉武帝时，卫青北征才恢复了秦朝旧日疆土。西汉继续秦代策略设置郡县，在鄂尔多斯高原上现可以确定地址的县，西北部有朔方郡五个，北部和东部有五原郡四个，东北部有云中郡一个，南部有上郡五个，东南部有西河郡七个，共计二十二个。根据《汉书·地理志》统计，每个郡县人口数都不多，朔方郡平均每县为三千四百三十三户，五原郡平均每县仅为二千四百五十七户。虽然人少，但似乎无妨于大面积农业开发，汉代人觉得其新兴农业堪比关中，故称之为"新秦中"。

匈奴日逐王率部归附，东汉政府将五原、云中、朔方、雁门等郡划为南匈奴部众牧区，由于游牧民族的卷土重来，许多农田又变回牧场。隋唐时期再度兴起开垦农田的浪潮，唐代先后设置了丰州、胜州、夏州，这是在隋五原、榆林、朔方三郡基础上设立的，郡县的设置意味着有了农业人口，但人口数较西汉时为少，根据《新唐书·地理志》统计，上述三州共计73558口人。当时还为生活在该地的突厥人设置了六个胡州，实际为羁縻州，也就是在六胡州内，仍然保持着游牧习俗，草原并未改为农田。

唐代后期，在吐蕃压迫下，党项族从甘南迁到鄂尔多斯高原南部后，建立了西夏政权，设立了若干州，但在鄂尔多斯高原竟然没有设州，说明鄂尔多斯高原当时没有什么农业了。元朝这一地区被太傅、中书左丞相、河南王扩廓帖木儿占有。明朝初期，扩廓帖木儿被赶出，明王朝派员管辖。但不久，故元势力相继进入，住牧的蒙古部落号称鄂尔多斯，意为"众多的宫殿"，高原也以此命名。在一个多世纪里，明王朝多次派军进攻鄂尔多斯高原，但始终未能将蒙古的驻牧人赶走，后不得不在鄂尔多斯南部修筑长城，加设边关，并将蒙古土默特部首领俺答汗加封为顺义王，明王朝和蒙古的关系才得以缓和。

清顺治六年，清朝将蒙古鄂尔多斯部落分为六个旗。清代前期一直禁阻蒙汉两族往来，清代后期禁令稍松，陕北从事农业的人到鄂尔多斯高原开垦土地，使得从唐代后期持续到清代的地貌发生变化。由于蒙古王公也能得到好处，于是农耕线不断向北推移，远离明长城，以致杭锦旗、达拉特旗和准格尔旗近黄河处都出现了农田。

鄂尔多斯市地处高原腹地，面积86752平方公里，占鄂尔多斯高原近四分之三的面积。1928年置伊克昭盟，蒙古语意为"大庙"，因清初鄂尔多斯六旗第一次会盟于达拉特旗的大庙而得名。2001年改名为鄂尔多斯市。市境内地貌类型较多，北部为黄河冲积平原区，占全市总面积的6%；东部为丘陵沟壑区，占全市总面积的30%；中部为库布其、毛乌素沙区，占全市总面积的40%；西部为坡状高原区，占全市总面积的24%。

鄂尔多斯市是卉物滋阜之地，鄂托克旗阿尔巴斯苏木培育出一种绒肉兼用型山羊，简称阿白山羊，体表生长着20余厘米长的粗毛，对底绒产生很好的保护作用，因而净绒率高、梳绒量大、光泽良好、洁白柔软，是山羊绒中的佼佼者。中国是世界第一产绒大国，其中仅内蒙古自治区就占到全国羊绒总产量的一半。境内地下有天然气、稀土和高岭土等储量丰厚的能源矿产资源。

稀土由十七种元素组成，是极其重要的战略资源。中国稀土分别占世界储量的70%和商品量的80%以上，但价格长期受国外商家控制，他们低价时大量购进，价格上涨时使用库存，待再次降价时再行购进，逼着国内企业竞相降价出售，在微利线上挣扎。对比这些年国际铁矿石、石油价格不停地翻倍增长，中国稀土的浪费让人困惑。中国并非唯一拥有稀土的国家，却在过去几十年承担了世界稀土供应的角色，结果付出了破坏自身天然环境与消耗自身资源的代价。近几年，政府采取限采、开征资源税、对私挖盗采严厉打击等措施，使稀土生产逐渐步向健康发展的道路。

位于鄂尔多斯高原西南部的乌审旗曾是大夏国辖境，明为蒙古乌审等部落住牧地。清顺治年间设鄂尔多斯右翼前旗，1912年改称乌审旗，蒙古语意为"用网套捕捉禽兽的人"，旗名从部落名。乌审旗现在是一个蒙古族为主、汉族占多数的多民族聚居区，农牧业较发达，是全国人工麻黄、羊绒以及鄂尔多斯细毛羊的主要生产基地。

乌审旗处于鄂尔多斯高原向黄土高原过渡的洼地中，地貌类型比较复杂，以风积地形为主，呈现"梁地、滩地、沙地"相间的景象，北部沙地内，多有柳丛，伴有沼泽。乌审旗在20世纪50年代是一个林草丰茂之地。从60年代起滥垦乱牧闹开荒，70年代土地沙化逐年加剧，沙逼人退无处藏，到80年代人沙对峙互不让，造成生态环境严重恶化，大面积草场、农田被流沙吞噬，许多村庄、房屋被掩埋。严酷的现实，逼迫乌审旗人必须绝地谋生开始了"愚公移沙"的征程。经过多年的努力，尽管仍然能看到不少明沙，但绿色已成为大地的主色调。

从地表看虽然显得荒凉，但地下可是一个聚宝盆，煤炭面积达7000多平方公里，已探明储量500多亿吨，煤质为低水分、特低灰、特低硫、高热值。这里也是鄂尔多斯盆地天然气区的主产地，有四大超千亿方天然气气田，探明储量约1.2万亿立方米。

由于秦直道在内蒙古自治区境内，基本上穿越了沙漠和丘陵沟壑区，两千年来肆虐的流沙和水土流失，已将遗迹扫荡得消失殆尽。鲍桐在《鄂尔多斯秦直道遗迹的考察与研究》中所说，乌审旗旧王府原址在壕赖，1931年迁出后废弃。近年由于编写旗地方志需要，再去壕赖察看时，因地表流沙的迁徙，竟连踪迹都没有找到。这还不到六十年，已度过漫长历史岁月的秦直道更不在

图6-2 仍有明沙，但绿色已成为主色调

图 6-3 陶利镇

话下。

  因为没有高山大河的阻碍，路人一般会寻求两点之间的最近距离。如果从"史念海线"的定边县纪畔或"《秦直道考察》线"的靖边县宁条梁镇到乌审旗分别画两条直线，那么秦直道遗迹应当在直线两边的古遗址间穿行。当然受局部地形以及城镇分布的限制，道路不会笔直修筑，但也不会偏离太大。我们本着这个原则行走在茫茫的沙漠草原中，寻求那消失已久的秦直道遗迹。

  "史念海线"进入鄂尔多斯市境后，要抵达乌审旗之北，则必须经过地处乌审旗西部的陶利镇。这是一个蒙古族占总人口87%的镇，镇子面积不大，由一条较宽的主道和几条小街构成，全是平房，可能是离榆林市境太近的缘故，建筑风格上看不出蒙古族的元素。

  陶利镇具有得天独厚的自然资源优势。世界级整装大气田——苏里格气田就在境内。全镇天然标准草场75万亩，是著名的鄂尔多斯细毛羊的故乡。地下蕴藏着丰富的陶土、黏土资源，镇区一眼自流井，水质甚好，经检测鉴定，泉水中不仅锶含量极高，还

图 6-4 巴图湾水库

富含对人体有益的锂、锌、硒、碘、溴、硼、偏硅酸等微量元素六十余种,堪称含锶矿泉水之冠。境内拥有天然麻黄 8 万余亩,世界稀有树种沙地柏 9 万亩。

麻黄属草本植物,有草麻黄、木贼麻黄与中麻黄三种,高不超过 40 厘米,木质茎短小,成匍匐状,兼有耐热植物和耐寒植物的特性,在极端生境条件下具有较大的生存概率,常组成大面积的单纯群落。李时珍《本草纲目·草部》对其名称表示难以理解:"诸名殊不可解。或云其味麻,其色黄。"其药用来源为生物碱含量丰富的干燥草质茎,其性温,味辛、微苦,有发汗散寒、宣肺平喘、利水消肿的功效,可治疗风寒感冒、胸闷喘咳、支气管哮喘等病症。

沙地柏属匍匐灌木,冠形奇特,树体低矮,不及 1 米高,枝皮灰褐色,裂成薄片脱落,枝叶稠密,夏绿冬青不落叶,球果味苦辛,性微寒。药用功效主治:头痛,眼目迎风流泪,视物不清,小便不利,血液瘀滞。沙地柏适应性强,耐寒、耐旱、耐瘠薄,根系发达,能忍受风蚀沙埋,在风沙地带栽植也能迅速生长,能降低地表风速,

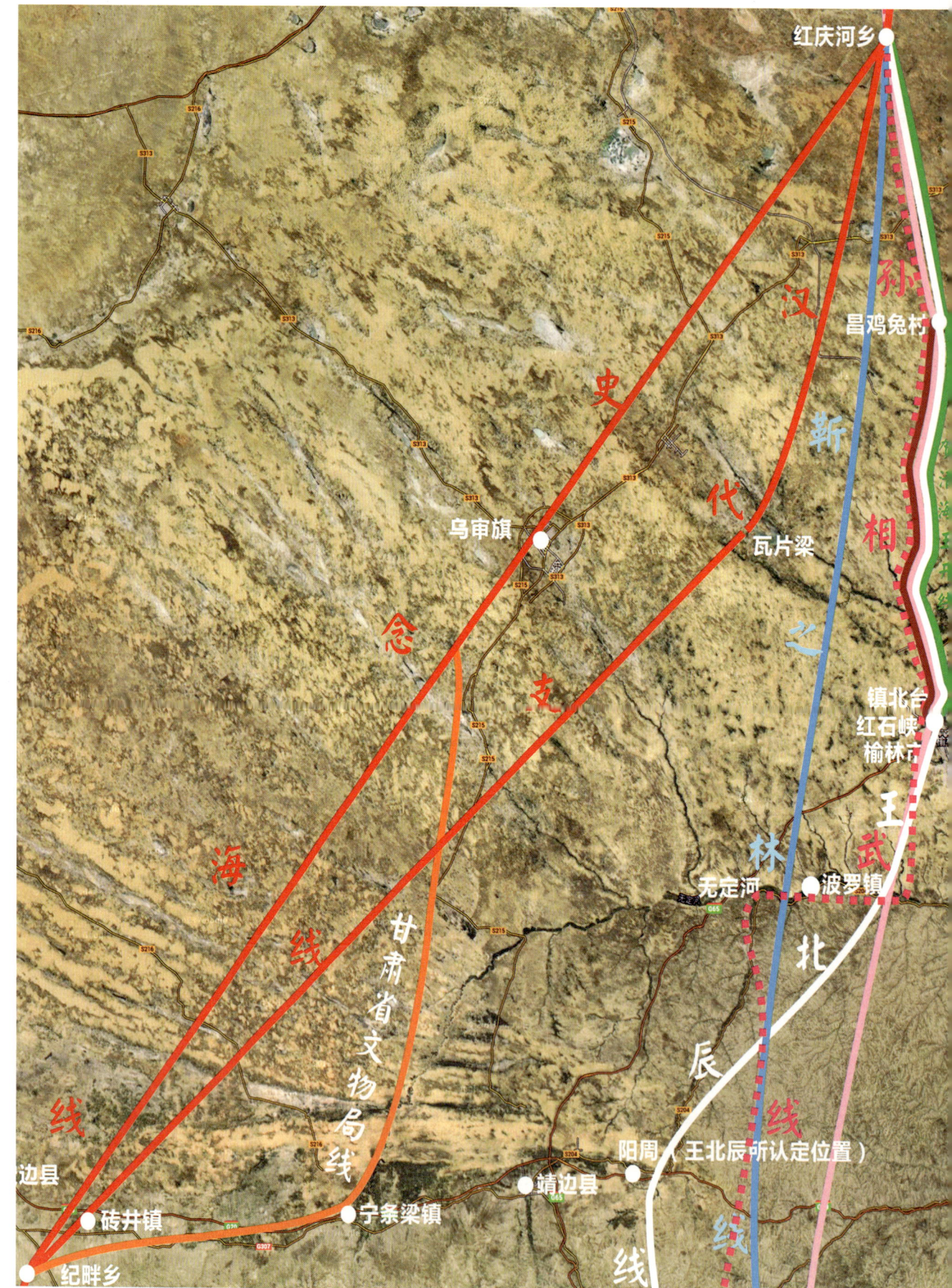

图 6-5 纪畔乡至红庆河段卫星路线图

减缓表土剥蚀，固沙防风作用明显。现在这一带的广袤沙地被郁郁葱葱的沙地柏所覆盖，本是干旱贫瘠的沙荒，摇身一变就成为充满活力的"绿洲"。

"《秦直道考察》线"进入鄂尔多斯市境后，经乌审旗河南乡西部以及沙尔利格苏木，也到达陶利镇域。如果选择沿红柳河边前行的路线，那么，离开统万城后，因为红柳河东流与秦直道北上在大方向上相悖，故不再沿红柳河岸前行，而是穿越毛乌素沙地，先抵达乌审旗无定河镇西南部，与"《秦直道考察》线"相会，再前行融入经过乌审旗之北境而来的"史念海线"。

无定河镇2005年由纳林河镇和河南乡合并而成，得名于横贯全境的无定河。蒙古语称无定河为萨拉乌苏河，意思是黄色的水，从西北蜿蜒而来，在这里轻轻一拐，形成了两个连接的湖湾，即现在的巴图湾水库，偌大的水面，不仅滋润了这一方土地，还给人们提供了休闲旅游的好去处。我们路过时，已接近黄昏，即将消失的晚霞余光洒在水面上，反射出和天空一样的色调，在两岸已变成深绿色的树木簇拥下，恰似一幅淡雅幽静的油画，让游人的目光不忍离去。

无定河镇位于纳林河旁，由呈"丁"字形相交的两条不长的街道组成，两侧房屋除个别为两层外，基本上都是一层平房。由于镇域内的无定河即红柳河南岸和纳林河两岸自然地理环境相对较好，利于农作物的生长，被开发成农业区，甚至种植了数千亩水稻，以至无定河镇被人们称为"塞外江南，鱼米之乡"。所产的大米以米质香甜可口、黏性强、色泽白、绿色无公害的特点，在市场上受到广大消费者的青睐。

无定河镇东北70余公里处，为陕西省榆阳区杨家滩村。《中国文物地图集·陕西分册》记载，榆阳区杨家滩村瓦片梁发现汉代遗址，面积达10万平方米，暴露有砖室墓，采集有夹沙和泥质灰陶划纹、绳纹罐等残片。许多专家初步认定，与红庆河古城南北相直的杨家滩村古城是陕蒙直道的相接点。如果真能确认的话，也不排除另一种可能,那就是和"史念海线"相衔接。

汉代修建了杨家滩村古城和红庆河古城,不仅为穿越沙漠者提供了便利,而且让出行者有了更多的选择余地:一些人从定边县纪畔出发,经砖井镇进入鄂尔多斯市境后,再经乌审旗苏力德苏木、无定河镇北,绕过纳林河源头或直接渡过纤细的纳林河,再经榆阳区补浪河乡北,到达杨家滩古城。休整后,再前往红庆河古城。这条汉代新开辟的路线,从大方向上和"史念海线"相一致,虽然稍有点绕路,但一直行走在毛乌素沙地南部自然条件相对较好的区域,比秦代穿越毛乌素沙地腹地的路线补给更容易,难度更小。走的人多了,久而久之就演变成"史念海线"中可备选择的一条支线。

"《秦直道考察》线"与"史念海线"合而为一后,前行经过纳林河源头,这是自北向南流入红柳河的一条不长的支流,蒙古语意为"纤细的河流",发源于乌审旗呼和芒哈北边。河岸两侧地势平坦,草原就像一块地毯向远方铺去,在绿色的映衬下,纳林河不仅更显得纤细妩媚,其水质也特别纯净清澈,一脉清凌凌的水,温柔地流淌着,撩在脸上凉凉的,滑滑的,爽爽的。

在呼和芒哈可以看到一处富有传奇色彩的乳状沙丘。每逢下雨前便呈微蓝色,从科学上解释,这是因坐落在滩涂地边上,由气压变化而导致水汽蒸发量不同的一种状态。在当地蒙古族演绎的神话传说中,此处沙丘被比喻为女妖的乳头。女妖时常贻害四方,老百姓苦不堪言,女妖最终被一位英勇的大力士发尽九十九头牛的功力一箭射中,乳头崩得四分五裂,散落在方圆百里,其遗迹就是现在称为"斑头梁""心型堆"和"大豁口"的地方。

合并后的"史念海线"继续前行至现为乌审旗政府所在地嘎鲁图镇,再经过乌兰陶勒盖镇域和图克镇域,就进入伊金霍洛旗境内。嘎鲁图镇的行政建置很年轻,2001 年才由原巴音柴达木乡与原达布察克镇合并为达布察克镇,2005 年达布察克镇又与原嘎鲁图苏木撤乡并镇为嘎鲁图镇。这里不仅建置新,城市面貌也新,

第六章 内蒙古自治区的秦直道走向

图 6-6 嘎鲁图镇道路两侧的砍头柳

看不到旧房屋，全是按规划建造的新楼房，整齐干净，绿化到位，尤其是城郊道路两侧的大树，全是翠绿的砍头柳，延绵了好几公里，蔚为壮观，在荒漠上营造出一道亮丽的城市景观。

伊金霍洛旗春秋战国时为林胡活动地域，林胡一名说明这里曾有过茂密的森林。南匈奴降汉后，被安置在此地驻牧。三国后有河西鲜卑、羌胡、铁弗匈奴等在此驻牧。清顺治年间为控制蒙古各部落，在鄂尔多斯地区设置六旗，其中之一为鄂尔多斯左翼中旗，即郡王旗。清乾隆年间又从六旗各析一部设札萨克旗。1958年两旗合并暂称"札郡旗"，次年取旗名"伊金霍洛旗"，蒙古语意为"圣主陵园"，因境内巴音昌呼格草原上有成吉思汗陵园而得名。

铁木真统一蒙古诸部后被推为"成吉思汗",蒙古语意为"像大海一样伟大的领袖",他六十六岁时死于军中,死因历来说法很多。据《蒙古秘史》记载,成吉思汗出征西夏前打猎时,从马背上摔下受伤,并发起高烧。抱病出征,虽灭了西夏,最后自己也死在军营里。出使蒙古的罗马教廷使节普兰诺·加宾尼在向教皇提交的《被我们称为鞑靼的蒙古人的历史》报告中,却说成是被雷电击中身亡。而《马可·波罗游记》中则称,是在攻城时膝部不幸中了西夏兵士射来的毒箭而死。最离奇的一个说法见于《蒙古源流》,书中说成吉思汗俘虏了美丽的西夏王妃,在侍寝时被刺伤而亡。史学界多倾向于《蒙古秘史》的记载。

对于成吉思汗墓地的位置,大致形成了四种说法:一是位于鄂尔多斯市境内,据说成吉思汗西征时,率大军部路过此地,被秀丽的景色所吸引而大发赞美之词:"梅花鹿儿栖息之所,戴胜鸟儿育雏之乡,衰落王朝振兴之地,白发老翁享乐之邦。"遂把这块风水宝地选作自己的长眠之地。二是位于蒙古国境内的肯特山南、克鲁伦河以北。三是位于新疆北部阿勒泰山。四是位于宁夏境内的六盘山。由于元朝皇家实行的是不立标志、不公布、不记录的密葬制度,安葬地点一直是个谜。

成吉思汗陵被视为"全体蒙古的总神祇",归天后建立了许多白色宫帐,进行供奉祭祀,这就是"八白宫"的原型,即八座白色的毡帐。忽必烈将蒙古都城从漠北的哈拉和林迁到了燕京(今北京)后,正式颁发圣旨,制定了祭祀的完整规范,现今使用的成吉思汗祭礼,就是自此沿袭下来的祭典。

明天顺年间,鄂尔多斯部从漠北高原开始进入河套平原,八白宫也随之迁入。成吉思汗死了以后,由被称之为"亲兵卫队"的达尔扈特人守卫成吉思汗陵寝,蒙古语中达尔扈特的意思是"担负神圣使命的人",属于盟旗之内的一个特殊集团。达尔扈特人永不担任任何官职,也不负担官差徭役,任务就是专门管理成吉思汗的陵寝和有关祭奠工作,已经忠诚地为成吉思汗守了近八百年的灵。

1937年七七事变后,日本在"欲征服中国,必先征服满蒙"政策的驱使下,占领了内蒙古自治区的部分地区。为保护陵寝,1939年成吉思汗灵柩先后迁移到甘肃省榆中县兴隆山、青海省湟中县塔尔寺。1954年4月1日,中央政府将灵柩移回鄂尔多斯,在伊金霍洛旗重新修建了陵园。

多年前我来过成吉思汗陵,当时规模小,这次来大变样。入口处为汉白玉牌坊,其后是成吉思汗骑着战马手持苏勒德的雕像,长长的台阶步步升高,将朝拜者的目光聚焦到平台上的主体建筑上,由于仰视让人不由得产生敬意。两旁长明灯盏造型石雕基座上刻有成吉思汗箴言,有一句让我过目不忘:"平日歇息时,要像花牛犊般温顺,厮杀交战时,要像饿鹰俯冲般凶猛。"细细回味,这句话充满了睿智和生活哲理,其语境和鲁迅的名诗"横眉冷对千夫指,俯首甘为孺子牛"颇为相似,但又不失游牧民族朴实无华的风格。

成吉思汗陵主体建筑由三座蒙古式的大殿与相连的廊房组成,房檐为蓝色琉璃瓦,顶部是蒙古包式穹庐,上覆黄色琉璃瓦,有用蓝色琉璃瓦砌成的云头花,在草原阳光照射下熠熠闪光。正殿由八

图 6-7　成吉思汗陵牌坊

图 6-8　三座大殿组成的主体建筑　　　　　　　　　　图 6-9　苏勒德祭坛

根雕有金龙的柱子支撑，平面呈八角形，成吉思汗白玉雕像端坐在大殿中央。塑像背后的弧形背景是"四大汗国"疆图，标示着七百多年前成吉思汗统率大军南进中原，西进中亚和欧洲的显赫战绩。后殿为长方形寝宫，供桌上安放着成吉思汗和他的三位夫人的灵包。灵包前正中为成吉思汗镀金雕像，散发着威武的气势。

东殿供奉着成吉思汗溜圆白骏神马白宫和商更翰尔阁白宫，分别为受过禅封的神马化身和珍藏的祭器。西殿供奉着成吉思汗的马鞍、弓箭和祭祀苍天的圣奶桶。我记得以前来时，东殿供奉着成吉思汗第四子拖雷及其夫人的灵柩。拖雷是元世祖忽必烈之父，元朝皇帝自蒙哥以下都是其子孙。西殿供奉着象征九员大将的九面旗帜和苏勒德。不知是陈列重新经过调整，还是我自己记错了。

主体建筑西边新修筑起一座圆形祭坛，供奉着主苏勒德和四柄陪苏勒德，迎风飘扬的苏勒德缨子是用九九八十一匹公马鬃制成的。传说一次成吉思汗在土拉河战败后，祈求"长生天"保佑，突然，一只又黑又大的神矛——苏勒德从天而降，落入他手中，成为他日后勇往直前的精神和压倒一切邪恶力量的象征，同时也成为战无不胜、攻无不克的兵器。成吉思汗死后，灵魂便附在其上，因此在蒙古人民的心目中，苏勒德是十分神圣的。农历三月十七这一天是成吉思汗建立不朽战功的日子，每年要举行隆重的祭奠

图 6-10 伊金霍洛波状草原

苏勒德大会。

伊金霍洛旗境域地形由西向东倾斜。东部属陕晋黄土高原的北缘水蚀沟壑地貌，西部是毛乌素沙地，中部为鄂尔多斯高原，属温带大陆性气候，干旱少雨，风大沙多，全年蒸发量是降雨量的七倍。阳光、雨水和土壤等元素的组合，造就了区域的植被类型，由于地处干旱草原向荒漠草原过渡的半干旱、干旱地带，草类以针茅群落为主，其次是油蒿和豆科杂草，灌木和半灌木占有较大比重。

针茅属多年生密丛禾草，春季萌发，开花结子的穗上有着长长的芒针，外形有点像麦子，叶片窄小细长。幼嫩期的叶子和茎的顶端是家兔最喜食的饲草，临近抽穗时，适口性迅速下降，开花时牲畜不采食。秋季再生的嫩叶适口性良好，马最喜食，其次是羊和牛，骆驼不喜食。冬季枯草保存良好，牲畜较易从雪下采食。针茅分布广，共有三十多个类别，是草原上的主要建群种。作为草原标志性植物，针茅是植物学家用来区别草原类型的指示器，以大针茅和克氏针茅为建群种的草原属于典型草原；如果贝加尔针茅居多，可能是草甸草原；若出现戈壁针茅则是荒漠化草原。

伊金霍洛草原是此行接触到的第一个真正意义上的草原，天色幽蓝如海，地势波状起伏，因为位于离太阳更近的高原上，从空中洒下的温暖阳光，使清溪涓流的大地上生长出绿色植被。整个草原像一块绿色地毯，顺着地势铺陈伸展，越过脚下向对面山丘逶迤奔去，马儿、牛儿和羊儿点缀在小而艳的野花和萋萋牧草间，一幅活生生的草原牧歌图景让我沉浸其中。

一群白色马儿吸引了我的视线，草原上已经很难看到如此多的马聚在一起的景象了。我向马的近旁走去，拿起相机想拍照，感觉到了风的存在，平坦且无遮无拦的地形使风得以随意涌流飘荡，让手微微不停地抖动，难以保证拍摄的效果。眼前的马虽然没有被牵绊，但好像失去了野性，神态很迷茫，看到一个陌生人靠近，并没有放蹄离去，这是被人类驯化后的特征，联想到成吉思汗陵里有白马在走动，也许和这群马是一伙的。

图6-11 健壮俊美的白色马群

马是蒙古族文化图腾的象征之一，不仅是日常生活中无法割舍的工具，更是伴随着民族一起成长的生死相依的伙伴。但近些年由于圈养的限制和汽车与摩托的普及，马的数量锐减，据说1975年内蒙古自治区马匹总数为220多万，到2010年已经不足80万了。马是草原不可或缺的组成部分，几千年来，马的灵性和人的智慧共同创造了游牧文明，缺少放荡不羁的马群，没有骏马奔驰的草原，还能是我们传统意义上认识的草原吗？这不能不引起人们的担忧。

二、汇集红庆河走向昭君坟

红庆河有一座汉代古城遗址，即汉时虎猛县，为西河郡西部都尉驻地。西河郡汉元朔四年由上郡析出，治所在平定（今内蒙古自治区杭锦旗霍洛柴登古城），辖地在今陕西、山西两省之间黄河沿岸一带地区，并拥有今内蒙古自治区鄂尔多斯市东部及晋西等地。

匈奴乌珠留若鞮单于去世后，右骨都侯须卜当拥立栾提咸为乌累若鞮单于，主张汉匈和亲的王昭君之女伊墨居次云，是须卜当的妻子。居次，匈奴语公主之意。《汉书·匈奴传下》记载："天凤元年，云、当遣人之西河虎猛制虏塞下，告塞吏曰：'欲见和亲侯。'和亲侯王歙者，王昭君兄子也。中部都尉以闻。莽遣歙、歙弟骑都尉展德侯飒使匈奴。"颜师古注："虎猛，县名，制虏塞在其界。"在谭其骧主编的《中国历史地图集·秦·西汉·东汉时期》上，作为联系点的制虏塞位于虎猛县治以西，但汉匈双方商议"和亲"的具体地点文献却无记载，从当时的交通状况推测，应当选择在秦直道重要节点西河郡西部都尉所在的虎猛县治。

庄宾伍《鄂尔多斯境内秦直道遗址的基本概况探析》记载：2005 年，组成联合调查队在红庆河古城西 1500 米的地方，发现了秦直道遗迹。这是一次重要发现，因为在红庆河乡内由于工农业生产，地表已经无法断定秦直道的存在，这次调查用考古钻探的方法证实了红庆河古城西侧秦直道的存在。红庆河，原名红城河。从田地间明显的夯土墙痕迹以及从田里捡出的陶器碎片和陶瓦碎片，可以断定这里曾是一处古代城址，俗称"三套城"。据《中国文物地图集·内蒙古自治区分册》记述，红庆河古城可分为外城、内城和子城。外城墙已不存。内城西墙呈土垄状。子城保存较好，平面呈长方形，长 136 米，宽 130 米，城墙夯筑，基宽 6 米至 10 米，最高处为 4.5 米，夯层厚 5 厘米至 12 厘米。文化层厚 1.2 米至 3 米。

红庆河位于成吉思汗陵西北方向大约 20 公里处，到这里考察时，这里正在大兴土木，进行小村镇改建工程。向村民打听，竟然没有人知道，最后的希望寄托在村干部身上。功夫不负有心人，红庆河镇六村联合社区王主任了解情况，带我们来到六村联合社区办公楼西北 500 余米处的公路边，这里属于红庆河镇白圪针村

图 6-12 红庆河城址石碑

图 6-13 残留着一段夯层清晰的土墙

第六章　内蒙古自治区的秦直道走向

图 6-14　顶部散落着秦汉陶瓦碎片

一社地界，农田里立着一块红庆河城址简介碑，上面写道 2005 年 5 月和 2006 年 6 月分别公布为伊金霍洛旗政府和鄂尔多斯市政府重点文物保护单位。我们还看到了残留着一段清晰夯层的土墙，高矮不一，低矮处只有 30 余厘米，稍高处则有 1 米左右，土墙剖面上夯土层清晰，顶部杂草丛中散落着许多秦汉时期的陶瓦碎片，这是否就是当年把酒言欢的和亲旧址？所有的答案都封存在已沉积了两千余年的沙土之下。

红庆河是难以绕过的交通要冲，这和其处于毛乌素沙地东北边缘的地理条件不无关系。毛乌素沙地主要位于鄂尔多斯高原与黄土高原之间的湖积冲积平原凹地上，以至于不同途径走向的路线即西线和东线都必须穿越中国四大沙漠之一的毛乌素沙地。而东北边缘地带的红庆河，正处于沙地与草原的过渡地带，是走出毛乌素沙地继续北行最重要的军事和交通要道，西线和东线汇集于此地，合并为一路后，直至秦直道终点包头市九原区麻池古城。

从红庆河向北前行 10 余公里到达公尼召乡，"召"在内蒙古自治区专指喇嘛教的寺庙，从地名推测这里属于蒙汉杂居地区，应该建有一座喇嘛庙，果然，喇嘛庙不仅规模较大，而且金碧辉煌。

333

境内沿途土地平坦,本来应该为水草丰美的草原,但许多地方被开垦成耕地,景观上已经是典型的半农半牧区。据说宋朝杨六郎曾经在乡境东部的赛乌聂盖群山打过仗,为这块土地平添了几分历史的想象空间。

大约再北行 20 公里就到达掌岗图村。1986 年掌岗图村修筑乡间公路被推土机推出一段用鹅卵石铺垫的古路纵剖面,已被确认为秦直道遗迹。掌岗图是伊金霍洛旗内的制高点,登上海拔 1399 米的岗梁眺望,发现掌岗图南北地形有明显的差异,制高点以南为高原平川地带,以北则为高原丘陵地带。

四处观察没有发现秦直道遗迹,一辆手扶拖拉机发着"突突"嘈杂声响正好经过,赶忙上前询问,热心的老农把手扶拖拉机熄火,带我们来到距岗顶豁口以东约 200 米处。有一条被雨水冲蚀出近 10 米深的沟壑,把秦直道遗迹截断为南、北两截,仔细观察,红色砂砾岩构成的土层格外醒目,当时筑路时留下的夯土层十分清晰,既有横断面,也有纵剖面,还有斜切面,便于人们从不同角度进行观察。

掌岗图村以东 10 余公里处是阿勒腾席热镇,蒙古语为"金桌

图 6-15　公尼召喇嘛庙

子"。解放前，因有军队驻扎，老百姓称之为"大营盘"，现为伊金霍洛旗政府所在地。位于镇北的乌兰木伦河，蒙古语意为"红水"，为窟野河上游诸多二级支流中的一支平淡无奇的季节性河流，发源于鄂尔多斯市沙漠地区的巴定沟，全长约138公里，在陕西省神木县以北的房子塔与悖牛川河相汇合，以下称为窟野河。河水流量小，但河床宽度达100米左右，深度20米。两岸为中生代砂岩结构，地表基岩裸露，这道两岸陡直的重要水系，势必成为秦直道通行的拦路虎。好在源头不远，秦直道应当避行，向北经哈巴格希街道的马王庙、苏布尔嘎镇的合同庙就避免了过河，从而进入鄂尔多斯市东胜区境。

东胜区境古代先后为鬼方、獯鬻、林胡等部族的游牧之地。秦末，匈奴复占河南地。汉武帝派将军卫青击败匈奴以及楼烦、白羊等部族，今区境归汉所辖。南匈奴投靠汉朝，今区境成为驻牧地。唐朝打败梁师都后，仍置胜州，辖今区境大部。辽将胜州居民迁往黄河以东，胜州被废弃，同时，在黄河东岸设州治，因治所在原胜州以东，故名东胜州，"东胜"之名遂始于此。

但今区境当时不属东胜州。蒙古军征伐西夏，今区境为蒙古

图6-16 掌岗图秦直道遗迹

图 6-17 乌兰木伦河

辖地。明朝取代元朝后,废东胜州置东胜卫,清廷分归顺的鄂尔多斯部为六旗。1904年后,牧地大多放垦,清廷批准设置管理垦地汉民事务的东胜厅,公元1912年改置东胜县,境内蒙古族仍归原属各旗管理,这种蒙不归县、汉不属旗的政策一直延续到1949年。1983年改设县级市。2000年撤市设区,现为鄂尔多斯市政府所在地。

东胜区地势西高东低。以海子湾村至泊尔江海子镇城梁村一线为界,东部为丘陵沟壑区,水土流失严重。西部为波状高原区,由于属毛乌素沙地的延伸地带,风蚀沙化严重。秦直道进入东胜区后,正是沿着海子湾村至城梁村的东西部分界线北行的。这一段可以说是鄂尔多斯市内保存最完整的一段,由南向北伸展,直道多位于山梁上,其中二倾半村南发现的一段遗迹最为明显,两端断切下陷,残留可见的长度仅有百米左右,路面残宽22米,路基断面残高1米至1.5米,为当地红砂岩土填筑。

史念海师认为:这虽然是一个孤立的遗迹,但从下面几个理由来观察,可以认为是直道的一段。由定边县南到包头市西南引一条直线,以之为依据,来探寻直道的遗迹,相差当不甚多。海子湾发现遗迹的地方就在直线的东面,偏东只不过数十里。在这条直道的两旁,虽无险峻的高山,却散布着许多淖尔沼泽,汉代

图 6-18　海子湾宽阔平坦的谷地

记载，在河南地区域里有金连盐泽和青盐泽。青盐泽可能就是现在杭锦旗北部的盐海子，蒙名胡落莽淖，迄今仍产青盐，现在鄂尔多斯草原的湖泊以东胜县西南的巴汗淖和合同察汗淖为最大，其形成时期似不晚于盐海子。这两个湖泊虽大，湖水却是带苦味的。当时没有见于记载，可能是这个缘故。如果推测不错，则东胜西南在秦王朝时就有湖泊分布。直道在这里经过是会绕道而行的。这就使海子湾的古路作为直道遗迹更有可能。一般道路的修筑和附近的城池有联系。新筑道路往往迁就旧有的城池，而新建的城池也往往迁就于已有的道路。秦始皇取得河南地后，设了几十个县城，不能说直道和这些县城没有一点关系。可惜这些县城的具体数目尚难确定，但在海子湾遗迹的附近还是有古城被发现。由遗迹北行8里处，在山岗豁口旁，有一古城遗址，出土了大量陶片箭头，其附近还曾发现汉墓。推断这是汉代城塞遗址。再北约20里处，就是城梁村。此地在东胜县西北70里，在村南高地上也有一古城遗址。城为方形，东西长约480米。城内多粗细纹陶片，瓦很大，瓦当有些为半圆形，有回纹花纹。在城北土坡下，以前曾发现过铜镞和陶管，可能也是一座汉代古城遗址。由此再往北去，在昭君坟附近又有一汉城遗址。由海子湾向南，伊金霍洛旗红庆河附近还有一汉代遗址。由昭君坟至红庆河，南北长200里左右的道路旁，竟有四座古城遗址，又都在上面所说的由定边至包头市那条直线的旁边，而这段道路又有22米左右的宽度，也非一般的道路所能及，说它是直道的遗迹，谅不为过。这22米左右的宽度，远远超过了子午岭主脉上那段路基，可能是因为已在草原之上，不受山岭限制的缘故。

东胜城西南漫赖乡海子湾是一个大村，宽阔平坦的谷地，植被良好，牛儿散布其间，悠闲地嚼着草，享受着属于自己的美好时光。这里不用防贼，家家门户大开。我们走进一家屋内，叫醒正在午睡的年轻人，听了我们的询问后，热情的年轻人自告奋勇带我们去二倾半，寻找秦直道遗迹。

二倾半是海子湾的一个生产队，只有六户人家。走进村头，

图6-19 海子湾村二倾半生产队

年轻人看见正在盖新房的老陈，说明了我们的来意，老陈二话没说，放下手中的活，领我们到村南当年发现遗迹的地方考察。

站在梁顶向南边眺望，与掌岗图村遥遥相对，荒草漫漫，少有农耕痕迹，脚下虽然冲出了一条很深的大沟，将秦直道截断，但目光越过沟壑似乎隐隐约约能看出秦直道的走向。走近剖面细看，夯土层清晰，高1米余，路面残宽20余米，伴有红砂岩。

老陈对情况非常熟悉，他告诉我们，在村北发现一段秦直道遗迹夯土层更明显更典型。跟随老陈来到现场，仔细观察，真如老陈所言，上部夯土层为红色，伴有红砂岩碎石，下部原生土层为黄色，纯土少有杂质，两者被一条整齐的线条横向分割，上下两层可谓泾渭分明。上部夯土层中人为的垫土层和辗压层清晰，从辗压层甚至可以看出搅拌有砂石和白灰。这里属于偏僻荒凉之地，历史上查无修路的记载，也没有修路的需求，除秦直道外，再无其他可能。

城梁古城遗址位于二倾半村以北约30里处，现设立了一座商业性的秦直道博物馆，在梁顶修建起仿古烽火台，本想借秦直道的名头发财，但因过于专业、单调，无人观光问津，长期亏本迫不得已而放弃经营。踏入荒草漫漫的广场不仅看不到游人，连博物馆工作人员也无踪迹。

在仿古烽火台以南数十米草丛中，静静地卧着一块巨石，上书"天下第一路"五个大字。巨石背后出现一条大沟，由于两千余年风雨的侵蚀冲刷，处于大沟上部的秦直道路基剖面暴露于外，仔细观察，夯层清晰，夯土中伴有当地的红砂岩，处在一种完全自然状态下。大沟表面的碴口较新，说明侵蚀仍在继续，如果再不采取有效的保护措施，若干年后，这一储存着秦直道珍贵信息的遗迹将会荡然无存，令人不得不为之担忧。

城梁古城遗址是内蒙古自治区内观察秦直道遗迹的最理想之处，如果以城梁古城做基点，往南到红庆河镇，往北到麻池镇画一直线，南北连接成一条梁的形状，恰似鄂尔多斯高原的脊背，而城梁又是最高点，海拔1553米。在高陡的梁上修路，取其较为平坦易行的优势，这和在子午岭主脉上修筑直道的道理相同。就在今日，鄂尔多斯草原的公路也多半从梁上通过。如东胜至鄂托克旗和东胜至准格尔旗的公路，就都是通过由东向西的黄土梁的。

从城梁古城遗址脚下横穿109国道，沿沙丘山脊向东北方向前行，就进入了达拉特旗。旗境古为胡戎游牧地。明时为蒙古达拉特、墨尔根等部牧地。清顺治六年为鄂尔多斯左翼后旗，清末设达拉特旗。旗域地处鄂尔多斯高原北端，地形分三大自然类区，南部属鄂尔多斯台地北端，系丘陵土石山区，地势起伏较大，水土流失严重；北部为黄河冲积平原，地势平坦；中部为库布其沙带，几乎占全旗总面积的一半。

庄宾伍《鄂尔多斯境内秦直道遗址的基本概况探析》记载：

图6-20　二倾半生产队南秦直道遗迹

第六章　内蒙古自治区的秦直道走向

"循城梁遗址所能看到的三豁口，直北而上，途经班家沟、布尔什兔沟、查罕沟、黄石崖渠、黑格尔沟、高头窑、吴四圪堵。沿途属高原丘陵，直道通过每一个山丘时，无不留下一处处'堑山'形成的豁口。豁口南北都保留有长短不一的一段直道路面遗迹。"当年，史念海师亲自考察了城梁古城遗址以北的秦直道遗址："从遗迹残段北行三公里，迎面山岗上有豁口。继续北上，又可接连望见两个类似的豁口。豁口宽约五十多米，都是人工开凿的。"

我们按照史念海师当年走过的路线继续北上，沿途的几个豁口，遥遥相对，连成一线，都是秦直道必经之路，虽然历经风雨侵蚀面目已非，但仍然可以感受到昔日秦始皇"堑山堙谷"的雄姿。城梁古城遗址北距高头窑10余公里，从这里至包头市附近的沿黄公路，修筑了一条长达70余公里的县乡公路，设有公路收费站，

图 6-21 城梁古城遗址"天下第一路"

图 6-22 高头窑公路收费站

许多拉煤的重型卡车排队等待通过，显得很拥挤。

过了收费站，县乡公路沿一条宽敞的川谷并行，地形上虽然是川谷，但干涸得看不见水流的痕迹，在路两边零零散散分布着一些农田和农户的房屋。一路上不时分出一条条岔路，伸展到远方的荒野腹地，从路口牌子的标示得知，全是正在开挖的金属矿和煤矿，看来地下的资源很丰富。

吴四圪堵有一座大煤矿，拉煤车在路上一辆接一辆排起了长龙，延绵了 1 公里，颇为壮观。从伊金霍洛旗的掌岗图大抵沿北偏东十度方向向北至吴四圪堵村，道路遗迹全长 100 余公里，保存较好，许多专家认为这是秦直道遗址已经准确无疑。

过了吴四圪堵，就是茫茫的库布齐沙漠。秦直道必须穿越库布齐沙漠这个天然屏障，沿川谷北行，经铧尖、柳塔店到龙头拐附近出沙漠，由于流动沙丘约占库布齐沙漠总面积的 80%，形态以沙丘链和格状沙丘为主，秦直道踪迹再难寻觅。

库布齐沙漠是中国第七大沙漠，蒙古语意为"弓上的弦"，因像一根挂在黄河上的弦而得名。专家认为沙漠来源有三条路径：古代黄河冲积物、狼山前洪积物、就地起沙。鉴于沙丘几乎全部覆盖在第四纪河流淤积物上，因此源自第一种的可能性更大。

内地一些人往往在脑海里有一种误区，看见沙漠就庆幸生活在清山秀水中。其实这只是认识上的一种浅薄，因为美是相对的，小桥流水是美，大漠孤烟也是美，但前者炫耀的是人工的精巧，后者则彰显着能让心灵震撼的自然大美，不仅是观景上的饕餮盛宴，对人的精神层面也会有大的提升。

时至今日，沙漠仍然是人类无法按照自己好恶重新塑造的地方，一直裸露着漫天一色霸气寥廓的本来面目。脚踏实地融入后的许多人，都有过一种很神秘的真实体验，猛然发现前后左右都被望不到头的沙漠包围时，往往莫名其妙地会产生一种孤独无助的恐慌，进而心生畏惧。在此情此景下才能真正体会到自然的伟大和人的渺小，从而少了一些想主宰自然的夜郎自大式欲望，多了一份敬畏自然的谦卑。

库布齐沙漠表面上很单调，给人的感觉是兔子不拉屎的地方，但其从来也不属于生命的空白之处，如果用心观察，就一定会发现过去未曾见过的丰富世界。当树木和农作物在"万类霜天竞自由"中败下阵来，失去了覆盖大地表面的能力时，就给灌木以及杂草

图6-23 城梁古城秦直道遗迹

腾出了冲锋陷阵的用武之地。走进沙漠映入眼帘的植物全是灌木以及杂草，一丛丛油蒿、柠条、沙拐枣等在沙丘下部和沙丘间地挺立着。

从人类角度审视，这些沙生植物似乎是弱势群落，在极度缺水的恶劣地理环境条件下苦苦挣扎，若从自然角度看，它们是真正的强势群落，都练就了超强的生存本领。种子在条件不成熟时处于休眠状态，一旦来了机会，毫不犹豫地蹦出地面，以使种属的生命进程得到延续。它们深知对水的要求不能奢侈，生长期间把根扎得很深，让自己的个头变矮，靠微弱的一点点水，依然能萌发出新枝。即便被沙子埋到枝尖，依然不屈地昂起头，顽强地挑战着自然的极限，显示出自己生命存在的价值。这种深沉而神秘的演化进程，使人类不能不敬畏。

看上去毫不起眼的油蒿，就是这些弱小而又强大的沙生植物中的一员。油蒿别名沙蒿，是半灌木，主茎不明显多分枝，枝外皮暗灰色，具有发达的根系且气孔下陷，能抑制水分蒸腾，广泛分布于北方沙区。油蒿含有挥发性物质，气味浓并有苦味，适口性不佳，除骆驼外，其他家畜一般不食。种子含油率较高，可制作油漆，也可入药，其根可止血，茎叶和花蕾有清热、祛风湿和

图 6-24 茫茫的库布齐沙漠

拔脓之功能。油蒿堪称沙漠植被中的君子，具有"待到山花烂漫时，它在丛中笑"的特性，在沙化加剧的土地上，可以很快形成稳定的建群种，但随着产生结皮等土壤结构的变化，它对改变的环境不适应而衰退，逐渐被其他的植物代替。油蒿是中国特有的固沙植物，作为北方温带荒漠和草原地带沙漠化的主要标志性植被，在促进植物群落演替和改善荒漠环境条件方面发挥着极其重要的作用。

库布齐沙漠几十年来一直上演着植树造林的感人故事，被称为"日本治沙之父"的远山正瑛在八十三岁高龄之时，来到这里义务种树治沙，一待就是十四年直到逝世，被称为来自日本的"治沙愚公"。许多大城市的环保机构也组织热心于公益事业的人来种树，现在已经形成防护林，阻止了沙漠的进一步扩张。但一些专家持不同看法，如果适宜长树自然早长出来了，不能长树的地方再植树也不成，除非人类干预浇水。

纵观农耕文明的历史，其实就是一部垦殖史，为什么非要种树改造沙漠呢？这是长期以来形成的思维模式的必然反映。失败的经验让人们明白，在因人类破坏而导致植物被沙漠侵蚀的地方，可以通过种树种草的方式来加快恢复，对于地质年代形成的原本就是生态系统组成部分的沙漠，不能改造也改造不了。一个区域的生态面貌，是大自然精心塑造的结果，而大自然并没有把重新改造的密码交给人类，因此，人类必须按大自然制定的规则办事。

"响沙湾"陡立于达拉特旗南部罕台河谷西岸，以"这里的沙子会唱歌"而闻名。秦直道继续向北方延伸，但为了一睹响沙湾的地理景观，我们驶入沿黄公路先折向东偏南行。途中，蓝蓝的天上飘浮着白云，黄黄的沙子悠远无边，融入自然的心情十分惬意。

抵达瓦窑村附近后，驶出沿黄公路折向南行，进入响沙湾自然风景区，这里是内蒙古自治区仅有的两个5A级旅游景区之一，由福沙岛、悦沙岛、仙沙岛、莲沙岛、一粒沙五个区域组成中国最大的沙漠旅游休闲度假地。乘坐缆车登上形似月牙的沙丘顶，从100多米的高处顺着四十五度角双腿前伸往下滑溜，沙丘会发出"嗡嗡"之声，随着下滑速度的加快，声音也越来越响，令人兴奋不已，不时听到有人尖叫。

响沙是一种自然现象。有科学工作者认为，这里气候干燥，阳光长久照射，使沙粒带了静电，一遇外力，就会发出放电的声音。也有科学工作者分析，由于晴天阳光照射，水汽蒸发，河面上空可能会形成一道人眼看不到的蒸汽墙，与月牙形的沙丘向阳坡正好构成一种天然的"共鸣箱"。还有一种说法是，沙丘表层沙子中含有大量石英，当外力推动沙层时，石英和沙相互摩擦生电，沙响声就是放电声。也有学者解释说，响沙湾的山坡基岩是白垩纪砂岩，裂隙很多，下层水汽被湿沙层封闭，当人下滑时，饱含空气的沙层下部受挤压，被封闭的气体迅猛释放，发出响声。

究竟哪种说法对，还有待进一步探讨。但千百年来，由于说不清成因，人们附会了许多美丽的传说。相传远古时期，有一仙人云游四海，来到此地，坐沙小憩，奏乐解乏，美妙的神曲渗入了沙中。以后的游人每经此地，拨动沙子，就能听到神曲。另一种说法则和佛祖有关，据说释迦牟尼四海传经布道，一日来到这里给信徒们诵经，那朗朗的诵经声便留在响沙湾，从此后人们才得以聆听佛祖的教诲。有一种传说最为恐怖，相传古代这里有一座规模宏大的喇嘛庙，正当千余喇嘛聚众颂经击鼓吹号时，突然狂风大作，顷刻间，将寺庙掩埋在沙漠之中，这声音，便是喇嘛们冤魂未散仍在击鼓吹号的声音。不过，响沙湾并不是世界独一无二的沙子发声处。到目前为止，世界上已发现一百多处。中国境内与响沙湾齐名的还有敦煌鸣沙山等六处响沙。

从响沙湾景区出来后，又返回北行，横穿沿黄公路折向西北行，在二柱壕附近又折向西行至解放滩。这里本来是一片盐碱荒滩，原名就叫碱房滩，已近黄河南岸了。鲍桐在《鄂尔多斯秦直道遗迹的考察与研究》中认为："从此渡河，恰好就是今包头市

图 6-25　昭君坟

郊的麻池镇。所以，秦九原郡治，就是今麻池古城；秦直道的渡口，不在今昭君坟，而是今吴四圪堵北。"但大多数专家认为，秦直道的渡口为金津，位于今鄂尔多斯市达拉特旗的昭君坟渡口。

从解放滩沿乡间道路北行，抵达 618 县道折向西北行，经二狗湾村抵达昭君镇，2005 年 11 月，由昭君坟乡和高头窑镇以及展旦召苏木的柴磴、门肯、巴音三个嘎查合并成昭君镇。镇旁的昭君坟为一座圆形山阜，半山腰以上裸露出嶙峋山石，山阜北边修建了一座仿古的昭君城，城基上为雕梁画栋的门楼，在山阜顶部搭建了一个凉亭，最高处立了一座昭君雕像，注视着脚下来来往往的行人，似乎诉说着爱与哀愁的千古衷肠。由于耸立在平原上，特别引人注目，昭君坟乡以及现在的镇也因此得名。

莫久愚 2010 年在《北方新报》发表文章，认为昭君坟乃《水经注》记载的"石崖城"。昭君坟东北方麻池古城的规模和形制，都符合《水经注》中有关五原城的描述，无论方位和距离，都与《水经注》中石崖城与五原城的关系完全吻合。在《中国历史地图集·北魏时期的北方州镇图》中，将石崖城作为北魏地名，标注在黄河北岸，但今却在黄河南岸。应当是河道变迁导致了南北的易位，特别是黄河南岸蒙古语称为"孔兑"的季节性河沟，在高原上短暂的雨季到来时，往往会裹挟大量泥沙注入黄河。清中叶以来，随着大规模农业开发，河道的变化更为剧烈，河水受到挤压向北偏移，由于昭君坟所处的台地下面，是不易剥蚀的石灰岩地层，对面的黄河北岸所受的冲力增大，不断垮塌。终于冲破北岸，在台地北侧逐渐形成新河道。黄河丰水时节，是水中的一座岛渚，故有了"昭君岛"这一名称。而枯水时节，它只是干流南侧河滩中的一道沙梁。每年几百万吨的泥沙成了一场造岸运动，不断向前推进，渐渐将昭君坟台地连同其上的古城"接"到岸边。这样，就从北魏时黄河北岸的"石崖城"变成了黄河南岸的昭君坟了。

昭君出塞，是当时政治上的一件大事。汉元帝为纪念这次和亲，改元为"竟宁"，意为和平安宁。昭君以弱女子之力，赢得汉匈边塞烽烟熄灭了五十年的壮举，深受老百姓爱戴。民间传说，昭君原是仙女，出塞时，和单于走到黑河边，只见朔风怒号，走石飞沙。昭君弹起琵琶，顿时彩霞横空，白云缭绕，远处的阴山变绿了，黑水变清了，还飞来了无数的百灵、布谷、喜鹊，于是匈奴人民高兴极了，就在这里定居下来。昭君走到缺水草的地方，琵琶一划，地上就出现了一条玉带似的河流和绿茵茵的嫩草。昭君从锦囊里取出几粒种子，撒在地上，从此塞外便有了庄稼。从袋里又取出一把金剪子，用羊皮剪成犁、车、羊、马，放在地上，就成了铁犁和木车，木车周围还出现了成群结队的羊。

据敦煌发现的唐代《王昭君变文》记载，昭君去世后，埋葬仪式按匈奴习俗进行，非常隆重："酝五百瓮酒，杀十万口羊，退犊烀驼，饮食盈川，人伦若海。一百里铺氍毹毛毯，踏上而行。五百里铺金银胡瓶，下脚无处。单于亲降，部落皆来，倾国成仪，乃葬昭军（君）。"汉孝哀皇帝也差使杨少征前往吊唁。隆重的葬仪，反映了匈奴民众对昭君的怀念和对汉匈和亲的肯定态度。

民间传说这里只是昭君的衣冠冢，昭君沿秦直道行走数月，从这里渡黄河北去，思乡之情油然而生，流连数日离去时，应民众之请，留下饰品衣服，民众建庙供奉，烧香祈福。昭君死后，人们将其衣物葬于石头山下，昭君坟便因此得名。

流传至今的昭君墓有十几座，而文献记载最早的，则是位于呼和浩特市南9公里处大黑河畔的青冢。从李白"死留青冢使人嗟"和杜甫"独留青冢向黄昏"的诗句得知，昭君墓盛唐时已存在，且远近闻名。唐代史学家杜佑《通典·州郡》中也明确记载了呼和浩特市青冢的存在。尽管史实记载确切无误，在青冢周围也发现了零星汉瓦残片，墓体的汉代夯土层清晰可见，但到底是真是假，只有科学考古发掘才能做出定论。

著名历史学家翦伯赞在《内蒙访古》中说："王昭君已经不是一个人物，而是一个象征，一个民族友好的象征；昭君墓也不是一个坟墓，而是一座民族友好的历史纪念塔。……王昭君究竟埋葬在哪里，这件事并不重要，重要的是为什么会出现这样多的昭君墓。显然，这些昭君墓的出现，反映了内蒙古人民对王昭君这个人物有好感，他们都希望王昭君埋葬在自己的家乡。"考古学家们在大青山南麓出土的汉墓中，还发现了"单于天降""四夷口服""单于和亲""千秋万岁""长乐未央"等文字的瓦当残片。翦伯赞认为："如果这些遗物的年代判断不错，那么，这些印有'单于和亲'的砖瓦，只能认为是为了纪念昭君而制作的，因为在西汉末年只有这一次和亲，王昭君则是最后出塞的一个姑娘。"

王昭君事迹在历史上产生了撼人心魄的艺术魅力，一次次掀起文人的情感波澜而对昭君一再吟咏，单诗歌就达七百余首。清人彦德《咏王昭君》诗云："闺阁堪垂世，明妃冠汉宫。一身归朔漠，数代靖兵戎。若以功名论，几与卫霍同。人皆悲远嫁，我独羡遭逢。纵使承恩宠，焉能保始终。至今青冢在，绝胜赋秋风。"这首诗中充分肯定了昭君千里迢迢出塞的积极意义，甚至拔到和卫青与霍去病相媲美的高度。王昭君生长于长江三峡的香溪，熏

图 6-26 昭君坟渡口浮桥

陶于黄河中游的长安,献身于阴山大漠的草原。正如有的学者所言:她既是长江女儿,又是草原母亲,还是和平使者。长江文化、黄河文化、草原文化是中华文明的三大源头,三源聚流载于一身,使昭君和昭君文化有了无可比拟的深刻性、多元性、开阔性、开放性、包容性、英雄性和传奇性。

　　站在这显得有些兀然的圆形山阜顶部,北望着黄河似巨龙盘桓滚滚东流,不由得使人思绪万千。往事如烟,弹指一挥间,在两千余年的历史长河中,秦直道、金津古渡早已被时间的沉沙湮没,失去了昔日人来人往的繁华,所幸,脚下的昭君坟虽任由风吹雨打,饱经沧桑,却依然屹立在这里,让一代又一代的匆匆过客感知到人世间那一段值得追忆的衰落伤悲与荣耀繁盛。

黄河流经包头境内240公里。这里水面宽达130米到458米，水深1.6米到9.3米，平均流速为1.4米/秒，最大流量6400立方米/秒，年平均径流量为260亿立方米。从昭君镇北行约3公里就抵达黄河南岸的昭君坟渡口，历史上称黄河金津渡口，由于交通地位重要，加上黄河在这里水流平缓，自古就是黄河重要的渡口之一。

过去要想渡黄河天堑，可是冒着生命危险的大动作，技术发展到如今，跨越黄河不再是困难的事。1997年，昭君坟渡口建起了浮桥，桥面铺设了钢板，虽然每车要收十元过桥费，但从此"天堑变通途"，人车渡河不必再费时费事搭乘渡船。尽管黄河在这一段没有惊涛骇浪，桥也很简陋，谈不上好景致，但作为母亲河，我们还是充满了敬畏之心，站在桥口拍照，以示纪念。

黄河是秦直道沿途所经最大的一条河流，当时怎样过河，一直是一个难以说清的谜团。王子今与刘华祝在《秦直道九原"度河"方式探讨》一文中，给出了一种合理的答案：《史记·秦本纪》记载，秦昭王五十年"初作河桥"。张守节《正义》："此桥在同州临晋县东，渡河至蒲州，今蒲津桥也。"这是黄河历史上第一座常设的浮桥，蒙恬时造桥技术应当更为成熟，而包头段的黄河水量远逊于大荔、华阴、潼关与永济间河段，考虑到秦直道的战略地位和通行等级，可能采用了常设的浮桥方式。渡河时，听到桥下黄河的流水声，不由得感慨万分，居然两千多年后，现代人穿越时空重新使用古人的浮桥方式，我的脑海里除浮出"惊叹"两个字外，还是惊叹！

三、跨黄河行至麻池城

驶过黄河大桥就进入了土地富饶的河套地区，对于其名字来源，清道光年间怀远县知县何丙勋在《河套图考》序中做了精辟的解释："河以套名，主形胜也。河流自西而东，至灵州西界之横城，折而北，谓之出套。北折而东，东复折而南，至府谷之黄甫川，入内地迂回二千余里，环抱河以南之地，故名曰河套。"河套平原一般指贺兰山以东、吕梁山以西、阴山以南、长城以北之地，又细分为西套和东套。

西套指宁夏回族自治区青铜峡至石嘴山之间的银川平原，由于位置偏南，离阴山稍远，来自青藏高原与黄土高原交会地带的西羌族群更容易控制这块水草丰美之地。东套又分为前套和后套。前套指内蒙古自治区包头、呼和浩特和喇嘛湾之间的土默川平原。后套指内蒙古自治区巴彦高勒与西山咀之间的巴彦淖尔平原。根据历史的记载，秦与匈奴的争夺几乎都是围绕着河套平原的主体即前套平原和后套平原进行的。

人们常说"黄河九曲十八弯，最大一弯在河套"，这块独特的风水宝地，可以说是黄河精心设计独自完工的宏大杰作。黄河从青海省巴颜喀拉山脉起航后，以"奔流到海不复回"的气势，随心所欲在大地上画出曲线，到达贺兰山时，似乎有点累了，于

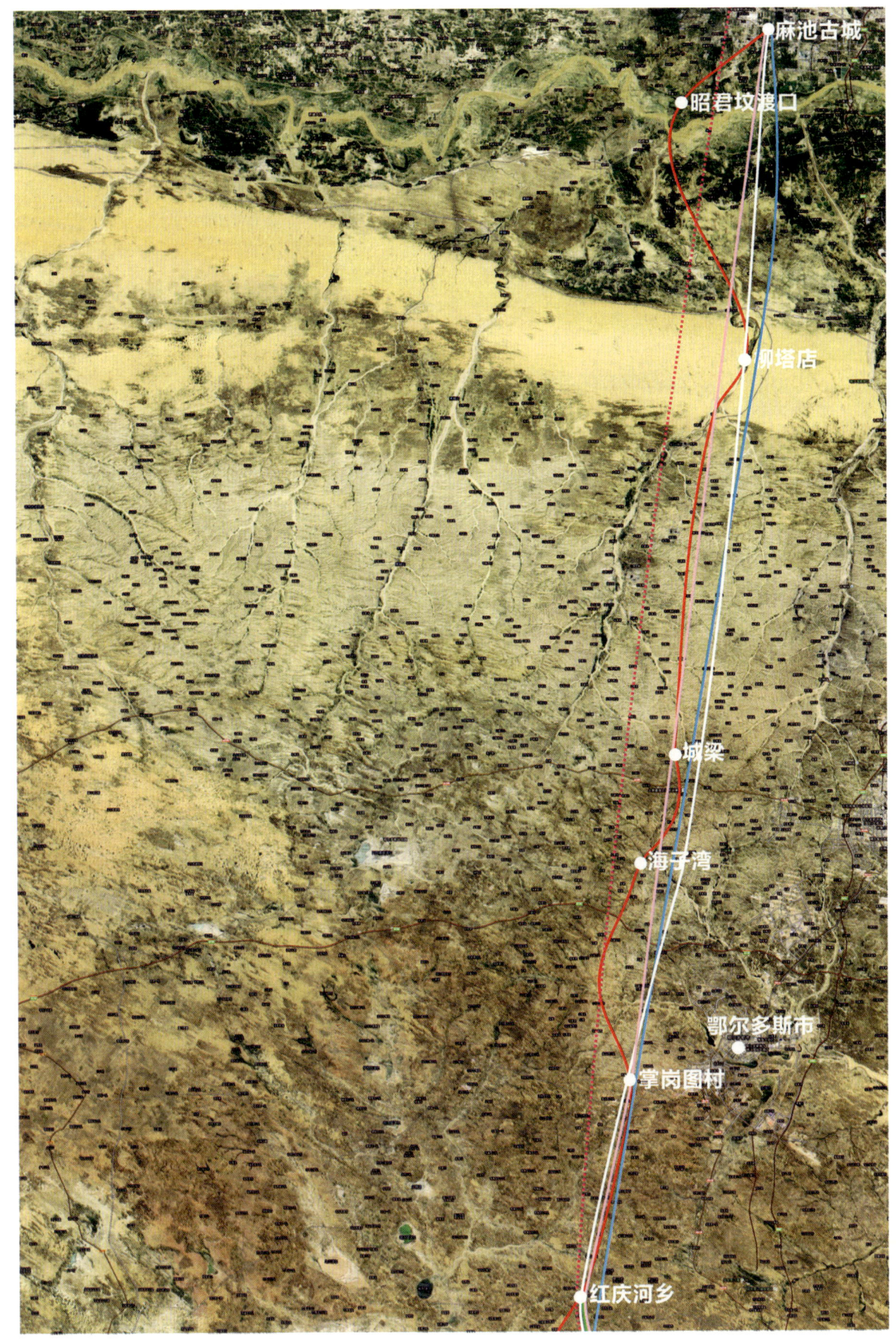

图 6-27 红庆河至麻池古城卫星路线图

是闭目养神，收起了自己放荡不羁的野性，轻轻地抚摸山脚下的岩石掉头向北流，再平缓地绕着阴山向东流，后沿着吕梁山又向南流，也正是在这三条外围山脉和河套之内的鄂尔多斯高原与陕北高原的共同作用之下，黄河形成了"几"字形的大转折，这种河套地形在世界大江大河里独一无二。

从自然规律来看，400毫米年降水量是形成生物分布的基本要素，直接决定了农牧业的分界，但因为黄河的眷顾，造物主改变了既定的规则，让农牧业分界线向北推进了400多公里，借助生命之源的水力，使麦黍之类的作物得以将根深深地扎进草原腹地，从而改变了农耕民族和游牧民族的分布区域。

前套平原也称土默川平原，得名于明清时期驻牧的蒙古土默川部落。这里最早属林胡繁衍生息的地方，《史记·赵世家》载：武灵王"二十六年，复攻中山，攘地北至燕代，西至云中九原"。《竹书纪年》载："邯郸命吏大夫奴迁于九原"，据此专家大都认为九原是赵武灵王驱林胡后始建。

梁坚在《九原郡新考》中提出不同意见，赵武灵王括地九原为公元前300年，但《史记·苏秦列传》记载，公元前334年即燕文公二十八年苏秦对燕文公说："（燕）北有林胡楼烦，西有云中九原"。这是史料上对九原最早的记录，从中可知九原被赵国占据前是属于燕国的。秦北伐告捷后设九原郡。

《汉书·武帝纪》记载："收河南地，置朔方、五原郡。"对五原郡的设置学界也有争议，一种意见认为朔方与五原同时设置，五原并没有直接承续秦九原郡的建置。辛德勇经过考证后在《秦汉政区与边界地理研究》中推断，五原郡西汉初独立存在，武帝元朔二年时只是因辖境扩展，始更名五原。两种观点相比而言，辛德勇的辨析更令人信服。

包头地区位于前套平原的西南部，现在是内蒙古自治区的经济中心，之所以能取得今天的成就，跟历史上持续数百年的移民大潮"走西口"不无关系。清顺治年间，对蒙古地区防范甚严，在长城以北曾划出宽五十里的禁地，俗称"黑界地"，规定汉蒙民众皆不能进入。康熙皇帝西征，大批从内地来的商人紧随其后开拓市场，逐渐形成了重要的毛皮集散地。康熙末年朝廷批准了鄂尔多斯贝勒的请求，允许在黑界地划出二三十里的"白界地"，招募汉民耕种，拉开了"走西口"的序幕。

到了清雍正五年，沙俄和清政府签订了《恰克图条约》，规定两国以恰克图河为界，河北恰克图划归俄国。清朝于河南建新市镇阿勒坦布拉格，作为中俄贸易地，汉名"买卖城"。当时输往俄国的商品以茶叶为大宗，浩浩荡荡的茶队从内地南方产区出发，在前套平原休整后驶向俄罗斯，最终出现了一条经包头、呼和浩特北到乌兰巴托、莫斯科的万里茶路。

清乾隆朝时全国人口突破3亿大关，人地矛盾尖锐，大量山西、陕西、河北贫民迫于生活压力，背井离乡"走西口"，狭义的西口指长城北的口外，包括山西杀虎口、陕西府谷口、河北独石口。当时流行着一首民歌："进了土默川，不愁吃与穿，乌拉高，岗勒湾，海海漫漫的米粮川。"迁徙者一路低吟高唱着心中的美好期盼来激励自己，如潮水般涌入土默川平原。

一直地旷人稀荒凉的包头地区，在商业的促进和移民们的开发下，开始繁荣起来。公元1740年即清乾隆五年，萨拉齐设协理通判，这是包头地区最早出现的行政建制。不久，山西省祁县贫民乔贵发来到包头西墕包开了一家草料铺并兼营豆腐，因大量买进黄豆后，恰逢豆价骤涨发了大财，便挂出"广盛公"牌子，后改为"复盛公"，生意越来越大，促进了包头的商业繁荣和城市发展进程，"先有复盛公，后有包头城"的民谚正是由此而来。1809年设包头镇。1870年前后，包头修筑城墙，辟东、南、西、东北、西北五座城门，形成了近代包头的城市规模。1926年设包头县。1938年包头设市。中华人民共和国成立初期，已达8万人口。

20世纪50年代，随着国家工业基地的建设，一大批河北、山东、天津、四川、辽宁等地的支援者以及各地的"盲流"来到了包头，加入大型企业的建设当中。到了 20 世纪 50 年代末，山陕地区连年旱灾，一大批饥民也来包头靠手艺为生，或打工务农定居下来。1962 年的时候，包头的人口激增到 100 多万人。

包头是一座典型的移民城市，从古至今经历了数次大规模人口迁徙，农耕文化与游牧文化、晋陕文化与北边文化在这里交融，从而形成了特色鲜明的移民文化，最具代表性的就是二人台艺术。其产生有两种说法：一说清光绪年间于包头土默特旗一带，在蒙汉民歌和曲艺丝弦坐腔的基础上，吸收民间社火中的汉族舞蹈，创造了一丑一旦、载歌载舞的表演形式，取名"蒙古曲"；一说清朝咸丰、同治年间，由曲艺打坐腔结合秧歌中"踢股子"等舞蹈动作发展而成。后由山西逃荒的难民传到内蒙古西部，又吸收了蒙古族歌曲而进一步成长起来。二人台最初只是农民在劳动余暇自我娱乐的一种化装表演形式。清末民初，出现了职业班社，开始由表演唱向代言体民间小戏发展。

包头是草原文明和黄河文明的结合地，其名称也就自然而然带有游牧民族和农耕民族的双重文化色彩。其地名究竟始于何时，据 1937 年包头县长刘澍《包头地名考》中记载，包头之名始于清朝雍正初年。最早是乌拉特、伊克昭、土默特三个部落的牧场。有西藏喇嘛云游到此，供奉佛像，起名转龙藏。由于溪水边经常有鹿在饮水，梵语称呼鹿为"包克图"，时间长了，人们就简称为包头。除此以外民间仍流传多种说法。

属于汉语体系的有两种说法：一是清康熙年间，这个地方已经是西部地区最大的皮毛集散地，有过"水旱码头"之称，人称"箔头"，后转称为"泊头"，俗称包头。从"箔"变为取掉草字头的"泊"正反映出包头水旱码头的特征。一是包头为"博托"的谐音，"博托"就是指今天的东河槽。17 世纪中期，清政府开始实施移民屯垦的戍边制度，晋、冀、豫、陕等地的农民纷纷乔迁至此，他们听不懂，也听不准蒙古语的发音，于是就把"博托"误听为"包头"，于是从清雍正初年，"包头"这个地名便不胫而走，一直延续到今天。

属于蒙古语语汇的说法有三种：一为"包特"说，认为包头即蒙古语"包特"，意为灌木丛。二为《绥远通志稿》"补特"说，蒙古语"补特"为屈弯之意，故山弯、水弯均称"补特"，其译作"博托"或"包头"，皆因译音有差异。三为"包克图"说，包头市名是"包克图"的谐音，意为"有鹿的地方"，所以又有"鹿城"之称。第三种说法现成为主流说法，包头市徽标志的设计就源于此说，图案中央就是一个昂首嘶鸣、锐意奔腾的"鹿"的造型。

伴随"包克图"说的还有一段浪漫而新奇的传说：当年成吉思汗西征路过这一带时，看见一只犄角大得出奇的梅花鹿在山坡上视望。成吉思汗张弓射箭，箭落在梅花鹿的脚下，又射依然如故，而梅花鹿不惊不乍，昂首静观。成吉思汗很是奇怪，于是策马扬鞭，向鹿奔去。那梅花鹿向西飞奔，过一会儿就停在不远的地方回头张望，只要大汗搭箭欲射就跑，这样跑跑停停，总也不能追上，就像在故意戏弄。追到今包头市东河区转龙藏一带，梅花鹿跑进了一片树林中忽隐忽现，转过一棵大树就不见了。大汗令将士仔细搜寻，但未见其踪影。成吉思汗细看大树，发现树的形态竟似一只跃蹄飞腾的鹿！急命士兵将此树连根刨起。拨去泥土，却见一块方方正正、熠熠闪光的青石板埋在树下，那只梅花鹿的图案赫然显现在青石板上，神鹿显灵让大汗惊叹地脱口而出："包克图、包克图……"

包头市北接蒙古国东戈壁省，南临黄河，东西接土默川平原和河套平原，阴山山脉横贯中部，形成北部高原草地、中部山岳地带、南部平原三个地形区域。从地理上看，阴山山脉主脉，长1000余公里，山地南北两坡不对称。北坡平缓倾向内蒙古高原，属内陆水系。由于深居内陆，受极地大陆气团控制时间长，夏季风不易到达，干燥少雨，草原广布，主要植物为羊草、针茅、冰草等。南坡以1000多米的落差直降到土默川平原，由于地处季风边缘，虽然海洋气流经过长途跋涉已成为强弩之末，但受其影响，还能降下稍多的雨水，虽然关于此地生长森林的文献记载很少，但自古植被生长较好。

阴山山脉与黄河以南的鄂尔多斯高原之间距离相对较远，为河套平原的拓展提供了足够大的空间，地理因素又导致这一空间出现生产形态二元结构的属性：一方面受两次拐弯水流趋缓的黄河水滋润，土壤肥沃，水草丰美，形成了优质的草场，可以开展畜牧业；一方面因为具有四通八达的自流灌溉系统，不用靠天吃饭，适于种植五谷等农作物，可以开发种植业，被誉为"塞外米粮川"。河套平原自古以来就为中华民族的繁衍生息提供了丰富的文化资源和生活资源，故有"黄河百害，唯富一套"的民谚广为流传。

匈奴是蒙古草原上第一个崛起的中国北部游牧民族，其最初发祥地位于阴山和河套地区，第一任单于头曼的王庭就位于今内蒙古自治区包头市境的头曼城。在匈奴心目中，蒙古高原南缘的河套平原无疑是魂牵梦萦的肥美草场，也是向中央之国核心区进攻的主要跳板。而对于华夏族来说，河套平原是他们愿意倾力从游牧民族手中夺取的最有价值的一块土地。倒不一定是因为它的农业潜力有多大，而是得到了这由阴山拱卫和黄河水滋润的盆地，不仅可以将前沿阵地插在敌人眼皮底下，还可以充分发挥宜农宜牧的地理优势，养马种田就地解决给养问题。尽管早在战国时期，华夏文明就在河套平原进行过农业开发的尝试，但纵观两千多年来的历史，在游牧文化强大压力下难以形成稳定的农业带，似乎游牧文化在博弈中更容易占据主导地位。

匈奴人用了数个世纪默默无闻地创造了最初的游牧国家政治、经济、文化和生活模式，突然间横空出世，一下子就成为创造历史的主角。逐渐强大起来的匈奴人开始充分发挥骑马射箭特长所产生的机动灵活优势，在无法预知的时间和地点发动奇袭，抢掠人畜财产，对中原农耕民族造成威胁。历史上阴山名称在古代文献上首次出现就和修筑长城以拒胡有关。《史记·匈奴列传》记载："筑长城自代并阴山下，至高阙为塞"，时在公元前300年。

赵武灵王向北打败了林胡、楼烦后,把其国土地并入赵国版图,并开始修筑长城,全长约500公里,东起河北宣化境内,西入内蒙古乌拉特前旗,在包头境内约150公里,至今仍然迤逦于阴山南麓的群峰丘陵之上。

秦始皇统一天下后,总结出百年来消极防御所造成的被动挨打的经验教训,确定了对匈奴作战的新方针:派蒙恬领十万大军主动出击匈奴,收复黄河以南的土地,并以黄河为边塞,修建四十四座县城,迁徙因犯罪被罚守边的人来充实县城。一方面,挟统一天下的威势,修建秦直道,把京城守卫与边境防御结合起来,形成南北军事大动脉,一有战事,让大军能从咸阳快速抵达边塞进行反击;另一方面,沿袭老办法修筑长城防御,将原秦、赵、燕三国的长城连接起来,形成万里防御线。秦长城在包头市境内累计长度为120公里左右,横亘在包头市固阳县城北7公里处的色尔腾山上,正处在长城东西扩展的中间地带上。其依山就险、因坡取势、山谷隘口及平川地带多用夯土筑成,山地则多用石砌或土石混筑。历经两千多年的风雨侵蚀,雄姿犹在,是目前国内保存最完整的一段秦长城。

秦直道的开通,为边疆地区的开发提供了前提条件。匈奴退出后的河套,成为空旷之地,西汉朝廷对北部边疆采取了一系列措施:公元前126年秋,修复秦代蒙恬所筑要塞,筑朔方城。还从内地大规模迁民以充实这一地区。《汉书·武帝纪》记载:公元前119年,"关东贫民徙陇西、北地、西河、上郡、会稽凡七十二万五千口"。这是规模最大的一次移民,新迁民众从南而上,秦直道是最为便捷的道路,方便了物资运输、人口流动和信息的传递,使人们在观念上、心理上增强了对民族和国家统一的凝聚力和向心力。西汉还实行军事屯田政策,《史记·平准书》记载:公元前111年,汉武帝又命"上郡、朔方、西河、河西开田官,斥塞卒六十万人戍田之"。军事屯田主要分布在河套外围的北边和西边,并与河西及居延地区的军屯相连接,以形成坚强的军事防线。

魏晋南北朝时期，入住的游牧民族将农田又恢复成牧场，从鲜卑语译成汉语的民歌《敕勒歌》曾描述出当时的风光："敕勒川，阴山下，天似穹庐，笼盖四野。天苍苍，野茫茫，风吹草低见牛羊。"敕勒即最早生活在贝加尔湖附近的丁零。魏晋南北朝时称作敕勒或铁勒，由于其民能造出高轮大车，故也称为高车。北魏王朝曾把数十万敕勒人迁徙到土默川平原，故出现 "敕勒川"之称。但具体所在已失传，现在阴山山脉南侧的河有流经呼和浩特市南的大黑河和流经包头市西的昆都仑河，有专家认为大黑河就是敕勒川。但《水经注》称之为荒干水，并无敕勒川的记载。唐时朝廷设立了东、中、西三座受降城以及单于都护府和天德军，由于实行府兵制，大量驻军除征战戍守外，还须开垦种植，河套平原再次成为农田。宋时契丹人进入河套平原，辽设云内州，金和元继之，蒙古族土默特各部落陆续进驻，这里又恢复成草原，直到明清再无变化。清代后期，从事农业的人大量迁入，逐渐形成田连阡陌的农业区域景观。

沿着黄河北岸是大片的滩涂地，生长着茂密的芦苇，许多叫不上名字的鸟儿在芦苇丛中飞来窜去，享受着属于自己的快乐生活。正值开花时节，在黄昏霞光的照耀下，长长的芦苇花絮闪着光，随风飘逸，将淡淡的香味混入空气中，嗅一嗅沁人心脾，十分惬意。黄河以北的秦直道，转向东北行，正对着麻池古城的南门，感觉天色已晚，我们决定先饱览一下包头市区的风光。

在城市穿梭中，包头给我们的印象是，城市绿化不错，保留了一大片天然草原，它有一个美丽的名字叫塞罕塔拉，在蒙古语中的意思是美丽的草原。除此以外，还有一块叫南海的湿地，面积比杭州西湖大三倍还多，让人难以置信的是，这里属于塞外半干旱区。我们下榻于市中心钢铁大街上的一座宾馆，要不是大街名字的提醒，我真忘了这是一座重工业城市。

第二天我们来到了位于九原区的麻池古城，和昨天走过的路相衔接进行了考察，这是秦朝九原郡即蒙恬所修秦直道的终点所在。从目前秦直道的研究状况来看，内蒙古自治区段在秦直道走向上争议不突出，所谓东西线的汇集点都指向红庆河，加之，位于风沙地带，两千余年的岁月侵蚀，已使秦直道遗迹难以探寻。学者关注的焦点多集中于九原郡治所在上，大家一直众说纷纭，大体形成了三种观点，即三顶帐房古城说、孟家梁古城说和麻池古城说，其中的麻池古城说目前得到多数学者的认同。

三顶帐房古城，位于巴彦淖尔市乌拉特前旗黑柳子乡三顶房行政村下城壕村西南。地处阴山山脉之大桦背山南侧的冲积平原上。1935年绥远通志馆编纂《绥远通志稿·古迹（故城）》时，曾做过实地调查："包头县城西一百二十里，地名三顶帐房，其西有故城遗址，门楼墙垛，皆已残毁，不能究其详。惟城基遗痕，仍显然可寻，周约三余里。"1979年内蒙古自治区文物工作队编印的《内蒙古文物考古工作的主要收获》，进一步将三顶帐房村古城推断为汉武帝所置的五原郡郡治。

孟家梁古城，位于包头市九原区昆都仑河西岸哈林格尔镇孟家梁村西，东南距麻池古城约7公里。该古城现已被包钢废钢厂占据。1979年，内蒙古文物工作队曾进行过实地调查，《黄河包头段沿岸汉代古城考》一文记载的测量数据为：东墙长442米，南墙长340米，西墙长440米，北墙长382米，城内地表仅发现少量背面印有布纹的残瓦和素面陶器残片，没有发现汉代常见的砖瓦和陶片等遗物。在谭其骧主编的《中国历史地图集》中，将九原郡郡治标在了孟家梁古城。主要看法在《包头史料荟要》中有详细论述，主要依据《水经注》所载九原城、临沃县、石门水、稒阳县的相对位置关系，结合古石门水方位，进而判断孟家梁古城为九原城，麻池古城为汉临沃县城，三顶帐房古城为汉宜梁县城。

麻池古城，位于包头市九原区麻池镇政府所在地西北方，其西侧为昆都仑河主流。1937年成书的《绥远通志稿》的调查称："麻池故城在包头县城西三十里，麻池镇北城梁，分大小二城，小城在南，周九百余丈，大城笼于小城之北部，计东西北三面，亦九百余丈，二城残垣高厚略相等，约皆一丈余，城内多瓦砾，无金石遗文可考。" 20世纪80年代，徒步考察秦直道的靳之林认为，秦直道向北最终通向麻池古城。邓宏伟、张海斌在《包头境内的战国秦汉长城与古城》一文中，根据《水经注》注文所载"（河水）又东迳九原县故城南……西北接对一城，盖五原县之故城也"，明确指出麻池古城南北两城呈斜"吕"字形的布局，从形制上看为九原城所在。郭建中、车日格在《黄河包头段沿岸汉代古城考》一文中，得出麻池古城北城为九原城，南城为临沃县城，哈德门沟古城为五原县城，三顶帐房古城为汉宜梁县城的结论。

魏坚、郝园林在《秦汉九原——五原郡治的考古学观察》一文中，对九原郡郡治三说进行了辨析：

其一，城址的规模决定了古城的性质。实地调查并结合卫星影像图，得知二顶帐房古城东西长620米，南北宽580米。从城址的规模看，应是一县治所在。孟家梁古城的规模也仅有440米×340米的面积，充其量是一个较小的中型城址的规模。从调查情况看，没有发现汉代常见到的砖、瓦、陶片等遗物。1955年在西北隅发掘东汉晚期砖室墓一座，城址应晚于墓葬所建。1982年在该城址北墙内采集的朽木椽子，经碳14检测结果约为唐末五代时期。麻池古城南北相接的两座城址的建筑规制，均表现出东西墙的长度略大于南北墙的长度的形制。麻池古城的总面积为877868平方米，是包头及周边地区面积最大的古城。曾发现战国时期的"安阳"布范、布币、刀币以及"单于和亲""单于天降"文字瓦当等。

其二，地理位置的分析。该区域内还有哈德门沟古城和古城湾古城。这五座古城均位于黄河大回折之东流段的北侧。以麻池古城为基点，三顶帐房古城位于正西35公里处，孟家梁古城则位于西北约7公里处。其再西北至18.5公里处，就是哈德门沟古城。麻池古城沿黄河往东南约28公里即是古城湾古城。此外，在麻池古城西南约17公里处，即是隔黄河相望的昭君坟古城。从地理位置看，这一区域以北阴山山脉有两个重要的南北通道，即东侧的昆都仑沟和略偏西南的哈德门沟，两沟东西相距14.6公里。宽阔易行的昆都仑沟自古以来就是阴山南北的重要通道。因此，该区域具有重要战略意义的古城，应当建在扼守这两处沟谷的位置上。据卫星影像图测量，三座古城中，孟家梁古城位置最偏北，东北距昆都仑沟9.5公里，西北距哈德门沟10公里。但如前所述，该座古城一则规模太小，二则建筑和沿用年代存疑。三顶帐房古城最偏西，其东北距哈德门沟约22公里，再东北距昆都仑沟约为37公里。麻池古城则正处于昆都仑沟正南，距沟口14公里，西北距哈德门沟也仅是18公里左右，北控黄河渡口，南接秦直道，战略位置显而易见。

其三，主要文献记载的分析。《读史方舆纪要》引《地志》："五原：龙游原、乞地干原、青岭原、岢岚正原、横槽原也。"由此可知，朔方所辖当是九原所余另外四原。再者，五原郡所辖十城中，尚有九原、五原二县，并且在前代基础上又新增大量县城设置，郡治九原城也应在之前基础上所增扩，以适应新行政格局的需要，推断麻池古城南北城这样的格局是在九原郡设立后郡治扩建的结果。

九原郡究竟是三顶帐房古城，还是孟家梁古城，或是麻池古城，尽管学术界还存在较大的争议，不过从由昭君坟至红庆河，南北长200里左右的道路旁，竟有四座古城遗址，又都在由定边县南到包头市西南引一条直线的两边附近，就局部而言，仅仅由章岗图四队到城梁村约40公里的距离内，秦直道不仅整体笔直而上，而且巧妙地避开了左右夹击的多条与直道走向平行的南北向大冲沟。秦直道沿直线向北延伸的方向，从这个角度考察，学者对麻池古城是秦直道起点的判断，无疑是正确的。

清初三湖湾即今包头市九原区麻池镇一带盛产青麻，有十三个沤麻池，久而久之，地名就被改称为麻池了。麻池古城西口修建了一座仿古城门楼，正中门洞前2米余高的基座上，塑有跨骏马持长戟的吕布雕像。据说这里是吕布的故乡，从《三国志》记载吕布为五原郡九原人中也可得到印证。"九原"故址就是麻池古城遗址，吕布富有传奇性的身世在这一带民间广为流传。

吕布祖父吕浩在东汉章帝年间奉命驻扎五原，建城筑堡，固守边关。其父吕良继任后，娶当地财主之女黄氏为妻。黄氏生有四女，苦于无子，随夫到寺庙拜佛求子，当晚梦见猛虎扑身，不久有孕。但怀孕十二个月后仍无生产迹象，一日，做染织作坊主事的黄氏正在焦虑时，突见西北上空彩虹映现，随之山地崩裂，黄氏腹疼难忍，遂卧于布匹之上，产一男婴，男婴双目有神，两拳紧握，站立在黄氏面前。吕良心中大快曰："吾儿神也。"因出生于布上，故起名吕布。在小说《三国演义》中，吕布持方天画戟，骑赤兔马，头戴金冠，是天下无双的超一流武将，随父南撤归附并州刺使丁原。董卓入京，诱吕布杀丁原，收为养子。司徒王允为除董卓，巧使连环计，将美女貂蝉私下许配给吕布，又将貂蝉送给董卓，在董卓和吕布之间使离间计，致使吕布杀掉了董卓。吕布占据徐州后，自成一方势力，公元198年在下邳被曹操击败并处死。吕布虽然勇猛，但是少有计策，为人反复无常，唯利是图，历史评价不高，正如陈寿在《三国志·魏书·吕布传》中所评："吕布有虓虎之勇，而无英奇之略，轻狡反复，唯利是视。自古及今，未有若此不夷灭也。"

从麻池古城沿着水泥路东行三四里，穿过古城村相围的巷道，透过房舍间的空隙，看到了遗址的古城墙。梁坚在《九原郡新考》中认为：九原城由南向北错层分布，建筑形式与古代方正建城的特点不同,说明古城是多次扩建形成的样式。赵武灵王占领燕国九原城,将邯郸部分百姓迁于九原,迎来了第一次扩建,将西墙拆毁,整体向西扩,形成了一个长640米、宽270多米的赵九原城。秦朝修了秦直道,把九原城变为九原郡,九原迎来了第二次扩建。从现残留的城墙上看,西墙由北向南分为两个阶梯形状,每个阶梯都向西错位,秦朝扩建的九原郡应是由南向北的第一个阶梯状古城,蒙恬将赵九原城的西北角,向西扩出了100多米后又向北折,延长了400多米,又向东与东城墙会合,赵九原城的北墙被拆除后,城墙遗址的位置形成了一条坚硬的通道,两千多年过去了,此通道明显高于周围的农田,还隐约能看到旧日城墙的踪影,扩建后的秦九原郡是赵九原城的三倍。汉武帝时期九原迎来了第三次扩建,这次扩建后的九原城是原燕、赵、秦三国九原城面积的总和,并更名为五原郡,形成了今天麻池古城的样子。经过踏查,南城是燕、赵、秦的九原故城,武帝更名为九原县,北城是汉武帝元朔二年新扩建的城叫五原县,两县合称五原郡。《水经注》载:"(河水)屈东过九原县南……又东径九原县故城南。秦始皇置九原郡,治此。汉武帝元朔二年,更名五原也。"从这段记载中发现有两个九原县,郦道元曾经来过九原,写北魏城址不应写错,当写到三顶帐房古城时说是九原县,应是当时北魏的九原县,写到麻池古城南城时说的是九原县故城,应是汉代的九原县。 汉末到北魏时期黄河改道至麻池古城的南边,九原城可能是遭了水灾无法居住,北魏把九原县迁移到了三顶帐房古城,而战国秦汉时期的三顶帐房古城可能与西安阳有关(需进一步考证)。梁坚的观点似乎证据稍显不足,但很有意思,值得关注。

麻池古城遗址内现今全成为菜地,种植着种类繁多的蔬菜,农民们正在田地上忙活着。紧贴西边残墙修建了一条水渠,为干旱区域的蔬菜提供了生命的动力。我们沿着田间小道进行了踏查,古城分为近似正方形的南、北两城,平面呈斜"吕"字形。南城比北城略小，北城较南城略早。根据郭建中、车日格在《黄河包头段沿岸汉代古城考》中的记载，北城东墙563米，南墙长300米，西墙长665米，北墙长778米；南城东墙长664米，南墙长600米，西墙长522米，北墙长357米。城中除出土两汉的器物外，还出土有环状石器和典型的战国大铁鼎，这证明古城修筑在汉代之前。

史念海师经实地考察发现，在秦直道南端起点处云阳县北甘泉宫有三个高土台，西边一个当地人叫作承水台，东边一个叫作望母台，望母台东北一个稍低的土台叫作亮马台。而在麻池古城考察时，我们看到城北也有三个呈"品"字形分布的夯土台基，当地农民土话叫"圪旦"，位于东边的称"大圪旦"，底径33.6米，位于西侧夯土台称"二圪旦"，底径32米，两台基相距70余米，

图6-28　麻池古城三个呈"品"字形分布的夯土台基

位于南面的夯土台称"三圪旦"，破坏较严重，三个夯土台夯层厚9至11厘米，上均发现有筒瓦、板瓦残片。有专家认为，麻池古城遗址虽然未曾进行发掘，其年代和构筑方式亦不明了，但和陕西淳化县的甘泉宫夯土台基形制、布局以及建筑风格基本一致，秦直道南北两端均有三个夯土台基，成了确定九原郡位置的重要线索之一。

作为农耕民族和游牧民族接壤之地，麻池古城注定是一块多

事之地。随着秦直道的修建，更突显了其交通枢纽的特殊地位。在秦汉时期的军事、政治、地理因素构成的格局上，这里之所以一直能被定为北边军政重镇，可以说是一种不二的选择。

在军事战略上，这里是双方争夺的百战之场。秦始皇统一全国后，派蒙恬率兵三十万把匈奴势力从这里驱逐到阴山以北。蒙恬死后，诸侯叛秦，匈奴乘机将之夺回，把边境线推至秦昭王所修的故长城一线。汉武帝元朔二年，派将军卫青、李息收河南地，置朔方、五原郡。匈奴右贤王怨恨汉夺河南地而筑朔方，数寇盗边，及入河南，侵扰朔方，杀掠吏民甚众。元朔五年匈奴入五原，杀太守。汉派光禄勋徐自为出五原塞数百里，修筑城堡哨所。当年秋高马肥之时，匈奴大入云中、定襄、五原、朔方，杀掠几千人，在退军路上，破坏了徐自为修筑的城堡哨所。征和二年，匈奴入上谷、五原，杀掠吏民。当年又再次侵入五原、酒泉，杀两部都尉。于是汉遣贰师将军率七万大军出五原。狐鹿姑单于闻讯后撤退到漠北。仅从秦末至汉武帝时的几场大战中就可以窥出，秦汉双方从各自的战略利益出发，对麻池古城都是志在必得。

在政治层面上，这里是双方议和的接触安置之地。呼韩邪单于在其父死后本应继位，但被右贤王夺走，后借助左部兵力打败右贤王而自立。随后，发生内讧，五单于争位，呼韩邪单于兵败归顺汉朝。公元前52年，呼韩邪单于"款五原塞"，并朝贺汉宣帝。"款"字有两种解释，均见于《汉书·宣帝纪》的注释。一是应劭曰："款，叩也，皆叩塞门来服从也。"二是如淳曰："款，宽也。请除守塞者，自保不为寇害也。"两种说法大体一致，只不过表述角度不同罢了。关于五原塞也有两种解释，《后汉书·卢芳传》李贤注曰："塞属五原郡，因以为名。"《史记·匈奴列传》张守节《正义》曰："在胜州榆林县四十里也。"王文涛在《汉五原塞考》一文中给出了一个较为合理的说法：五原塞可能在三国以后从包头市附近东移至今准格尔旗，这也许就是张守节五原塞榆林说的由来。公元48年，匈奴南边八部四五万人共立呼韩邪的孙子日逐王比为单于，"于是款五原塞，愿永为藩蔽"。后立单于庭于五原西部塞80里处，又把八部之众分驻北地、朔方、五原等郡，协助汉朝郡县防守边塞。此举开启了塞外游牧民族政权将统治中心徙至塞内之先河，从此，匈奴分裂为南北两个对立的政权，各自朝着不同的历史方向前进，对汉匈关系史产生了广泛而深远的影响。公元83年，北匈奴三木楼訾大人稽留斯等，率三万八千人"款五原塞降"。匈奴部众相继入居塞内，与汉族杂处，为后来匈奴逐步走上与汉族融合的道路提供了有利条件。西晋末年太子洗马江统在《徙戎论》中甚至认为：匈奴入塞，"数世之后，亦辄叛戾……今五部之众，户至数万，人口之盛，过于西戎。然其天性骁勇，弓马便利，倍于氐、羌。若有不虞风尘之虑，则并州之域可为寒心"。由此可见匈奴徙廷五原对中原地区政治影响之深。

　　在地理环境上，这里是双方进退的交通要冲。从军事地理学角度观察，在汉北边自敦煌至辽东万余里的防务体系中，五原郡大致处于中心位置，元延元年（前12年），汉成帝曾下诏要求："北边二十二郡举勇猛知兵法者各一人。"王子今在《秦汉"北边"交通格局与九原的地位》一文中认为：二十二郡即敦煌、酒泉、张掖、武威、金城、陇西、天水、安定、北地、朔方、五原、上郡、西河、云中、定襄、雁门、代郡、上谷、渔阳、右北平、辽西、辽东。考虑到上郡与五原方位大致南北对应，则五原在北边二十二郡中基本居于中心位置，也应当为与长城并行的北边道的中点。秦直道的终点正是在九原与秦长城以及北边道的中点相接，构成了一道"T"字形进攻和防御并举的军事战略体系。秦直道通过秦长城以及北边道可以将士兵、军需用品和生活用品等及时地运送到长城各个要塞以及设防之处，为后勤保障提供了强力支撑。一旦发生战争，长城犹如一面厚重的盾牌，防御敌人于国门之外；

图6-29 一堵城墙竟分隔出古今两个时空

而直道就像一支尖利的长矛,刺过边境进行反击破敌而退。若从自然地形角度审视,匈奴想要南下中原必须渡过"因河为塞"的黄河天险,秦汉想要北上草原必须穿越"高阙为塞"的阴山防线,九原正扼守在南北必经通道之间,地缘优势特别突出,其所处位置之重要性也就不言而喻了。

经过两千余年风雨侵蚀和人为破坏,留存至今的城墙,大部分高于地面仅二三米,登上遗址高处向四下观望,一堵城墙竟然分隔出古代与当今两个时空。城外为鳞次栉比的现代楼房,城内是散布在菜地之间的残垣断壁。秦砖上折射出遥远的辉煌岁月,汉瓦下隐匿着昔日的风云故事。战国时,胡服骑射的赵武灵王,曾想以九原为军事基地,南下袭秦。千古一帝秦始皇下令修建了直通九原的直道,但出师未捷身先死,只有灵柩从这里匆匆而过。雄才大略的汉武帝北巡时经五原,北登单于台,威震匈奴。王昭君与麻池古城也有着不解之缘,南北朝时期,诗人庾信在《昭君辞应诏》里写道:"敛眉光禄塞,还望夫人城。"当地传说夫人城就是麻池古城,城中的夯土台基实际上是王昭君的行宫。三国第一猛将吕布就生于斯长于斯。塞外边城九原无疑是一块值得后人凭吊回顾的宝地。

当目光从城内移向城外,思绪也随之从遥远的过去回归到脚下的现在。麻池镇目前已发展成一座繁华的集镇，人口已接近中华人民共和国成立初全市的人数，是包头市重要的蔬菜副食品生产基地，种植的蔬菜具有面积大、品种多、质量好等特点，实现了四季常青，全年供应。养殖业规模不断扩大，奶牛总量突破了1万头，淡水养殖面积达千亩以上，已成为远近闻名的水产养殖基地。全镇现已形成煤炭储运、稀土、冶炼、建材、蔬菜食品加工等五大重点产业，乡镇经济结构日趋完善，财政经济实力位居全市各乡镇之首。街道两旁小店林立，人来人往颇显繁华热闹。可以说，岁月给了麻池镇一段沉淀的历史，让它以静默的姿态站立两千余年后，又在人们的追忆中重现了它曾经的光荣。

后　记

承接了《秦直道道路走向与文化影响》和《秦直道考察行纪》两本书，对我来说是一项艰巨的任务。除了要完成自己的本职工作，必须挤出一切可以利用的时间，徜徉在黄土高原、子午岭、黄沙大漠与荒野草原等野外进行实地踏查，还要融入图书馆中静下心来，在浩瀚的书海中一页一页翻阅资料，这一过程居然耗费了四年多的光阴。今天终于完成了，手抚着文案上厚厚的书稿，不由得思绪起伏，感慨不已。

在此不能不提我的母亲，母亲出生于西安市长安区皇子坡村，是一名医生，为了抚养我们兄妹七人，上世纪60年代辞去公职成为全职保姆。前几年中学同学在聚会时还提到，到我家时看见母亲用旱烟锅抽烟。自己成年后才体会到母亲的心境，从一个职业女性变成一个家庭妇女，她承受了多大的精神压力，为了节省开支只有抽廉价旱烟来解除胸中的苦闷，打发无聊的日子。母亲性格坚毅，从不向苦难低头，在"文革"中父亲被关进牛棚时，为了养活我们，她竟然去工地打小工。有一次被脚手架上掉下来的砖打破了头，顿时血流满面，缝了十几针，未等痊愈，她又拖着羸弱的身体干起了繁重的体力活。

在写作书稿期间，年届九十四岁的母亲，因身体不适需要二十四小时看护，出入医院也成为常态，好在我家姊妹多，大家商议每家一天轮流值班。我因为外出考察或伏案写作而难以亲躬病榻前尽孝心，不得不由妻子代劳。在老人住院期间，西安高新医院的王志峰总经理和王蕤主任给予了精心的照顾，解除了许多后顾之忧，让我非常感激。尽管老人理解，从未说过我，但我始终不能抹去恐慌不安的情绪。如今，母亲已经无疾终老，每当站在坟头祭拜时，我内心总是充满愧疚，我想将本书献给母亲的在天之灵，这既是对母亲的告慰，也是对自己心灵的一种交代。

陕西师范大学出版总社董事长兼社长刘东风、策划编辑侯海英、责任编辑赵荣芳女士投入了巨大热情，正是他们的不懈努力，本套丛书才得以顺利出版，并列入了"十三五"国家重点图书出版规划项目。我作为丛书作者之一，向他们表示衷心的感谢。在本书的写作过程中，夏毓祥、安峰、姜智华、侯云章、柳林、王健、姜小斌、鲁光宏和白小龙等先后和我一起进行了实地考察，吉耀文帮我联系到了庆阳林业局的朋友，刘永茂帮我寻找了许多资料，刘挺设计了示意图，任永涛制作了卫星图，丁倩设计了初稿版式，王岚、杨莉、纪坤和陆蓓帮我打字、校对和装订，他们的无私奉献使书稿更加完善，在此，我一并感谢。

偶然在网上看到温骏轩的《地缘看世界》，感到耳目一新，其立意的格局、分析的视角、叙述的方法和制图的新颖，使我得以借鉴并有了许多新思路，对此，我深表感谢。另外我还要感谢张在明先生，我和在明先生的学术观点截然不同，写完初稿后，我觉得在争议观点上言辞似乎有点冒犯，于是请海英女士转交在明先生征求意见，海英女士回复我，在明先生表示理解，没有意见，在明先生的气度让我充满了敬意。其实，除学术观点不同外，我对在明先生在考古事业上做出的贡献评价颇高，正如书中所说："张在明是继史念海之后秦直道研究者中最重要的一位，从2006年起主持了富县秦直道遗址的考古发掘，在使秦直道成为社会关注的热点话题上功不可没。"

四年多来我几十次奔赴秦直道，为了避免采用偏废态度的研究短板，我对"西线"与"东线"都进行了全程考察，行程达三四千公里，获得了大量的第一手资料，拍摄了众多的实地照片，为写好本书提供了坚实而厚重的基础。德国文学家赫尔曼·黑塞曾经说过："这世间有一种使我们一再惊奇而且使我们感到幸福的可能性：在最遥远、最陌生的地方发现一个故乡，并对那些似乎极隐秘和最难接近的东西产生热爱。"秦直道就是我在最陌生的地方发现的一个故乡，一次邂逅，竟成终身热爱，这也许就是缘分。

秦直道是千古一帝秦始皇下令开凿的，是被鲁迅先生誉为"史家之绝唱"的《史记》的作者司马迁记述过的一条伟大的道路。作为世界上第一条高速路，秦直道大大加快了游牧文化与农耕文化的相互交流，为中华民族大融合打下了重要基础。而意义更为重大的是，秦直道迫使匈奴西迁所形成的一系列连锁反应，不仅强化了亚欧大陆地区之间的经济文化交流和民族融合，成为欧洲从古代向中世纪过渡的转折点，而且还奠定了现代亚欧大陆主要民族和国家的基础，从而影响了世界历史发展的进程，改变了世界民族分布的格局。

四年多的工夫，我用脚步丈量了秦直道的屹崂犄角。从某种意义上讲，我已不是原来的我，而是和这条伟大的道路亲密接触过的我了，有一句格言说得好："我们每与伟大接近一次，我们就与渺小远离一点"，这既是我写本书的初衷，也是我以后良好的期盼。

徐君峰

2016 年 8 月 2 日